职业教育综合素养系列教材

新編應用文寫作

新编应用文写作

主　编　黄民强

副主编　马　峰　沈　妤　贺晓茜

杨遴均　徐孝才　江晓晖

王　瑶

電子工業出版社

Publishing House of Electronics Industry

北京 • BEIJING

内 容 简 介

本书共分为八章，即：绪论、便条契据类应用文、社交礼仪类应用文、专用书信类应用文、经济与法律类应用文、事务类应用文、宣传类应用文、公文。每个文种由示例、评点、相关知识、知识链接和思考练习五部分组成。全书力求简单易学，突出基础性、通用性、实践性，侧重培养学生应用文规范写作的能力。本教材读者对象明确，主要供职业学校文秘专业或旅游专业的学生使用，也可作为综合素养教材，供职业学校各专业学生使用，还可作为办公室人员的自学教材和培训用书。

图书在版编目（CIP）数据

新编应用文写作 / 黄民强主编. —北京：电子工业出版社，2015.3

ISBN 978-7-121-24227-4

Ⅰ. ①新… Ⅱ. ①黄… Ⅲ. ①汉语—应用文—写作—高等学校—教材 Ⅳ. ①H152.3

中国版本图书馆 CIP 数据核字（2014）第 202761 号

策划编辑：施玉新
责任编辑：施玉新　　文字编辑：柯　彤
印　　刷：北京七彩京通数码快印有限公司
装　　订：北京七彩京通数码快印有限公司
出版发行：电子工业出版社
北京市海淀区万寿路 173 信箱　邮编　100036
开　　本：787×1 092　1/16　印张：14.75　字数：377.6 千字
版　　次：2015 年 3 月第 1 版
印　　次：2019 年 8 月第 4 次印刷
定　　价：29.50 元

凡所购买电子工业出版社图书有缺损问题，请向购买书店调换。若书店售缺，请与本社发行部联系，联系及邮购电话：（010）88254888，88258888。

质量投诉请发邮件至 zlts@phei.com.cn，盗版侵权举报请发邮件至 dbqq@phei.com.cn。

本书咨询联系方式：（010）88254598，syx@phei.com.cn。

前　言

本书吸收了最新的应用文写作知识，内容编排及文种分类吸纳众长，相对合理。教材编写借鉴行动导向原则，按照“感性知识——理性思考——实践掌握”的学习规律，强调“根深叶茂”的动态性，帮助学生在学习中不断提升自己应用文写作的能力，编排体例上讲究简明、实用，由浅入深，由感性到理性。

本书具有如下特点：（1）尽量选用贴近职业院校学生实际且具有代表性的优秀例文，所选例文有的加了旁注，便于教师施教和学生快速入门；（2）设置了“知识链接”栏，作为知识点的拓展或网络资源的衔接；（3）适应了学分制要求，教学课时设置灵活；（4）吸收了最新的《党政机关公文处理工作条例》和《党政机关公文格式》中的相关知识；（5）结合全国中等职业学校“文明风采”大赛，在策划书一节中，增加了“职业生涯规划”的内容。

全书各章节编撰具体分工如下：第一章、第八章由黄民强编撰；第五章、第六章由马峰编撰；第三章、第四章由沈妤编撰；第七章由凌青编撰；第二章由孙国强编撰。全书由黄民强任主编，马峰、沈妤、贺晓茜、杨遴均、徐孝才、江晓晖、王瑶任副主编。黄民强撰写编写大纲并负责统稿、修订。贺晓茜、杨遴均、徐孝才、江晓晖、王瑶参与全书校对。

本课程教学课时分配建议如下（总学时 72）：

章　节	内　　容	课　时	章　节	内　　容	课　时
第一章	绪论	3	第五章	经济与法律类应用文	12
第二章	便条契据类应用文	5	第六章	事务类应用文	12
第三章	社交礼仪类应用文	8	第七章	宣传类应用文	10
第四章	专用书信类应用文	8	第八章	公文	12
复习考试		2	总　计		72

本书文种囊括了《中等职业学校语文教学大纲》要求的所有应用文文种，适合各专业学生及在职人员学习。标※号部分的内容可作为选学模块，灵活处理，或供实施学分制的学校进行分层教学时考虑。

本书在编写过程中，得到了电子工业出版社职教分社的热情支持与具体帮助，也参阅了大量相关书籍和资料，限于篇幅，不能一一列名，谨在此表示诚挚的感谢！对参与本书策划工作的何俭、姚玢老师，参与本书审稿工作的纪双鼎老师，也一并表示感谢。由于编者水平有限，疏漏舛错之处，敬请见宥，并望业内各位老师不吝赐教！

编　者

目录

第一章

绪　论

学习目标

1. 了解应用文的基本概念及其特点、作用。
2. 初步了解应用文写作的一些基本要求。

第一节 应用文基本概况

一、应用文是什么

应用文是党政机关、社会团体、企事业单位及人民群众在处理各种事务时所使用的具有相对稳定写作体式的实用性文体的总称。

应用文的种类很多。一般来讲，有两种基本分类方法：一是按应用文的内容、性质和作用分类，二是按应用文的体式进行分类。本书将应用文分为七大类：便条契据类应用文、社交礼仪类应用文、专用书信类应用文、经济与法律类应用文、事务类应用文、宣传类应用文、公文。

应用文具有以下基本特点：

（1）内容真实。真实性是应用文的生命线。应用文的取材要求真实和确凿，主要是与写作内容直接有关的具体事实、基本情况、数字、引语、科学的定理、规律及党和国家的方针政策、法规条文等，绝不允许凭空想象与虚构，不允许有任何的虚假成分，如时间、地点、顺序及其他细节都不能有所谓“合理想象”，如此才有可信度和说服力，才能有效地处理和解决问题。

（2）实用单一。实用性是应用文最根本的特点。无论是党政机关、企事业单位、社会团体撰写的公务文书，还是人们在日常生活、学习、工作中撰写的事务类文书，其根本目的都是为了处理或解决实际问题，都是具有实用价值的。人们通常把应用文称之为实用文，也正是针对其实用性而言的。单一性是就其行文的主题而言的。一般地说，应用文要求一文一事，往往只能有一个中心，在写法上要求开门见山，旗帜鲜明地摆观点、述主见。这样可以突出重点，防止行文关系错乱。

（3）简明准确。应用文的简明准确主要有三方面要求。第一是有明确的对象。如公文中的通知、通报、报告、请示、批复、函都有明确的收文单位；申请书、建议书、介绍信、证明信、感谢信等都有明确的读者对象。应用文的读者对象明确，有助于提高办事效率。第二是有相对稳定的写作程式。一是使用文种的规范性，二是格式的规范性。使用文种的规范性，即办什么事该用什么文种，有大体的规定，如告知迁址可用“启事”而不能用“公告”，请求上级机关拨款可用“请示”而不能用“报告”，等等。格式的规范，即每一种文种在写法上有大体的结构模式，不能随意变更。第三是写作风格上言简意赅。一般要求直陈其事，力求平实易懂，并且不写错字、别字，能正确使用标点符号。

（4）作者构成复杂。应用文写作者构成有多种类型。如写某地职业教育调查报告，往往由若干作者分工合作完成，这时的作者类型就是群体作者；而写日记、家信、个人学习计划等应用文时，作者类型属于个人作者；公文和专用文书中的一些文体，为了适应某种管理的需要而制作，要严格按照法定的行文格式写作，撰写文稿的人并不一定是应用文的署名者，其作者类型为法定作者；还有一类，作者只是执笔者，如代领导写讲话稿，或为他人拟合同、写起诉状等，执笔者不能在写作的成品上署名，这种作者类型称为代言作者。明确写作者是什么角色，对写好应用文是有帮助的。

知识链接

应用文有悠久的历史。我国最早的文字——殷商时期的甲骨文是原始应用文的雏形。其后，《尚书》中收录的典、谟、训、诰、誓、命等文书，秦朝的制、诏、谕、奏，汉代的表、疏、律、令，魏晋的简牍、署书，唐宋的图籍、表册，清朝的史册、文翰都是应用文。此外，书信书契、碑碣志铭、法律条例等也是应用文。

二、为什么要学习应用文

（一）应用文体的功用决定

应用文源远流长，历史悠久。它的用途非常广泛，至今，应用文依然在人们的社会生活中发挥着巨大的作用。

（1）指导、规范作用。主要体现在下行的各类公文中。如法规性公文对下属部门或单位的工作或行为具有强有力的规范、约束作用；有些反映工作情况、通报典型事件、总结经验教训的公务类文书，能给下属单位及有关人员起到教育、借鉴作用，同时也体现了一定的指导作用。

（2）广告、宣传作用。主要体现在公文类和宣传类应用文中。如下行的各种文件、法规、制度等公文，作用之一便是宣传党和政府的方针政策；宣传类应用文通过新闻媒体宣传党和政府的方针政策，推广先进经验，批评不良现象或揭露丑恶行为，以此规范人们的行为，推动各项事业健康有序的发展；而启事、海报类的应用文，要将有关的信息发布出来，具有广告宣传的作用。

（3）交际、联络作用。大部分应用文都具有沟通双方情感、互通信息、联络感情的作用。如公文是加强上下级联系的纽带，也是与平级单位或不相隶属的单位沟通联系的有效工具；还有各种专用书信、启事、海报等，在人们的日常生活、经济活动中起到公关交际、沟通联系的作用。

（4）凭证、资料作用。应用文中有的如党和政府颁布的法规、有关方面的规章制度以及上级下达的文件等，是开展工作和检查工作的依据；而一些条据、合同、聘书等，是经济业务中的凭证；有些应用文作为历史档案资料，可以保存和积累各个时期的政治、经济和文化等方面的情况，为有关部门或个人的研究提供方便。

（二）人们生活中的特定需求决定

应用文写作是日常生活、工作中必备的交际工具，它是人们在日常生活、工作中必备的交际工具。在日常生活、工作中，人们可以通过书信等应用文进行交际，加强联系沟通；通过写启事等应用文可以求得别人的帮助；通过写经济合同、诉状等应用文来维护自己的合法权益；通过写计划、总结等应用文使自己的工作做得更好。而对于将来可能从事初、中级文秘工作，或者对今后继续深造并从事专业性较强例如财经、法律等职业的学生来说，应用文写作能力是最基础的专业技能，具备较扎实的应用文写作基础知识和常用应用文写作实践能力，是岗位所要求的个人必备能力之一。因此，应用文写作与每个人的工作、学习、生活息息相关。能够写出规范、漂亮的应用文，就像一个注重仪表修饰的人一样，会给人留下良好的印象，能给自己的生活与工作带来意想不到的便利。

三、怎样才能学好应用文

（一）思想认识上要高度重视

一是要端正认识。在一般学生的心目中，有的认为应用文文种多而杂，格式上清规戒律多，既难写又枯燥乏味，存在畏难情绪；有的则相反，认为应用文的格式固定，一看就明了，没什么可教可学的；还有的学生视文学作品、记叙文和议论文的学习为正途，既充实有趣，又有驰骋与想象的空间，认为应用文难登大雅之堂，思想上并不重视。这些想法对学好应用文写作是极为不利的，必须纠正。

应用文格式的程式化便于初学者模仿借鉴，更便于遵循写作的基本规律；应用文语言的简洁、明了，有助于文学写作中语言文字的精练和干练风格的培养。反过来说，其他文学作品的有效学习，也会促进应用文写作水平的提高。如善于提炼和归纳主题，善于选材、组材，善于安排结构、正确使用标点和数据，等等，都会使应用文写作如虎添翼，表达效果更明显。如果方法得当，反复训练，是完全可以学好应用文的。只要写得好，应用文和文学作品一样都是有意义、有价值的。

（二）提高政策水平和了解相关的专业常识

要写好应用文，必须提高自己的政策水平，了解党和政府的有关方针政策、法律法规，了解企事业单位的规章制度，以此作为行文的依据和内容分析的理论根据。要学好各类应用文的写作，还要了解相关的专业常识，如写公文必须了解和掌握《党政机关公文处理工作条例》和《党政机关公文格式》中的具体规定，要写好诉状就要了解必要的法律常识，要写好经济类应用文就必须了解有关的经济常识等。如果对写作某一类应用文的相关政策和专业常识不了解、不熟悉，往往会闹笑话、出差错，不仅贻笑大方，而且有时还会对他人造成伤害。

（三）加强应用文写作的基本功训练

一是要注意阅读文学作品，特别是那些经世致用的应用文名篇，从中学习一些汉语的基本知识，如语法、修辞、逻辑知识等，并在生活中提高自己观察、分析、综合表达的能力。二是认真学习、了解各类常用应用文的基础知识，熟悉和掌握它们的格式和写作方法。三是要注重实践训练，可以结合班级、学校开展的各项活动，或根据个人生活与学习的实际需要，进行针对性的拟写训练。只有多看、多想、多练，才能切实有效地提高应用文写作水平。四是要注重修改，尤其是初稿完成后及时修改。强调修改，既是对读者负责的一种表现，也是提高文稿质量的一个重要环节。重视修改是改好、写好应用文的心理基础。可以通过领导、专家审阅，会议宣读、讨论，诵读等方法，从主题的确定、材料的选用、结构的安排、语言的表述、文种选用及其格式等方面发现并纠正出现的错误。

知识链接

古人严肃认真对待文件起草加工的情况。《论语·宪问篇》记载了孔子谈到当时文件起草加工的情况："子曰：为命，裨谌草创之，世叔讨论之，行人子羽修饰之，东里子产润色之。"这段话的大意是，郑国制定外交文书，先由大夫裨谌起草，经大夫世叔研究评议，再让外交官公孙子羽修改，最后由大夫子产润色加工而成。一份文件的产生要经过如此反复地加工修改，可见古人对应用文写作的重视。

思考练习

一、填空题

1. ________是党政机关、社会团体、企事业单位及人民群众在处理各种事务时所使用的具有相对稳定写作体式的________的总称。

2. 一般来讲，应用文有两种基本划分方法：一是按应用文的________、________和作用划分，二是按应用文的________进行划分。

3. 应用文具有________、________、________、________和________五个方面的基本特点。

4. 应用文源远流长，历史悠久，主要有以下四个方面的作用：________、________、________和________。

二、结合你对应用文特点和作用的理解，列举2～3篇你所知道的应用文作品。

三、以小组为单位，开展一次应用文使用情况的社会调查，写一份你的感想或体会。

第二节 应用文写作基本知识

一、应用文体常用的表达方式

表达方式就是人们将内容传达出来时所运用的方法和手段。常用的表达方式一般有叙述、描写、议论、抒情、说明等。

叙述是对事件发展变化过程的叙说和交代。描写是将事物的状貌、情态描绘出来，活生生地再现给读者的一种表达方式。议论是对某一事物或问题发表见解，表明自己的观点和态度的表达方式。抒情是对内心情感的抒发。说明是把事物的形状、性质、特征、成因、关系、功用等解说清楚的表达方式。

对一般文章而言，表达方式是文章体裁的重要标志。记叙文侧重于叙述描写；议论文侧重于议论；抒情文多用抒情；说明文则多用说明。

应用文体所用的表达方式主要是叙述、议论、说明三种。例如，调查报告和总结中对事件和现象的转达，决议中提供的事实论据，报告中对事件前因后果的陈述，通报中对先进事迹或错误事实的交代，事件通讯对事件演变线索以及对事件内在的因果关系的描述等主要使用叙述。叙述，一般包括时间、地点、人物、事件、原因、结果六要素。通常是按叙述的先后顺序分为顺叙、倒叙、插叙、补叙和平叙。一般情况下，应用文多用顺叙方法，其他少用。再如，在公文写作中，把一些规模、条件彼此相似的单位、企业进行比较，或者肯定先进，否定落后，发扬成绩，纠正错误，这时用的主要就是议论。此外，解释概念，介绍科学知识，介绍应用文写作知识或者介绍某一产品，解释什么是公文等所运用的表达方式就是说明。

需要指出的是，公文虽属于应用文，但不能用通常的记叙、议论、说明三大文体的标准去分类。多数情况下，公文中叙述、议论、说明三种表达方式是综合运用的。

二、应用文的观点与材料

观点是指应用文所发表的主张、态度、看法及所表达的意愿等；材料是用以说明观点的事实依据。观点和材料的统一是应用文写作的基本要求。

（1）观点要旗帜鲜明，一事一写。应用文一般一事一写，即一篇文章所说明或处理的问题一般只有一个，而且提倡什么，反对什么，该怎样做，不该怎样做都要旗帜鲜明，切忌主观臆想、空谈。

观点来自社会实践，决定材料的取舍，制约着应用文的表达方式，影响着文章的遣词造句，决定着应用文的价值。观点正确是对应用文的基本要求，而观点深刻则是对应用文的高标准要求。

（2）材料要真实确凿，有说服力。观点是统帅，是灵魂，但没有材料或材料失当，观点便靠不住或不能很好地表明观点。应用文中的材料是观点赖以产生的基础，也是表现观点的支柱，包括事实、引文、数据，都要准确无误，经得起核实。再具体一些，时间、地点、统计数字，都要精确；引文中的字、词、句、标点符号，都要和原文相符。

材料的“真实”有两种含义。一种含义是指在现实生活中真正发生过或者正在发生的事实，另一种含义主要用于文学创作，这种真实并不要求在生活中真正发生过，而要求必须揭示事物的本质，反映事物发展的基本规律。

应用文体的真实因文而异。有的如新闻偏重于第一种真实，有的则是上述两种真实的统一。例如公文的材料，都是真正发生过或者正在发生的事实，但又是能够显示事物本质和规律的。

三、应用文的结构

（一）应用文结构的主要环节

结构就是布局，又叫谋篇。应用文的结构一般有八个环节：层次和段落、过渡和照应、主次和详略、开头和结尾。

1．层次和段落

层次又称“部分”“大段”“逻辑段”等，是小于篇、大于段或等于段的结构单位。应用文可以有明确的外部标志，如章程、条例等法规类公文，由“总则、第一章、第二章……附则”来构成，清晰地显现出层次来；也可以没有明确的外部标志，因为不同层次承担着文章内容展开的不同步骤，人们在阅读时仍然能够区分出来。

层次是结构诸环节中最重要的一环。结构的完整性和严密性，主要通过层次安排得以实现。应用文开头通常是总述或总论，它自成一个层次。主体部分的各层或分述或分论，往往呈现并列形态或者是递进形态。并列式和递进式是应用文的两种基本层次形态，此外，还有总分式、因果式等等。

段落即自然段，它是小于层次大于句子的结构单位，有时也会有一个段落自成一个层次的情况。段落的外部标志是段首空两字，段尾另起一行。常见的段落方式有：提行式（另起一行）、条款式（分条列项划段）、篇段合一式（一篇文章为一段）。

段落的划分使文章的结构更明晰、醒目。划分段落需注意保持段意的单一性、注意段意的完整性，段落安排要长短适度，还要注意长短标准的统一问题。一般来说，段落较长，思路连贯性强，段落较短，则思路跳跃性强，只要在一篇文章中注意文章前后风格的一致，都是可以的。

2. 过渡和照应

过渡是在段落之间、层次之间进行衔接的形式或手段。

过渡的方式有三种。一是过渡段，二是过渡句，三是关联词语。如果前后文内容差异较大，要安排一个段落承上启下，这个段落就叫过渡段。过渡段不是独立的意义段，主要功能是完成内容的转换。过渡句或出现在上层上段末尾用以“启下”，或出现在下层下段开头用以“承上”。关联词语过渡，常用的词语是“因此”“但是”“然而”“总之”“综上所述”等等，一般出现在下层或下段开头。

照应是文章前后内容之间的关照和呼应。合理运用照应的手段，不但能使文脉贯通，结构严谨，还能使文章中某些关键的内容得到强化。如开头说“为……制定本方案”，结尾用“本方案从×月×日起施行”，这是属于首尾照应；有的应用文用“首先、其次、最后”，或“第一、第二、第三”等文字来表明文章的顺序和结构，人们读到“其次”时，会回想一下“首先”的内容，读到“最后”时，对前面的若干层次会有所回顾，所起到的就是一种序列照应作用；也有的应用文在文章末尾处安排注释，对前文的某些概念进行解释，并引导读者回顾前面的内容，属于注释性照应；还有的应用文围绕主题，在行文中多次照应，属于行文前后照应。

3. 主次和详略

分清主次，也是结构安排的一个主要环节。文章各部分的内容，在文章中所占的地位和所起的作用，并不完全相同，有的分量重，有的分量轻，有的为主，有的为辅。

一篇文章第一要在层次上显出主次关系，第二要在篇幅分量上显出内容详略。

详是详写，略是略写。应用文写作，表述观点时可详可略，叙述和引用材料时也可详可略。而且，详与略在文字上的差异是巨大的，一个事实，可以用十几个字就表达完毕，也可以用几百个字详加介绍。

应用文写作如何掌握详略呢？具体写法必须结合实际才能确定。一般地说，一是以主次的地位确定详略。主要观点和重要条文要详写，一般观点和次要条文则略写。二是以典型程度确定详略。典型材料的说服力强，要表述得充分一些；非典型性的辅助性材料，则可以表述得简略一些。

4. 开头和结尾

应用文开头要求开门见山，一落笔就直接指向要处理的事件或要解决的问题。其次是要文笔简练。开头，多数只有一个自然段，而且不能太长。最好做到不可增减一字的地步——如果增加一字，那个字必然是可有可无的；如果减少一字，则意思无法表达清楚。

与一般文章相比，应用文的结尾有特殊的要求。它不能用象征、隐喻、暗示的方法去追求“言有尽而意无穷”的韵味，而必须明确提出结论性的意见、请求或执行要求。

常见的开头有：

（1）概述式开头——运用概括叙述的方式，把应用文所指向的主要事实作一个简要的交代，然后在事实的基础上展开主体部分的表达，使读者对基本情况、主要事实有一个大致的了解，在此基础上，理解应用文下一步展开的内容。报告、总结、会议纪要等文种常用这样的开头。

（2）结论式开头——一开篇就提出对某一事件或某一问题的基本认识，以此为前提布置有关工作，提出开展工作的方法、措施和要求，开宗明义，一箭中鹄。决定、意见书等文种常用这样的开头。

（3）目的式开头——在开头提出发布应用文的动机、缘由、目的，称为目的式开头。这种开头常以“为”“为了”等介词领起，表明行文目的，也常用“根据”“遵照”“按照”等介词领起，表明行文依据，所根据的一般是上级文件、领导指示、有关规章或现实情况。这种开头方式在招、投标书以及公文写作中运用较多。

常见的结尾有：

（1）总结式结尾——在结尾处用简洁明白的语言进行画龙点睛式的概括归纳，也就是对全文内容进行总结。

（2）希望式结尾——在结尾处提出希望、号召。如：“希望受表彰的先进单位和先进个人再接再厉做出新的贡献。”

（3）说明式结尾——在结尾处对与文章内容有关的事项或问题进行交代说明。如：“以上内容仅用于征求意见，不能作为执行的依据。在没有正式通知之前，必须按现行有关规定办理。”

（4）套语式结尾——用固定的套语作结尾，多用于请示、报告等上行文和通知、通告等下行文。如：“特此报告”“以上请示如无不妥，请予批准”。

（二）应用文对结构的要求

（1）讲求前后的连贯与完整。一篇应用文，往往是由“开头、主体、结尾”等若干层次构成。要使行文之间保持一种内在的联系，需要注意应用文一些重要细节的连贯和表达。首先，要做到开头部分、主体部分、结尾部分齐备，不可无故残缺。其次，各个部分之间，在内容上要相互连贯，井然有序，在语言形式上要有紧密的衔接和合理的过渡。再次，各个部分要相对饱满，不能干瘪、空洞，给人局部残损的感觉。

艺术欣赏与艺术创作中，讲究点到为止，留下一些空白让欣赏者来填补，反而能更好地调动读者进行审美再创造的积极性。例如：欣赏梅花，有"以曲为美""以欹为美""以疏为美"的审美标准；古希腊米洛岛爱与美的女神维纳斯，之所以因缺失的双臂而成为"完美的"艺术珍品，就是给人留下了想象的空间，那缺失成为人们追求中的另一道"风景"。但是，这一做法在应用文写作中不宜采用。应用文的内容要求明确、实在，不能采用虚实相生、意到笔不到的写法，否则，将会给落实处理带来许多不便。

（2）服从于表达效果的需要。安排结构的过程就是观点和材料统一的过程，因此，文章各个部分之间要有严密的逻辑联系，既不能出现前后内容互不相干，也不能出现前后内容相互矛盾的现象。文章的部分与部分之间，或呈现因果关系，或呈现主次关系，或呈现并列关系，或呈现表里关系，各部分互相弥补、互相协助，而不能互相矛盾、互相拆台。应用文无论选用什么样的结构，都要服从和服务于文章表达内容的需要。

四、应用文的语言

语言分口头语言和书面语言。人们离开了语言，根本没有办法进行逻辑思维。应用文写作是用书面语言来传情达意、传递信息的。应用文的语言要做到平实、准确、简洁，和文学语言一样都需要高度的修养。

（一）平实

平实是应用文语言的基本风格，是指语言平易、朴实、通俗易懂。平实首先是要做到不做作，不生造，其次是要做到不溢美，不虚饰。虚饰之辞，谈不上文采，既不真实，也不感人，效果往往适得其反。例如，说某人工作刻苦，动不动就说他废寝忘食，甚至说他连续几天几夜不合眼坚守在工作岗位上；再如，"一把手亲自抓，县委委员人人抓，分管委员认真抓，主管部门直接抓，有关部门配合抓，村镇党委层层抓"，这些空洞无物的言辞，什么经验也没有。

（二）准确

（1）内容要实事求是。写应用文，不能凭一时冲动，或是凭主观臆想，而是要以客观的、实事求是的态度，否则偏离了内容准确这一原则，就有可能给工作带来不必要的麻烦。例如，一则启事是什么就写什么，不可随意歪曲内容；一则招生广告要将专业、学制、招收人数、学费等如实列出，不可为了强拉生源而发布虚假的信息。

（2）要认真辨析词义。在汉语中，有大量的意义相同或相近的词汇，称为同义词或近义词。同义词往往有些微妙的差异。譬如，"优异""优秀""优良"，这三个词粗看相近，细看则有程度的区别。"鼓舞""鼓动""煽动"，从动作的方向和力度上看并无差异，但感情色彩却很不相同。写作应用文，必须在词语的细微差别和感情色彩上仔细斟酌，找出最贴切的词。例如，在日常语言环境中，"爱人"和"妻子"是可以相互替代的，此外如"内当家的""孩子他妈"等称呼也是指"妻子"，但在法律专用文书中，在表述"某一男性的合法配偶"时，一般只能用"妻子"。

（3）要讲究语法和逻辑。一是句子成分要完整；二是句子中词语之间的搭配要恰当；三是慎用修辞，应用文中常用的修辞手法有比喻、对比、引用、设问、反问等，而对夸张、隐喻、暗示等可使事物有较大变形的或曲折达意的修辞手法一般不用；四是造句要讲究逻辑性。如："他们加强了对团员和青年的思想教育"，团员是青年的一部分，团员和青年是不能相互并列的。再如"把所有农产品都基本上纳入了计划轨道"，"所有"表示全部，"基本"表示不完全，它们表述的意义产生了矛盾，读者不知道哪个词语表达的意义是可信的，就会无所适从。

（三）简洁

（1）用语精确，一以当十。应用文写作中之所以有用语繁多意思仍不明白的情况，多半是由于用语不精确，只好增加语句去弥补，结果反而是"言愈多而理愈乱"。

（2）选择合适的句子形式。应用文句子的使用要做到以下几点，即：少用长句，多用短句；少用整句，多用散句；少用感叹句、疑问句，多用陈述句。著名作家老舍写文章力求简练，总喜欢写短句子。他认为，这样写读者好读，意思也简练明白。他的名篇《济南的冬天》，其中超过 11 个字的句子只有 6 句，超过 14 个字的句子只有两句。应用文与文学作品之间，基本道理是相通的。为了做到简练，不妨学学老舍。

（3）适当采用文言词语。应用文中常常能见到一些文言词语，它们比现代汉语更精练，已经自然地与现代汉语融为一体。例如"来函收悉"四个字，要换成"来信收到，内容尽知"，文字多了一倍，意思却一点也没增加。而且这还不是真正的白话。要换成"你们的来信我们收到了，其中的内容经过阅读都已明白了"，才是真正的白话，可那岂不是大煞风景？运用文言词语，要注意不得生吞活剥，食古不化，要适当、活用、自然、流畅。有些文言词语经过长期实践运用，已经成为应用文体独特的专用语言。例如："鉴于""兹介绍""兹聘""兹派""敬悉""欣悉""当否""妥否""请予复函""此复""特此公告"，等等。

知识链接

应用文常见的专用语言主要有以下几种情形：（1）用于开头，如"为""为了""根据""依照""关于""由于""目前""兹"等；（2）用于承启，如"现就……问题提出如下意见""经……研究，决定（或：答复如下）"等；（3）用于引述，如"悉""电悉"等；（4）用于批转，如"批示""批转""阅批""转发""印发"等；（5）用于称谓，如"贵（处）""本（部门）"等；（6）用于经办，如"业经""未经""拟""拟定""可行""参照执行""审定""会议认为""会议强调指出"等；（7）用于表态，如"原则同意""可办""原则批准"等；（8）用于结尾，如"如无不妥，请批转各部门执行""请研究函复""特此专复""特此公告"等。

思考练习

一、判断题（正确的打"√"，错误的打"×"，并改正。）

1. 叙述中，应用文多用顺叙方法，其他少用。（ ）

2. 公文属于应用文，公文中叙述、议论、说明三种表达方式是综合运用的。（ ）

3．观点和材料的统一是应用文写作的基本要求。（　　）

4．应用文的内容要求明确、实在，同时也可以采用虚实相生、意到笔不到的写法。（　　）

5．应用文一般一事一写，即一篇文章所说明或处理的问题一般只有一个。（　　）

6．应用文的结构一般有层次和段落、过渡和照应、主次和详略、开头和结尾八个环节。（　　）

7．应用文的结尾可以用象征、隐喻、暗示的方法去追求“言有尽而意无穷”的韵味。（　　）

8．应用文的语言和文学语言一样都需要高度的修养。（　　）

二、阅读下例这则考题，回答文后问题。

这种洗衣机体积小，① 很方便小房间内使用。洗涤过程中，可以按需要调节水位高低、洗涤时间、漂洗次数。洗衣完毕，鸣音报信。② 如果觉得衣服没有洗干净，可以重新洗涤。这种洗衣机具有溢水、自动循环过滤绒毛功能。③ 脱水桶可能比一般双缸洗衣机大 3 倍，衣服甩干后不易起皱。④ 每台洗衣机售价也不贵。

1．这是“×××全自动套缸洗衣机”广告的正文部分，文中画线处有的有语病，有的表意不当，有的有多余，请依次加以修改。

2．结合上文，谈谈对应用文语言运用的认识。

第二章

便条契据类应用文

学习目标

1. 了解借据、欠条、收条、领条、发条、请假条、留言条7种便条契据类应用文的基本特点及适用范围。

2. 能正确写作、使用上述7种常用的便条契据类应用文。

第一节 借据、欠条

示 例

【例文一】

借 据

今借款人朱××向债权人黄××借款计人民币大写壹佰万元整，小写￥1 000 000.00元。上述欠款约定于2015年3月1日前还清，逾期不还，债权人可以将借款人位于合肥市包河区××小区××号房产及合肥市××路线公交车运营权交由拍卖公司作为还款资金。借款人朱××将位于合肥市包河区××小区××号房产证明及合肥市××路线公交车运营权证交给债权人黄××作为抵押。

此据

借款人： 证件号码：

担保人： 证件号码：

借款日期：2014年3月1日

债权人“黄××”是“借出者”，不能省略，避免借据丢失后不相干的人向借款人索要。

写完正文后，紧接着隔一行空两格写“此据”二字。

如果担心到期对方无法归还，可以约定担保人。由第三方担保并签字，并留下身份证复印件。

【简析】此借据由标题、正文、落款三部分组成，债权人、债务人、借款内容、归还期限以及署名及日期等内容完整。重要的借据最好写明双方详细地址、职业、联系方式以及身份证号码，有无利息约定，也宜写明。

【例文二】

今 借 到

学校图书室2013年第1—12期《青年科学》合订本叁本，本月内归还。

此据

具据人：×××

2014年3月1日

用“今借到”(或“借到”)作为标题时，正文要顶格写。“借到”是规范写法，不能写成“借了”。

“具据人”也可写成“经手人”。

【简析】借据是个人或单位借东西的一个凭证，要将从哪里借的，借的什么，数量多少，规格怎样，新旧程度，以及归还的时间尽量写清，做到简明清楚。借据除个人向单位借款的借据外，还有以单位名义写的借据，这类借据必须有经手人的签名或盖章。

【例文三】

欠　条

原借杜伟同志人民币叁佰元整，已还壹佰伍拾元整，尚欠壹佰伍拾元整，两个月内还清。

此据

具据人：刘山
2014年3月1日

用“欠条”做标题，则正文开头应空两格。

【简析】欠条要将双方单位或个人名称、所欠物品名称、数量（大写）及归还时间交代清楚。

【例文四】

今 欠 到

××家具有限公司张东人民币捌仟元整（¥8 000.00），三个月内还清。此据

欠款单位：××茶场（盖章）
经手人：刘红（签名）
2014年3月1日

用“今欠到”作为标题时，正文要顶格写。

“此据”二字的作用是紧跟正文以防篡改，可写成此式样。

【简析】“欠条”要写明所欠对象的姓名，有的要写明单位。以单位名义的欠款宜加盖单位公章，且必须有经手人和经手人的签名。钱物的金额数量一定要大写。

相关知识

借据，是单位或个人借到现金或物品时写给对方作为凭据的契据，也称借条。

欠条，是单位或个人在还付钱物时，付不清或拿不出，写给对方作为约期归还凭据的契据，也有人称作白条。

借条和欠条通常由标题、正文、落款三部分组成。

（1）标题：在第一行居中写明名称。如借据、欠条。

（2）正文：写明借到或欠到某单位或某个人的物品名称、数量或钱的金额数量。

（3）落款包括署名和日期。署名：在另起一行的右下方，写上自己的单位名称，经手人或出条人姓名，并签字盖章，以示负责；日期：要写出出具契据的年月日。

注意事项：（1）字迹要工整清晰，只能用黑色或蓝黑色的钢笔或毛笔书写，不能用铅笔或圆珠笔书写，也不能用红色的笔书写；（2）契据上的款项金额、物品数量必须大写，不能小写，款项金额后面要加上一个“整”字，以防涂改；（3）契据写成后，不可涂改，如需改动，应由出据单位或个人在改动处加盖公章或私章，以示负责；（4）署名应是亲笔签的真实姓名，慎重的契据还要写上身份证号码；（5）无论是借条还是欠条，钱物归还或归清后，打条人须把条子收回作废。

知识链接

借据和欠条作为法律证据的异同：法律上，借据和欠条作为民事证据是完全不同的，一字之差，可能会造成债权人巨大的损失。例如，张三找你借了钱，没有约定还款期限。三年后，张三没还钱，如果他给你留的是借据，你就可以起诉他并且能够胜诉，因为借据主张的权利时效是出具之日起20年内有效；如果他给你留的是欠条，你就无法再起诉他，因为欠条主张的权利时效是出具之日起2年内有效。

思考练习

一、某职业学校教师王刚要到省城培训，经校长同意，到学校财务室支取5 000元作差旅费之用，等返校后报销，多退少补。请以王刚名义写一则借据，以便财务室留存。

二、张海从学校图书室借到2013年1—12期《语文教育参考》合订本1册，并准备一个月后归还，请代张海写一则借据。

三、王伟在一周前向好友刘威借了1 500元没有出具欠条，现要补一张欠条，并说明半年内归还。请据此写一张欠条。

第二节 收条、领条

示 例

【例文一】

收 条

今收到碧阳镇郭门村马上、牛力二同志送来的杂优二号水稻种子资金叁仟元整。

黟县种子公司（盖章）

经手人：张山

2014年3月1日

以“收条”作为标题，正文要空两格写。

【简析】此收条写清了收到何单位何人因何事送来何物（款），数目明确清楚，并注意到金额大写。金额后面加上一个“整”字，以防涂改。

【例文二】

今 收 到

柯村乡胡门黑鸡保种养殖基地捐赠的办学经费伍仟元整，图书伍佰册。

以“今收到”作为标题，正文同样要顶格写。找一找，本书哪里还有类似写法？

柯村中心小学（盖章）

经手人：文章

2014年3月1日

【简析】此收条交代清楚了何单位因何事捐赠的款物。

【例文三】

代收到

刘小小同学还给汪飞老师的羽毛球拍一副，《三国演义》一套（四本），完好无损（原借条已经交还给刘小小同学）。

代收人：陈小春

2014年3月1日

此例文为代收条。“代收条”与收条一样，以“代收条”为标题，则正文空两格书写，如以“代收到”为标题，则正文须顶格书写。

【简析】代收条的落款中要明确“代收人”三个字。原来出具的借条要收回或销毁。

【例文四】

领　条

今领到校总务处笔记本叁拾本，铅笔壹拾贰支，用作全校“汉字书写比赛”奖品。

教导处：汪小雨

2014年3月1日

【简析】领条务必要写清楚何单位何人到何处领取何物（款），务必做到数目清楚无误。相关数量一定要大写。款项金额后面要加上一个“整”字，以防涂改。

【例文五】

今领到

校财务室发给的教师2013—2014学年教学超工作量奖金捌佰捌拾捌元整。

经手人：张飞

2014年3月1日

【简析】此领条格式规范，事件清楚，数额准确无误。

【例文六】

领　条

今领到县教育局党委办免费发给的《党的群众路线教育实践活动学习笔记》58（伍拾捌）本。

领取人：吴伟

2014年3月1日

“经手人”也可写作“领取人”。

【简析】领条与收条一样，要求语言简洁，“务去陈言赘语”。

相关知识

收条，也叫收据，是单位或个人收到钱物时写给对方的一种凭据性的应用文。收条有两类，一类是写给个人的收条，一类是写给某一单位的收条。单位出具的收条通常是由某一个人经手，而以单位的名义开具。

领条是单位或个人在发放和领取物品过程中的一种文字凭据。

收条如果所收的钱或物品本来是由甲方借出的，那么甲方应出示乙方写的借条，还给对方或当对方的面撕毁。这时甲方不必写收条。如果甲方不在，由别人代收，代收人应写张收条或代收条给乙方。其格式和要求同借条、欠条一样，也是由标题、正文、落款三部分组成。

知识链接

借据、收条、欠条、领条不同的法律效力：借据是用来证明借款行为的凭证，表明了债权关系形成的原因为借贷行为；欠条只能证明双方当事人在某时间存在债权债务关系，不能从字面上表明债权关系形成的原因就是借贷；收条只能证明当事人之间发生给付与收取财产的事实，不能证明当事人之间存在债权债务关系；领条是用以证明领取人收到了他人交予的物品或钱款，往往作为留存凭证使用，一般很少在借款行为中出现，也不能证明当事人之间存在债权债务关系。

因此，借钱给对方时，最好让其出具借据，而不是欠条、收条或领条。同时，要注意写明债务人、借款金额、利息、还款日期等事项，免得产生不必要的纠纷。如借款人出具的是“欠条”“收条”，实际内容却记载借款数额、还款期限以及约定利息，这种情况下与借据并无实质性差别，将作为借条看待，并适用借条的举证责任、诉讼时效等相关规定。

思考练习

一、你收到你的好朋友王大山归还给你的现金10 000元和捷安特山地自行车一辆，请以此内容写一张收条给王大山。

二、楚楚是某外贸公司会计，某丝织厂财务室送来面料加工承包押金50 000元，请你帮助楚楚为送款人员出具收条。

三、王海从学校财务室领取了用于出差的费用1 000元，请你写一张领条给财务室。

四、王大明通过HS大学教师招聘考试，被录用为HS大学文学院的一名教师，上班第一天就到文学院总务科领取办公用品，包括办公桌椅各1张，文件夹4个，钢笔1支，扫把、拖把各1把、废纸篓1个。请代王大明写一则领条。

第三节 发 条

示 例

【例文一】

发 条

太平县碧阳镇洪星村杨家组×××购买尿素壹仟公斤（20

正文后，可紧接着写“此据”两字，也可如下例另起一行空两格写。落款处要有

袋），每50公斤单价壹佰伍拾元，共计人民币叁仟元整。此据

太平县农资公司（盖章）

经手人：刘阳

×年×月×日

出售物品的单位名称、盖章以及经手人的签名等。所涉及钱款数目时也须大写，钱款数目书写完备后须加"整"字，以防涂改。

【简析】发条是财务不规范情况下所使用的一种凭据，它会逐渐地被社会所淘汰，但就目前现实生活中仍在使用。要求语言简洁明了，不用赘语。

【例文二】

今 售 给

××柴油机厂×××型吊车贰部，含工具箱及全套工具壹套。总计人民币×××元整。

此据

经办人：×××

×年×月×日

落款处"经手人"也可写成"经办人"并签名。

【简析】现实生活中，发条是在某些特殊情况下所使用的一种凭据。发条有着"发货单"的功能。本例可看作是给顾客开的作为提货的凭据。

【例文三】

承 购

此发条以"承购"为标题。

清水河沙肆拾吨，每吨陆拾元整，共计人民币贰仟肆佰元整。

承购方：阳春三中总务处（盖章）

出让方：月亮湾沙场（盖章）

双方经手人：胡大春 张海洋

×年×月×日

落款处须有买卖双方的单位名称、盖章及双方经手人的签名等。

【简析】此例文相当于一份最简单的购销合同。

相关知识

发条是单位或个人出售产品、货物时给顾客开的作为提货和报销的一种凭据。发条属于代替票据而使用的，也需要妥善保存，有条件的要尽可能使用正规的票据。发条要求文字简洁，篇幅短小精悍，条面整洁。

发条的内容一般由标题、正文、落款三部分组成。

标题的写法可以有两种：一种如例文一、例文三；另一种是以"今售给"或"今卖给"等作为标题，如例文二，该文需顶格写。

正文通常在标题下一行空两格处写起，但以"今卖给"为标题的正文是不空格的，要

顶格写。正文的内容通常要写明以下一些内容，卖给什么单位、什么物品、数量多少、价格怎样、总计的钱款数额等。正文的末尾，可以加上“此据”“此致”字样，有的在下一行紧接着写出收接收条的单位名称，如“此致××大学总务处后勤科”。

落款写上售货单位的名称，在名称下方再写经手人姓名，并且要写明“经手人”字样。同时在“经手人姓名”下方署上售货的日期。要求加盖公章，以示负责和有效。

发条需要写清楚所售货物的具体品牌、名称、种类、规格、数量，有的还需写出生产地等。

思考练习

一、李奶奶经营一家小型农贸市场，县委机关食堂老王在此购买了50公斤猪肉，每公斤13元；10公斤小青菜，每公斤2.5元；老母鸡10只，每只45元。请代李奶奶向老王开具一份售货发条。

二、张明到县农资公司购买10吨尿素（每50公斤一袋，每袋205元）。请代县农资公司售货员小李给张明开具一份发条。

三、绿源有机农业开发公司到向阳农机销售公司购买4辆SUV-8型农用汽车，每辆单价12.5万元；CF-18型拖拉机3台，每台单价1.5万元。请你代向阳农机销售公司销售业务员小林开具一则发条。

第四节　请假条、留言条

示　例

【例文一】

请　假　条

孙老师：

今天，我因感冒发烧，不能到校上课，特请假一天，请予批准！

请假人：丁叮

2014年4月1日

> 请假条标题要居中。
>
> 称谓一般用尊称，例如“孙老师”。
>
> “感冒发烧”等请假原由要实事求是，请假起止时间，应当明确。
>
> 请假人签名，务必要自己的签名。
>
> 请假时间，即当前你写请假条的时间。

【简析】请假条内容较少的，不用分段。语言应简练，不要做无谓的修饰，把事情说得清楚简明就好。

【例文二】

请 假 条

卢老师:

我因患急性胃肠炎，现正住院治疗，不能到学校上课，请准假一天。

此致

敬礼!

附：医院证明。

您的学生：李四

6月1日

此病假条用了祝颂语“此致”“敬礼”，注意其书写格式。

请病假一般要附医院证明。

【简析】请假条内容单一，但必须交代清楚请假条的几个要件：标题、称谓、正文（请假事由、请假时间、祝颂语）、署名和日期。

【例文三】

请 假 条

尊敬的×××经理:

我和女友×××商定于×月×日举办婚礼，需要从×月×日起请假×天，于×月×日正常恢复上班。目前手头的工作已经安排妥当。请予批准。

祝安好!

附：结婚证明。

请假人：×××

×年×月×日

这则婚假条交代清楚了具体的请假时间。

【简析】请婚假需提交结婚证明。

【例文四】

小明:

你好！上周听你同学说，你已被北京大学录取。我们今天来拜访你的目的，一是向你表示祝贺，二是向你学点经验。令人失望的是你去你外婆家了，吃了个闭门羹。真的好失望。你回家后，如有可能，请尽快给我一个回复。

祝你万事如意!

你的同学：刘珊珊

2014年3月1日下午3时

【简析】此留言条是一个人或几个人有事情到朋友、同事、亲戚工作单位或家中去，恰好对方有事外出不在或暂时找不到，而找者又不能久等，就写个留言条把要说的事情告诉对方。留言条即是简单的书信。留言条不用标题，不用问候语、致敬语。传统的纸质留言条的写法与书信相似。

【例文五】

王杰：

4月10日的来信收到，我已于今天上午乘北京—黄山的火车，准时到达您信中所写的地点等您。估计您有事不能准时来。见留言条后，请到山里人大酒店401房间找我。若今晚见不到您，我们明天上午8时整去您的办公室找您，望等候。

朱敏2014年4月15日下午3时于黄山火车站

【简析】此留言条是事先同另一位或几位同志约好，在某一个地方见面，但到时对方未准时到达，而自己因某种情况又不能再等。这时可以写个条子留下来，告诉对方再约会的时间和地点。此类留言条一般是粘贴在易发现的“公告栏”。现代通讯条件下，人们已经习惯于用手机短信或微信等方式留言或通话。像这则例文，还可以表达得更快捷、简洁和准确。

【例文六】

爸爸、妈妈：

今天下午四点钟的时候，咱楼下的明明的奶奶突然重病，非常危险，急得她的孙女明明直哭。我听到后赶快下楼，照顾赵奶奶吃药。现在，赵奶奶已被送到医院急救室抢救。明明的爸妈还没回来，我也不能回家。为使你们下班后放心，特给你们留此条子。

儿：小伟

4月2日下午5点

【简析】此留言条是留给自家人的，有的上班未归，有的在家有事。在家的人突然有事外出，担心上班的家人下班回来不放心而留的条子。这样的留言条要放在易发现的位置。

相关知识

请假条是个人因事、因病向单位、组织、领导人请求给予假期的便条，主要有事假条和病假条两类。病假条一般要求附上医院大夫的诊断证明。

留言条是一种简短的告知类便条。一般指在日常生活中，有事情要通知对方，或有事托付对方，或替别人代话、想请人办事等情况下需要留给对方的条子。

知识链接

留言条和请假条的区别在于：留言条是告知，请假条是申请。留言条告知正在发生的事情、需要的时间和安排；请假条是申请假期并说明理由和时间，同时希望批准。

思考练习

一、结合自己学习生活经历，写一则合格的请假条。

二、李芳因患病毒性流行感冒，不能到校上课，于是请隔壁的刘磊代她向班主任张老师请两天病假（5月5日和5月6日），请你帮助刘磊为李芳拟写一则请假条。

三、阅读下文，回答问题。

宝贝，

因学校有事，我要去学校处理，估计一个半小时后回家。饭菜在冰箱里，你自己用微波炉加热一下再吃。

此致

敬礼！

妈妈

即刻

（1）这是一张因为______________而写的______________。

（2）文中主要有________处错误，它们是______________________。

四、小明妈妈由于晚上要加班，不回家吃饭，留下条给小明，要小明与爸爸一起吃好晚饭后要做好作业，按时睡觉。请代小明妈妈写一则留言条。

第三章

社交礼仪类应用文

学习目标

1. 了解社交礼仪类应用文的基本特点、适用范围。
2. 掌握常用社交礼仪类应用文的基本特点、写作要求。
3. 能够写作几种常用的社交礼仪类应用文。

第一节　感谢信、慰问信、贺信

示　例

【例文一】

致××快捷酒店的感谢信

××快捷酒店：

3月16日中午，我在贵酒店办理退宿手续时，不慎将钱包遗失在总台上，包内有现金近2000元以及身份证、银行卡等重要证件。在我离去后，你们的服务员发现了我遗失的钱包，并根据我先前办理住宿时的登记信息，联系上了我。当我赶到酒店，得知钱包在总台得到了妥善保存，在拿到钱包欲表谢意时，你们的服务员和客服却一致婉言谢绝。我对她们这种乐于助人、急顾客之所急的精神深感敬佩。在此，我对当日的服务员再次表示感谢，谢谢你们，好人一生平安。

此致

敬礼！

顾客：×××

××××年××月××日

第一行正中，用稍大字体书写“感谢信”，或“致××的感谢信”。

隔行顶格书写感谢对象。表扬个人时，可直接写给本人也可写给对方所属单位。

称呼下一行空两格写，叙述表扬缘由、事迹经过，表达敬佩表扬之意，以“此致敬礼”“致以最诚挚的谢意”等敬语作结束语。

正文下一、二行右侧署名，再下一行写年月日。

【简析】正文部分要精练地写出事情的经过，把被感谢的人物和事件准确、清楚地叙述出来。例文属于群众之间相互感谢，内容多为赞颂对方好的品德。

【例文二】

感　谢　信

各旅游饭店：

创建全国文明城区是××××年JT区推动区域全面发展工作的重中之重，是区委、区政府带领全区八十多万居民的伟大实践，更是全市五百多万人民赋予我们JT人的光荣使命。

在三年的创建工作中，各旅游饭店安排精干力量，不断针对要求，加大投入和宣传，一把手亲自挂帅，按照JT区委、区政府的正确部署，积极落实，科学管理，认真做好每一阶段的工作，充分体现了“窗口”服务单位在推动发展中的作用。正是由于你们的不懈努力和积极配合，JT区创建全国文明城区工作取得了圆满成功。在此，JT区旅游局全体同仁向参与创建工作的各旅游饭店表示衷心的感谢和最诚挚的敬意！

在新年来临之际，JT 区旅游局祝福我区各旅游饭店在新的一年生意兴隆，旅游行业从业人员幸福安康。

JT 区旅游局

2013 年 12 月 28 日

感谢信的“结尾”部分可作简化，只要诚恳地表达出感谢之情即可，可省略“此致敬礼”，自然结束正文。

【简析】本封感谢信的标题格式，可以改成“JT 区旅游局致区各旅游饭店的感谢信”。例文属于领导机关感谢其所属单位，这种感谢信可以公开宣读，也可以登报。

【例文三】

致全市旅游行业同仁的慰问信

第一行正中稍大字体书写标题“慰问信”，或“致××× 的慰问信”。

隔一行顶格书写称谓，写给个人的要用尊称，例如，“尊敬的×××”；写给单位的要写明单位全称；若慰问对象是某一类人员，称呼就使用泛称，如“旅游行业同仁们”等。

尊敬的旅游行业的同仁们:

值此新春佳节来临之际，WH 市旅游局党委谨向你们致以诚挚的问候和良好的祝愿！

刚刚过去的××××年，是全市旅游发展史上极不平凡的一年。一年来，在市委、市政府的正确领导和社会各界的大力支持下，经过全市旅游行业广大干部职工的共同努力，我市旅游业实现了又好又快发展。全市接待海内外游客 1150 万人次，旅游总收入 102 亿元，环比分别增长 15%和 19%。其中，接待海外游客 20.5 万人次，旅游创汇 9220 万美元，环比分别增长 21.4%和 28.1%。全省旅游总收入过百亿的城市有五个，WH 位居第四。入境游客和创汇均居全省第三名，旅游发展质量不断提高。“幸福海滨”规划、旅游大项目建设、“携手长江，拥抱 WH”促销活动、“文明 WH，诚信旅游”活动等工作相继获得省级以上先进，国际旅行社、工农业旅游示范点和星级旅游厕所评定均实现历史性突破。我市还荣获了“中国优秀旅游目的地”“56 个最具民族特色的旅游城市”“中国青年最喜爱的旅游目的地城市”等一系列荣誉称号。

本例正文首先交代慰问的缘由是“值此新春佳节来临之际”，然后在第二自然段历数 WH 市旅游业在过去一年取得的成绩，随后鼓励在新的一年里再创佳绩，最后表达祝愿。

新的一年即将来临，这是 WH 旅游业充满希望和挑战的一年。我们将全面落实科学发展观，认真贯彻落实好全市经济工作会议、全省旅游发展大会和全国旅游工作会议精神，推动全市旅游事业再上新台阶。今后一段时期，全市旅游工作将在市委市政府的正确领导下，围绕“打造东方幸福海滨，建设旅游休闲度假基地”这条主线，按照“政府主导、社会参与、市场运作”的原则，在旅游精品项目建设、行业监管、队伍建设和旅游综合功能提升等方面加大力度，通过宣传促销提升 WH 旅游美誉度，通过诚信旅游提升 WH 旅游诚信度，推动旅游业由观光型向休闲度假型转变，由重视国内市场为主向国内外并举转变，由追求数量向追求质量转变，实现 WH 旅游业又好又快发展。全年的奋斗目标是：争取接待国内外游客和实现旅游总收入，分别比上年度增长16%和21%。

众人拾柴火焰高。让我们团结起来，在充满希望的新征程中，迎接风雨的冲击，接受竞争的锤炼，加快与国际旅游接轨，开创我市旅游事业更加美好的明天！

祝全市旅游行业的同仁们春节快乐、身体健康、阖家幸福！

WH市旅游局党委

××××年××月××日

【简析】慰问信的适用范围一般有三种：一是向辛勤工作在一线的集体或个人表示慰问，鼓励再创佳绩；二是向遇到巨大困难的集体或个人表示慰问，鼓励他们增强信心，战胜困难；三是在传统节日向特定对象表示慰问。有时一封慰问信也同时表达多重意思，例文既是向辛勤工作在一线的集体或个人表示慰问，也是在传统节日向特定对象表示慰问。

【例文四】

"七一"贺信

第一行正中稍大字体书写标题"贺信"，或如此文用"事由+文种"。

全省旅游行业的广大党员同志们：

九十载辉煌历史，九十载辉煌成就。在举国欢庆中国共产党诞辰九十周年之际，中共某某省旅游局党组向全省行业的党员同志们致以节日的祝贺和崇高的敬意！

正文说明祝贺缘由、祝贺什么、为什么要祝贺，有的还要说明被祝贺的人或事的意义何在，然后提出新的希望和要求。

中国共产党90年的光辉历程，肩负着民族独立、人民解放和国家富强的神圣使命，谱写了中华民族自强不息、顽强奋进的壮丽诗篇。历史昭示我们：90年的历史，是马列主义和中国实践相结合的90年；是我们党紧紧依靠群众，全心全意为人民服务的90年；是加强和改进党的建设，永葆党的生机和活力的90年。中国革命、建设、改革的丰富实践证明，是历史和人民选择了马列主义，选择了中国共产党，选择了社会主义道路，选择了改革开放。

改革开放以来，某某旅游业的发展实现了从无到有，从小到大的历史性跨越，其间凝聚了全行业广大共产党员的奋力拼搏，无私奉献。

新时期带来新机遇。今年是"十二五"的开局之年，站在又一历史起点上，作为某某旅游战线的共产党员，我们肩负着建设旅游强省的神圣职责和光荣使命。我们要进一步发挥共产党员的先锋模范作用，坚定理想信念，忠诚党的事业；牢记为民宗旨，永葆公仆本色；致力科学发展，积极创先争优；坚持迎难而上，奋力开拓进取，始终保持共产党员的蓬勃朝气，昂扬锐气，浩然正气，努力在科学发展中创先进，在建设旅游强省中争先锋，为胜利实现"十二五"旅游发展的宏伟目标而努力奋斗！

中共××省旅游局党组

2011年6月30日

【简析】贺信是书信的一种，可按一般书信的格式写。作为上级写给下级的贺信，最后要提出希望和要求。贺信内容可以是节日的祝贺，也可以是对所取得的成绩表示祝贺。

【例文五】

贺　信

《××》杂志社：

我们怀着十分欣喜与钦佩的心情通知您，贵刊在刚刚结束的“中国期刊奖”评选中荣获“中国期刊奖”称号。在此，向贵刊表示衷心的祝贺与诚挚的敬意。

历年“中国期刊奖”的评选，是对全国期刊界的检阅，本届评选承前启后，继往开来，预示着新时期中国期刊业进一步繁荣、腾飞的灿烂前景。吮吸着悠久历史的芬芳，化育着时代奋进的精神，祝愿贵刊永远是中国期刊之林的一棵参天大树。

中国××出版集团敬贺

××××年××月××日

此贺信格式规范严谨，体现出祝贺单位对被祝贺单位的尊重和敬意。

最后提出鼓励、劝勉，希望《××》杂志社永远是中国期刊之林的一棵参天大树。

落款中“敬贺”二字，表达了充分的尊重与友好。

【简析】这篇贺信言简意赅，语言表达恰如其分，感情饱满充沛，充分表达出对《××》杂志社所获荣誉的充分肯定与热情祝贺。

相关知识

感谢信是对集体或个人给予的关怀、帮助、支持等表示感谢的一种书信。

慰问信是向他人表示慰藉、关怀、问候、勉励的一种书信。

贺信是表示庆贺的书信的总称。一般用来表彰、赞扬、庆贺对方在某方面作出的贡献。

知识链接

感谢信内容要做到“三见”，即见人、见事、见精神，切忌空泛的大道理。

感谢信、贺信可以用信件递送，也可以登报、广播，或用大红纸撰写张贴。

思考练习

一、即将离开校园走上实习岗位，请你代表本班同学，拟写一封写给班主任的感谢信。

二、学校高一新生军训，得到了×××部队××支队的大力支持，教官们躬身示范、严格教导，不少教官喊哑了喉咙，在军训最后的会操比武上，学校的军训工作得到了学校主管部门的高度评价。请你以学校的名义拟写一封献给×××部队××支队的慰问信。

三、学校旅游专业在全国职业院校技能大赛中职组“酒店服务（中餐宴会摆台、客房中式铺床）”赛项中获得了一金一银的好成绩，请你以你所在城市教育局的名义拟写一封给学校的贺信。

第二节　欢迎词、欢送词

示　例

【例文一】

欢　迎　词

各位朋友，早上好：

很高兴能在这收获的季节和大家相识，首先自我介绍一下，我姓×，在座的可以称呼我为小×。

我是××旅行社的一名专职导游，也是大家这次去××的全程陪同导游，欢迎大家参加我们××旅行社组织的旅游活动。此时正在开车的是我们此行的司机师傅，他姓×，大家可以称呼他×师傅，×师傅将为我们大家提供最安心舒适的驾乘服务，为我们的旅程保驾护航，让我们用掌声谢谢×师傅的辛苦。

下面，我来和大家简单地说一下我们这次的行程安排：

……

这两天，大家有什么意见或需要，可以直接和我联系，我的电话号码是：139××××××××。现在我要跟大家强调一下出门在外的一些注意事项：

1. 安全：……

2. 团队用餐：……

3. 住宿：……

4. ××景区特点及特产：……

5. 旅程中的纪律：……

在这收获的季节大家能乘坐一辆车，共度两天的假日，是一份缘，希望大家能在未来的旅行中相互关心、互相包容，共度美好假日。

最后请大家记住我们这个车的车牌号：皖B×××××，导游小×的手机号：139××××××××。

今天大家都起得比较早，下面大家先休息，到服务区还有2小时，到时我喊大家下车活动。

标题可直接以“欢迎词”构成，也可以是“活动名称+欢迎词”如“北京之旅欢迎词”。

正文主要内容有：代表旅行社向客人表达欢迎之意、介绍工作人员、告知行程安排、强调注意事项、提出旅行希望等。

【简析】此文为一篇全陪导游的欢迎词，其主要特点为口语化。

【例文二】

在××技能大赛出征前的欢送词

各位老师，同学们：

首先，我代表全校师生对即将奔赴××市，参加××技能大赛的各项目集训队的师生们，表示热烈的欢送。

老师们、同学们，为了这次技能大赛，在过去几个月的时间里，你们付出了辛勤的汗水，所谓“梅花香自苦寒来来”，你们的付出一定会在即将开始的××技能大赛上取得回报。

在此，我给大家提几点希望：

一、希望你们要调整好心态，怀着自信心和平常心出征，发挥出应有的水平。

二、希望参赛的师生树立科学的训练观，注重方法，积极备战，再接再厉，再创辉煌。

三、希望通过技能大赛的磨砺，在展示我校师生的技能水平时，也要充分展示出我们良好的精神风貌。

四、希望大家在赛前要注意研读比赛规则和比赛过程中应注意的相关规定、文明礼仪等细微问题。注意赛事过程中人身、饮食、外出等方面的安全问题。

最后，祝你们一路顺风，胜利而归。

【简析】欢送词的结构和欢迎词基本相同。正文由“表示欢送之情、活动的回顾、活动的成效、对对方的赞赏和感谢、希望和要求、表达祝愿”等部分组成，表达祝愿要切合实际。具体撰文时，可根据实际情况，酌情组合。

【例文三】

欢 送 词

各位游客朋友：

几天的行程，还有几分钟就要结束了，你们的导游小×也要和大家说再见了，此刻我还真舍不得说那两个字，这次旅程的成功离不开大家对我工作的支持与配合，几天里我们大家从相识到相知最后成为了朋友，你们在旅程中表现出的良好的文明素养，也给我留下了深刻的印象。在这几天的旅程中，我们小×有什么做得不到的地方，还请大家多多包涵多多原谅，多提宝贵意见，让我以后的工作能做得更好。

最后祝愿大家工作顺利、阖家幸福，希望不久的将来我们还能相逢在收获的季节里，再见。

【简析】本文为全陪导游的欢送词，其主要特点为口语化。正文内容主要由“惜别之意、感谢配合、小结旅游、征求意见、祝福和期盼重逢”等五部分组成。

相关知识

欢迎词是在活动开始，“宾至”的场合，主人对来宾表示热烈欢迎的礼仪性文书。

欢送词是在活动即将结束，“宾归”的场合，主人对来宾表示热烈欢送的礼仪性文书。

欢迎（送）词，常用语有“我谨代表”“请允许我”等。

知识链接

什么是“全陪导游”？

全陪导游的职责是按照合同约定实施组团旅行社的接待计划，监督各地接待社的履约情况和接待质量，负责旅游活动过程中与旅行社的联络，做好各站衔接工作，协调处理旅游活动中的问题，保障旅游团（者）的安全。

思考练习

一、假设你是一位导游，你所在的旅行社接了一个中学生团队到你的家乡一日游，请你以一位全陪导游的身份，拟写一份导游欢迎词。

二、假设你们班有十位同学被学校选送担任××市“五四”表彰大会的礼仪志愿者工作，请你以班长的身份，拟写一份欢送词。

第三节 开幕词、闭幕词

示 例

【例文一】

王岐山在第三届中国—加勒比经贸合作论坛开幕式上的致辞

（2011 年 9 月 12 日，西班牙港）

标题下方可注明发言人职务及姓名，开幕时间、地点（用括号标注）。

尊敬的特立尼达和多巴哥总理比塞萨尔，
尊敬的圭亚那总统贾格德奥，
尊敬的安提瓜和巴布达总理斯潘塞，
尊敬的牙买加总理戈尔丁，
尊敬的格林纳达总理托马斯，
尊敬的苏里南副总统阿梅拉利，
尊敬的加共体秘书长拉罗克，
尊敬的各位来宾，女士们，先生们：

标题下隔一行顶格书写与会人员的概括性称呼，有重要领导出席的活动，可将领导职务单独列出，如本文的“尊敬的特立尼达和多巴哥总理比塞萨尔”。

很高兴来到美丽的西班牙港。我代表中国政府，对第三届中国—加勒比经贸合作论坛的召开表示热烈的祝贺！对特多政府的周到安排表示衷心的感谢！对长期致力于中加经贸合作的朋友们表示崇高的敬意！

近年来，中加关系发展势头良好。双方高层交往频繁，政治互信不断加深，经贸、投资、旅游、农业、科技、基础设施等各领域合作成果丰硕。

中国—加勒比经贸合作论坛的建立，开创了中加合作的新局面。6 年来，中加各领域合作进入“快车道”。双边贸易额年均增长 24%，2010 年达到 72 亿美元；中方累计对加投资 4 亿美元。中国作为发展中国家，在力所能及的范围内，向加勒比国家提供了不带任何附加条件的援助，援建了一批公共设施和民生项目，培训官员和技术人员 1700 名，派遣农业和医疗等专家、青年志愿者 200 人。事实证明，中国永远是加勒比各国真诚的朋友、合作的伙伴。

女士们、先生们！

当前，国际金融危机深层次影响仍然存在，世界经济形势极为复杂、充满变数。在此背景下，中加深化各领域合作，对于促进自身经济发展、推动世界经济复苏，都具有十分重要的意义。

今后 3 年，中国政府将采取以下 6 项政策举措，进一步深化中加合作。

（一）加强金融和投资合作。……

（二）加强能力建设合作。……

（三）加强环保和新能源合作。……

（四）加强文化教育卫生合作。……

（五）加强贸易和旅游合作。……

（六）加强农渔业合作。……

女士们、先生们！

改革开放 30 多年来，中国经济社会发展取得了巨大成就。我们正在实施“十二五”规划，按照科学发展观的要求，转方式、调结构、扩内需、惠民生，努力实现发展的速度与结构、质量、效益相统一。中国经济社会全面发展，不仅给中国人民带来福祉，也将给加勒比地区乃至世界带来机遇。

中国的发展离不开世界，世界的发展离不开中国。中国将坚定不移地走和平发展道路，始终不渝地奉行互利共赢的开放战略。中国将一如既往地支持加勒比国家发展经济，改善民生，推进加勒比地区一体化进程，在国际事务中发挥积极作用。

企业是中加经济合作的主体。中国政府愿与加勒比各国政府一道，努力为双方企业合作创造良好的环境。我相信，富有远见和智慧的企业家们，一定能够以本届论坛为契机，把合作的愿景化为成功的现实，为中加友好合作注入新的动力。

预祝本届论坛圆满成功！

谢谢大家！

——资料来源：人民网，内容有删减

【简析】开幕词与开幕辞，概念相同，语言色彩上，开幕辞比开幕词略显庄重。正文由宣布开幕、介绍参会人员、表达祝贺、活动背景阐述、活动意义、活动主要内容、活动任务、通报会议议程、对与会人员提出希望和要求、表达祝愿等几部分组成。本文由“表达祝贺、活动背景阐述、活动意义、活动主要内容、对与会人员提出希望、表达祝愿”六个部分组成。

【例文二】

乘势而上，开创 BJ 市体育产业发展新局面

——××××中国（BJ）国际体育产业高峰论坛闭幕词

BJ 市体育局局长助理×××

（××××年××月××日）

尊敬的各位领导，各位来宾，女士们、先生们：

采用主、副标题形式。主标题为“乘势而上，开创 BJ 市体育产业发展新局面”，是对文章内容的概括和提炼，副标题为“××××中国（BJ）国际体育产业高峰论坛闭幕词”，指明时间、大家好！

此刻，“××××中国（BJ）体育产业高峰论坛”已经完成了会议的全部议程。我谨代表本论坛的主办方向到会的各位领导、嘉宾和关心、支持体育产业发展的各界人士表示衷心的感谢。在本次论坛举办期间，各位专家学者围绕体育产业投融资、京津冀体育产业的机遇和前景、体育消费与城市文化以及体育资源释放与模式探索等多项议题展开了热烈研讨，会议成果丰硕。

本次论坛无论是到会领导的层次、嘉宾数量、宣传推广，以及社会影响力等方面均达到历届最好水平，在会议筹备过程中，投资 BJ、央视体育、北大体科所等单位紧密合作，在项目征集、评审推荐、嘉宾邀请、议题策划、会务组织等方面均付出了极大的努力，并取得了圆满的成效，在此我向他们表示感谢。

“十二五”时期是我国实现经济发展方式转变、经济结构战略性调整、消费结构不断升级、现代服务业快速发展的重大机遇期，体育日益成为人民群众的重要生活方式。这些都为体育产业发展提供了广阔的空间和良好机会。按照××局长在本月初召开的××××年全国体育产业工作会上的讲话的精神和要求，当前和今后一个时期，BJ 市体育产业工作的任务和重点是：以六中全会精神为指导，认真贯彻落实国务院办公厅《关于加快发展体育产业的指导意见》，准确理解和把握体育产业发展的指导思想、基本思路和发展目标，准确理解和把握体育产业发展的方向和重点，紧跟时代步伐，创新发展理念，转变管理方式，完善工作机制，提升规模效益，在加快建设体育强国和全面建设小康社会中，努力把体育产业做大做强。要加快构建现代体育产业体系；不断优化政策环境；不断夯实工作基础；努力扩大体育消费；不断创新工作手段，改革创新是实现体育可持续发展的必然选择和根本动力。

各位领导，各位来宾，发展体育产业需要凝聚政府、学界、企业、社会组织等各方力量，需要探索市场规律，把握市场动向，谋划推进举措。让我们为推进 BJ 体育产业的发展而共同努力，为加快国际化体育中心城市贡献一份力量。

我宣布，本次论坛到此闭幕！谢谢大家！

地点、文种等，对主标题进行事实性补充和解释。

【简析】

正文由指出活动结束、对支持活动的单位和个人进行感谢、活动成果、活动概括性总结、活动对今后工作的影响、要求和希望、提出奋斗目标、对与会人员表示欢送和祝愿、宣布闭幕等几部分组成，实际撰写过程中，可根据事实酌情组合。

相关知识

开幕词是在大型活动（会议）开幕时，主持人或主要领导向全体代表宣布大会开始的致辞性文稿。

闭幕词是在大型活动（会议）闭幕时，主持人或主要领导向全体代表宣布大会结束并作总结性发言的文稿。

开（闭）幕词常用语有“请允许我”“我谨代表”等。

知识链接

词是指言词、词语；辞是指文辞、辞藻。致辞和致词是一对异形词，意义是一样的。

开（闭）幕词会对活动（会议）的指导思想、意义、任务、希望等进行阐述，因此开（闭）幕仪式结束后，开（闭）幕词也可作为活动（会议）精神进行传达，以进一步指导该项工作的开展。

思考练习

一、请以主副标题形式，自拟校园文艺汇演活动开幕词标题。

二、说说开幕词和闭幕词的作用。

三、请你拟写一份校园文艺汇演开幕词。

第四节　祝词、致谢词

示　例

【例文一】

祝　寿　词

尊敬的李××老师:

今天是您七十华诞，我代表××届学生给您祝寿了，共贺您健康长寿。同学们，我提议，我们首先向李老师鞠三躬，一鞠躬，祝老师生日快乐；二鞠躬，谢老师恩深情重；三鞠躬，愿老师健康快乐。

“为师忧道不忧贫，粉笔生涯寄此身”，您是园丁，为祖国山川添秀色；您如春雨，润育桃李，神州大地尽芳菲。李老师一生视名利如水，看事业如山，桃李满天下是您最大荣耀。您对我们要求严格，并以自己的行动为榜样，是我们做人的楷模。您是我们最尊敬的良师、长辈、益友，我们永远感谢您。

此刻，让我们一起点燃生日蜡烛，唱起生日之歌，再一次祝愿我们的李老师福如东海长流水，寿比南山不老松，也祝在座的每个家庭都幸福安康!

标题：第一行正中，用稍大字体书写“祝词”，也可写成“×××给×××的祝词”“×××在×××会上的祝词”。

称呼下一行空两格写正文，内容要交代清楚“谁祝贺”“祝贺谁”“祝贺什么”，内容一般包括“表示祝贺；指出取得的成绩及其意义；表示向祝贺的对象学习、关心等；再次表示祝贺”。

【简析】祝寿词与祝酒词、婚礼祝词等祝词一样，都是在公开场合发表的讲话，文字内容具有较强的现场感。无须落款。

【例文二】

驻丹麦大使李瑞宇在“六一”国际儿童节使馆“开放日”活动上的致辞

（6月1日，驻丹麦使馆）

尊敬的索伦·洛德伯格主席，各位家长，亲爱的小朋友们：

今天，我们非常高兴地邀请到丹麦领养中国儿童家庭协会的各位家长及小朋友们作客中国驻丹麦大使馆，共同庆祝“六一”国际儿童节。

中丹两国远隔千山万水，国情各异，文化不同，但各位丹麦家长因领养中国儿童而与中国结下了亲密的不解之缘，同时也与我们增添了特殊的亲情关系。在各位家长的精心呵护和无限关爱下，这些来自中国的孩子们在童话王国里快乐、健康地成长，并得到良好的教育和幸福的童年。我们欣慰地看到，丹麦父母与中国孩子和谐融洽，相亲相爱。各位丹麦家长还鼓励孩子们积极学汉语，穿中式衣服，过中国节日，知中华文化。多年来，丹麦领养中国儿童家庭协会为支持中国慈善事业发展、增进两国人民友谊做出了积极贡献。借此机会，我们愿向丹麦领养中国儿童家庭协会以及具有博爱精神的各位丹麦家长们表示衷心感谢和崇高敬意。

中国有句古话，血浓于水。中国政府从来没有忘记这些生活在丹麦的孩子们，时刻关注惦记着他们的发展成长。使馆选择在“六一”儿童节举行开放日活动，目的也是体现中国政府对被领养儿童的关心，进一步加强使馆同丹麦各领养家庭的联系，同时也给孩子们提供一次近距离体味和感受祖（籍）国文化的机会。我愿强调，中国驻丹麦大使馆将会一如既往地与丹麦领养中国儿童家庭协会及各位家长保持密切联系，并愿提供一切力所能及的帮助和协助。

最后，我们由衷祝愿孩子们在东西方文明交融的环境里幸福成长，在积极融入丹麦社会的同时努力学好中国传统文化，长大后成为中丹两国人民友好交往和东西方文化交流的使者。

谢谢大家！

——资料来源：中华人民共和国外交部网站

标题下隔一行顶格书写来宾的概括性称呼，如“各位家长，亲爱的小朋友们”，有重要领导出席的活动，也可将领导职务单独列出，如本文的“尊敬的索伦·洛德伯格主席”。

正文点明庆祝之意，而后阐述和回顾宾主双方在“领养中国儿童”这一共同领域里所持有的共同立场和观点，共同的目标，共同遵守的原则，最后表达祝愿。

【简析】

节日致辞也是祝词的一种，主要作用是传递信息，了解情况；交流感情，增进友谊；营造环境，活跃气氛。此为庆祝“六一”国际儿童节的节日致辞，也可看成是一篇祝词，表达感谢、祝贺等思想感情。

【例文三】

莫言在诺贝尔奖晚宴上的致谢词

尊敬的国王、王后陛下，尊敬的王室成员，女士们先生们：

我的讲稿忘在旅馆了，但是我的这个话记在脑子里了。

我获奖以来发生很多有趣的事情，由此已可以见证到诺贝尔奖确实是一个影响巨大的奖项，它在全世界的地位是无法动摇的。我是一个来自中国的山东高密东北乡的农民的儿子，能够在庄严的殿堂里领取这么一个巨大的奖，很像一个童话，但它毫无疑问是个事实。

我想借这个机会向诺贝尔基金会，向支持诺贝尔奖的瑞典人民表示崇高的敬意，要向瑞典皇家学院坚守自己信念的院士们表示崇高的敬意和真挚的感谢。

我还要感谢那些把我的作品翻译成世界很多语言的翻译家们，没有他们创造性的劳动，文学只是各种语言的文学，正是因为有了他们这样的劳动，文学才可以变成世界性的文学。

当然我还要感谢我的亲人，我的朋友们，他们的友谊、他们的智慧都在我的作品里闪耀光芒。

文学和科学相比较，的确是没有什么用处，我想，但是文学的最大的用处，也许就是它没有用处。

谢谢大家！

——资料来源：中国日报网

第一行正中，用稍大字体书写标题“致谢词”，也可写成“在×××会上的致谢词”。若是现场讲演可不写。

隔行顶格书写致谢的对象，一般前面要用具体称呼来称呼主人，如“尊敬的国王、王后陛下”，后面可以用笼统的称呼来称呼与会者，如“女士们、先生们”。

正文一般包括“赞颂主人的成绩和贡献；肯定这次活动的成功、意义和影响；自己的感想和心情；表达谢意”等内容。

【简析】例文为我国作家莫言在获得 2012 年诺贝尔文学奖后的致谢词。在重大场合，做重要发言一般使用发言稿，以体现对活动的重视程度，面对发言稿遗忘在旅馆这一突发情况，莫言用简洁的语言，巧妙扭转了没有发言稿的尴尬。

相关知识

祝词也称祝辞，是在公开场合，对特定对象表示祝贺的讲话稿。致谢词是在公开场合，向对方表示谢意的讲话稿。

祝词与贺词有时被合称为祝贺词，都是泛指对人、对事表示祝贺的言辞和文章，具有强烈的感情色彩和很强的针对性、场合性，因此祝词和贺词在某些场合可以互用，如祝寿也可以说贺寿，祝事业的祝词常常也兼有贺词的意思。但祝词与贺词是有区别的。祝词一般对象是事情尚未成功，表示祝愿、希望的意思；而贺词一般对象是事情已成，表示庆贺、道喜的意思。如祝贺生日诞辰、结婚纪念、竣工庆典、荣升任职等，一般用贺词的形式表示庆贺、道喜。另外贺词使用范围比较广，如贺信、贺电等，也属于贺词类。

知识链接

会议开（闭）幕式议程模式：

×××会议开（闭）幕式议程

1. 开幕式

（1）时间：××××

（2）地点：××××

（3）主持人：×××

（4）议程安排

① 会议介绍，会议开始

② 会议主席致开幕词

③ 领导讲话

……

⑥ 宣读贺信

⑦ 会议合影及茶歇

⑧ 学术报告

2. 闭幕式

（1）时间：×××

（2）地点：×××

（3）主持人：×××

（4）议程安排：

① 领导致辞

② 主办方致答谢词

③ 会议主席致闭幕词

④ 会议闭幕

思考练习

一、说说祝词与贺词的异同。

二、请在你所在的班级，选择一位同学，为他撰写一篇生日祝词。

三、假设某个旅游商品博览会胜利召开后的庆功会上，胡先生作为参展企业的代表对主办方的盛情邀请和款待表示衷心感谢，向该博览会的成功举办表示热烈祝贺，请通过合理的联想和想象，代胡先生撰写一篇答谢词。

第五节　请柬、邀请信

示　例

【例文一】

请　柬（封面）

叶婕女士：

兹定于一月十八日上午九时三十分在区委统战部第二会议室召开民主人士座谈会，届时敬请光临。

此致

敬礼！

××区委统战部

（内页）　　2014年1月10日

【简析】范文展示了常见请柬的一种比较规范的格式。实际中大多使用按照标准格式印制好的请柬。

【例文二】

邀 请 书

×××先生：

我代表校商务系邀请您来校做一次讲座。我们知道您是中国教育信息化专家库收录专家和一线微课程设计、开发、应用专家，我们想请您来给我系师生举办一场“微课—微课程—慕课设计与制作”主题讲座，我们真诚地期待能够有机会分享您的经验与智慧。

××职校商务系（盖章）

2014年5月28日

【简析】“诚恳”是这封邀请信的灵魂。如果是单位邀请的须盖上公章，更显出对被邀请者的尊重、期待。

相关知识

请柬又称请帖，是人们在节日和各种喜庆活动中使用的一种简便邀请书信。

邀请信又称邀请书，是人们在节日和各种活动时邀请对方前来参加的一种专用书信。

请柬和邀请信一般都由标题、称呼、正文、结尾、落款五部分构成。

请柬的标题，一般要做一些艺术加工。通常请柬封面已直接印上了名称“请柬”或“请帖”字样。正文只需写清活动内容，如开座谈会、联欢晚会、生日派对、国庆宴会、婚礼、寿诞等。写明时间、地点、方式。如果是请人看戏或其他表演还应将入场券附上。若有其他要求也需注明，如“请准备发言”“请准备节目”等。结尾要写上礼节性问候语或恭候语，如“致以——敬礼”“顺致——崇高的敬意”“敬请光临”等，在古代这叫做“具礼”。

邀请信一般在封面或第一行中间写上“邀请书”字样。被邀请单位或个人名称须单占一行，顶格书写。正文写活动内容、时间、地点。如有参观或文艺活动，还须附上入场券；如有宴会，应写明开宴时间等；如乘车船、飞机，应交代路线及接送情况等。正文的结尾写上“敬请光临”“敬请莅临”“欢迎指导”等词语。

思考练习

一、为庆祝“毕业五周年”，你的几个同学正在准备相关的庆祝活动。请你动手制作几张“请柬”，填发给曾经教过你的各学科老师，请他们来参加你班同学“毕业五周年”联欢会。

二、请你代表导游（1）班团支部拟一封邀请书，邀请学校团委副书记吴仁给本班入团积极分子举办一场“团的知识”讲座。

第六节　讣告、悼词

示　例

【例文一】

讣　告

中国共产党的优秀党员、中国××院资深院士、中国××科技界泰斗、著名××通信专家、杰出的教育家、××××大学名誉校长××先生，因病医治无效，于××××年××月××日××时在北京逝世，享年××岁。

××先生××××年××月××日出生于××，××××年毕业于南洋大学，是××××大学的创始人之一。××先生是第四、五、六、七届全国政协委员。自××××年××大学建校起，××先生历任无线电系主任、校长助理、副校长、校长、名誉校长。××××年，××先生当选中国××院学部委员（××××年改称院士）。××先生先后担任国务院学位委员会××学与××学科评议组首届召集人、国家自然科学基金委员会××评议×组组长、国务院××领导小组专家组组长、国家863计划××领域××主题立项论证专家组组长、跨国××工程师学会终身会士、××学会国际活动委员会委员等学术职务和称号。

××先生是中国××科技领域的一代宗师，数十年如一日，为振兴××事业、加速××化建设殚精竭虑、运筹帷幄、身体力行，做出了卓越的贡献。××先生是一位以天下为己任、求真务实的社会活动家，在参政议政的过程中尽职尽责，诸多佳话广为传颂。××先生一生谦虚谨慎、宽厚仁爱、严谨治学、笃志践行、

标题：第一行正中用稍大的字体写“讣告”两字。

正文是讣告的内容，首先要写明死者的身份、姓名，因何故何时、何地去世，终年多少岁，然后简介死者生平，着重简略介绍死者生前具有代表性的经历。

享誉中外、桃李满天下。××先生是一座永远矗立在我们心中的丰碑。

××先生的逝世，是××××大学的巨大损失，也是中国教育事业和科技事业的巨大损失，我们沉痛悼念××先生，深切缅怀××先生。

学校于×月×日至×月×日治丧期间在科学会堂北厅设置灵堂（吊唁时间为每日 8:00—22:00）、在校主页设置追思吊唁空间供各界人士、生前友好及广大师生校友缅怀吊唁。

××先生的遗体告别仪式定于×月×日上午××时整在×××殡仪馆西大厅举行。

特此讣告。

××先生治丧委员会联系方式：

电　话：××××××

传　真：××××××

××××大学××先生治丧委员会

××××年×月×日

最后写明开追悼会的时间、地点并以“特此讣告”作为结束语。

落款：正文右下侧署名并写年月日。由单位出面的讣告，根据死者生前影响力的大小，分别以“×××同志治丧委员会”或“×××同志治丧小组”的名义落款。

【简析】写讣告要求语言准确、简练、庄重，以体现对死者的哀悼，切忌在讣告最后画蛇添足写上“欢迎光临”，失去了讣告应有的严肃性。

【例文二】

讣　告

家父×××，因病医治无效，于××××年××月××日××时××分在××××医院逝世，享年××岁。

家父×××一生勤勤恳恳，任劳任怨，和亲睦邻，善良贤明。其患病期间，得到各位亲朋好友的关心和照顾，在此表示诚挚的谢意。

根据家父生前遗愿，丧事一切从简。遗体告别仪式定于××××年××月××日××时××分在×××殡仪馆东一厅举行。

儿：×××　媳：×××　孙：×××

泣告

××××年×月×日

【简析】

在称呼死者时，由家属出面的讣告在开始写死者姓名时，要在姓名前写明和死者的关系，如“先夫×××”“母亲×××”等；在最后也要写明与死者的关系，如“妻×××泣告”“儿×××泣告”等。

【例文三】

××团××连×××老人遗体告别仪式上的悼词

各位来宾、各位朋友：

今天我们在这里隆重举行×××老人追悼仪式，来自××团各行各业×××老人生前的亲朋好友，极其沉痛地悼念这位了不起的“戈壁母亲”，我们为失去这样一位老军垦、老战士而表示深切的哀悼。

×××老人原籍××省××市××公社××大队，生于××××年××月。××××年××月××日，病逝于×××兵团第××师××团，享年××岁。

×××老人于××××年××月被团场审批为正式职工。××××年××月至××××年××月××团机务连工作；××××年××月至××××年××月在××团××连工作。工作期间勤勤恳恳，兢兢业业，任劳任怨，受到了团场干部职工群众的爱戴和一致好评。

×××老人的一生是充满战绩的一生。××××年××月被评为七连五好战士；××××年被评为××连先进生产者；××××年被评为××连“三八”红旗手；××××年被评为××连先进生产者。×××老人的一生是光荣的一生，先后10次获得××团表彰。×××同志用自己的实际行动为我们后人树立了光辉的典范。

×××同志在工作上取得的荣誉不胜枚举，在生活上更是我们学习的榜样，她团结邻里，互帮互助，吃苦耐劳，她拥护党的各项方针政策，服从分配，认真工作，特别是她在××××年个人承包的241亩小麦，为团场做出了很大的贡献，超额完成团场下达任务的154%。

×××老人在教育子女方面更能够严于律己，×××老人一生有×个子女，如今都成为团场各条战线上的行家里手、致富典型。

身去音容在，人走德望存。如今×××老人与我们永别了，但是她的业绩、她的风范、她的精神永远值得我们学习。她用自己的一生书写了我们团场波澜壮阔的发展历程。×××老人，您安息吧，××团的人们永远记住了您；×××老人，您一路走好，××团的人们永远怀念您。

××团××区××连党支部、工会

××××年××月××日

【简析】

标题：第一行正中用稍大的字体写“悼词”两字，也可以“在×××遗体告别仪式上的悼词”。

正文：隔行空两格写正文，悼词的内容，写明死者的姓名、身份，因何故何时、何地去世，终年多少岁；简述死者生平代表性经历，包括所任主要职务、工作和事迹，一般按时间先后叙述；对死者做出适当评价；对死者表示哀悼和怀念之情；一般用“×××同志安息吧”作为结束语。

落款：正文右下侧署名并写年月日。

相关知识

讣告是由死者所在单位或家属将死者去世消息告知诸亲友及有关方面的特殊通知。

悼词一是指对死者悼念性的文章，二是指在追悼会上，由主持人宣读的悼念词。一般写法是写心情的悲痛，写死者的功绩，写如何化悲痛为力量，学习死者的精神及做好本职工作等。也有写法独特的，如毛泽东的《为人民服务》既是篇演讲词，又是篇悼词。主要讲了四个方面内容：如何正确看待生死；我们应当为人民坚持好的，改正错的；我们应当为人民的利益而奋斗；号召我们向张思德同志学习。从追悼词的角度看，毛泽东同志的这篇文章在格式上并不怎么符合常规，但它所表述的“为人民服务”的思想却影响了几代人，流传青史。

讣告必须在遗体告别仪式之前发出，以便死者亲友与有关方面人士及时地做出必要的准备，如送花圈、挽联等。按传统习惯，写讣告只能用黄、白两种纸。一般情况，长辈之丧用白色纸，幼辈之丧用黄色纸。

知识链接

为人民服务

（一九四四年九月八日）

毛泽东

我们的共产党和共产党所领导的八路军、新四军，是革命的队伍。我们这个队伍完全是为着解放人民的，是彻底地为人民的利益工作的。张思德同志就是我们这个队伍中的一个同志。

人总是要死的，但死的意义有不同。中国古时候有个文学家叫做司马迁的说过："人固有一死，或重于泰山，或轻于鸿毛。"为人民利益而死，就比泰山还重；替法西斯卖力，替剥削人民和压迫人民的人去死，就比鸿毛还轻。张思德同志是为人民利益而死的，他的死是比泰山还要重的。

因为我们是为人民服务的，所以，我们如果有缺点，就不怕别人批评指出。不管是什么人，谁向我们指出都行。只要你说得对，我们就改正。你说的办法对人民有好处，我们就照你的办。"精兵简政"这一条意见，就是党外人士李鼎铭先生提出来的；他提得好，对人民有好处，我们就采用了。只要我们为人民的利益坚持好的，为人民的利益改正错的，我们这个队伍就一定会兴旺起来。

我们都是来自五湖四海，为了一个共同的革命目标，走到一起来了。我们还要和全国大多数人民走这一条路。我们今天已经领导着有九千一百万人口的根据地，但是还不够，还要更大些，才能取得全民族的解放。我们的同志在困难的时候，要看到成绩，要看到光明，要看到希望，要提高我们的勇气。中国人民正在受难，我们有责任解救他们，我们要努力奋斗。要奋斗就会有牺牲，死人的事是经常发生的。但是我们想到人民的利益，想到大多数人民的痛苦，我们为人民而死，就是死得其所。不过，我们应当尽量地减少那些不必要的牺牲。我们的干部要关心每一个战士，一切革命队伍的人都要互相关心，互相爱护，互相帮助。

今后我们的队伍里，不管死了谁，不管是炊事员，是战士，只要他是做过一些有益的工作的，我们都要给他送葬，开追悼会。这要成为一个制度。这个方法也要介绍到老百姓那里去。村上的人死了，开个追悼会。用这样的方法，寄托我们的哀思，使整个人民团结起来。

——选自《毛泽东选集》第三卷

思考练习

一、悼词正文一般包括哪些内容？结合《为人民服务》这篇悼词，说说你的分析。

二、请给你身边已故去的人，写一则讣告。

第七节 情　书

示　例

【例文】

清如:

我知道你不爱见我，但不曾想到你要逃避我，我只是你一个平常的朋友，没有要使你不安或怅惘的理由。见一见你，我认为或者是尚可容许的我的仅余的权利，当然我也辨不出是悲是喜，但我总不能抑制着不来看你，即使自己也知道是多事。倘使我的必须是被剥夺去一切人生的乐趣，永远在沙漠中的命运，必须永远不再看见一面亲爱的人，那么我等候你的吩咐，我希望那会使你不感到不安。

我不要休息，也不能休息。有钱的人，休息的意义是享福，可以把身体养得胖些；对于我们这种准无产阶级者，休息的意义是受难，也许是挨饿。我相信我更需要的是一些鼓舞，一点给人勇气的希望。我太缺少一切少年人应该有的热情。

在你母亲的身旁，不要想到我，我不要损害你神圣的快乐。

为你祝福!

朱

1934 年 1 月 19 日

——摘自《你好吗？我很想你——许多许多年前的老情书》

【简析】情书是代替口头表达的一种常用方式，一般为书信体。情书内容关键在于情感真挚、动人。本文是我国翻译家朱生豪先生写给后来成为他妻子的宋清如女士的一封信，从字里行间，我们能感受到一位被爱情折磨的男子的敏感和忧愁，但又不失有趣。

相关知识

情书是异性之间表示爱意的书信。

知识链接

朱生豪（1912 年—1944 年）：浙江嘉兴人，翻译家、诗人。他所译的《莎士比亚戏剧全集》，译笔流畅，文辞华丽，是迄今我国莎士比亚作品最完整、质量最好的译本。

宋清如（1911 年—1997 年）：翻译家、诗人，朱生豪的夫人。朱生豪先生去世后，宋清如继续翻译他未译完的莎士比亚著作，并完成了整理、校勘和出版工作。

思考练习

一、请找一篇你喜欢的情书，在班级开展一次“情书赏析”活动。

二、撰写一篇“三行情书”。

第八节　涉外函电

示　例

【例文一】

×××（首都名称）

××国政府总理×××阁下

阁下:

××大使×××先生阁下已经在×月×日转交了阁下的来信。阁下建议我去××访问的时间可以定在×月×日左右。这个时间对我是完全适合的，我完全同意。如果对贵国政府方便的话，我准备从×月×日起到×月×日，在××进行×天访问。

我热烈地期待着同阁下会晤和访问贵国。

顺致最崇高的敬意。

中华人民共和国国务院总理（签字）

20××年×月×日于北京

——资料来源：中华人民共和国外交部网

称呼写明职衔、全名。

正文内容为“复访问日期”，致敬语用“顺致最崇高的敬意”或“顺致最亲切的问候”。

落款署名前，应有正式职衔。

【简析】例文为对外函件，根据内容情况，凡属重要内容的视为正式函件，应亲笔签名，不盖章。

【例文二】

××××（首都名称）

××共和国××协会主席×××先生:

在您××岁生日的时候，我代表中华全国××学会，并以我个人的名义，向您表示衷心的祝贺。

祝您健康长寿。

中华全国××学会主席　×××

20××年×月×日于北京

——资料来源：中华人民共和国外交部网

称呼写明职衔、全名。

发电人落款应具职衔、全名，不签名，不盖章。

【简析】例文为涉外电报。内容为“祝寿”，结尾无敬语，但一般均有祝愿词。

相关知识

涉外函电是国家机关、团体、地方政府领导人和部门以及企事业单位，在涉外政治、经济、文化活动中，通过函件、电报、电传、电子邮件等通信方式，写给外国相应机构和地方领导人、外国驻华使馆或使节的应用文书。

涉外函电从内容上可以分为礼仪函电和业务函电。礼仪函电通常用于交流思想，传递信息；业务函电用来联系事务，沟通意向。涉外函电从形式上可以分为函件和电报、电传、电子邮件等。

涉外电报多用于祝贺、慰问、吊唁及各种事务性联系。抬头应写清受电人国名、地名、职衔、姓名，发电人亦应具职衔和全名或机构名称。电报可直发收电人，亦可发有关国家外交部转或通过驻外使馆转交。

涉外电传，全称为涉外电子传真件。按照传真机的要求，电子传真稿一般使用 A4 打印纸。其内容和格式与信函相似，只是发送方式不同。

涉外电子邮件的写作与一般信函写作的要求一样，也只是发送方式不同。

涉外函电包括公函和便函两种。公函即函，是公文的一种；便函不属于公文，不宜混同。具体可结合《公文》章节，从比较中学习。

知识链接

对外文书使用的要求

使用对外文书首先要注意格式，不要用错。如外长和外交代表使用正式照会，不要用普通照会的格式，非外交代表机构使用对外函件，不要用照会格式等等。

人称要与文书格式相适应。正式照会、外交函件、电报均是以签署人的口气用第一人称写成。在正式照会中，一般不用“我们”一词，普通照会一般以单位名义用第三人称写成，称对方亦用第三人称，不可用“贵方”或“贵馆”等措词，而是重提受照机关的名称。以机构名义书写的对外函件亦用第三人称。

另外，签署者与受文者要相适应，即人对人、单位对单位。如：正式照会是人对人，普通照会是单位对单位。在个人对个人的外交文书中一般讲究身份对等。特殊情况下，如大使作为国家的全权代表可对外长、总理、元首，而代办一般只对外长。其他的对外函件可根据实际情况书写。

客套用语要与格式相适应。如普通照会开头的“×××向×××致意”这一客套用语不能用作个人函件中的开头语，非外交机关发的对外文书也不用这一套语，照会结尾的致敬语使用时要注意与双方的身份、关系和场合相适应。

致敬语不能自成一页，应紧跟正文后另起一段。

文书抬头即受文人的职衔、姓名等称呼要全称。文中第一次出现职衔、姓名用全称，第二次出现则可用简称。

文书信封和文中的抬头的国名等均用全称。文中第一次出现时用全称，以后可用简称。但有些国家由于情况特殊，如朝鲜民主主义人民共和国国名则须用全称。

对外文书一般以本国文字为正本。但为了使收件人能够确切理解文件的实质内容，往往附有收件国文字或通用的第三国文字的译文。在本国向外国常驻代表机关发送事务性函件，也可仅用本国文字，不附译文。较为重要的文书则附以译文为好。各国套语用法以及行文格式与中文不同，翻译时应注意，要符合各种文字的用法。一般函电也可用接受国文字或通用文字书写。

思考练习

一、判断题（正确的打“√”，错误的打“×”，并改正。）

1．涉外函电是涉外政治、经济、文化中应用的文书。（　　）

2．涉外电报多用于祝贺、慰问、吊唁及各种事务性联系。（　　）

3．涉外函电抬头可不写受电人职衔、全名，落款处发电人亦可不写职衔和全名。（　　）

4．涉外函电的便函和作为国家行政机关公文种类之一的函是一样的。（　　）

5．从内容上分，涉外函电可以分成礼仪函电和业务函电。（　　）

6．使用对外文书首先要注意格式，人称要与文书格式相适应。（　　）

7．从形式上分，涉外函电可分为公函和便函。（　　）

8．写给个人的函件，个人称呼可以写上该人的职务和身份。（　　）

9．单位间的函件可以写该单位的简称。（　　）

10．对外文书以本国文字为正本，但往往附有收件国文字的译文。（　　）

二、上网搜索，进一步了解涉外函电使用的要求。

第四章

专用书信类应用文

学习目标

1. 了解专用书信类应用文的基本特点、适用范围。
2. 掌握常用专用书信类应用文的基本特点、写作要求。
3. 能够写作几种常用的专用书信类应用文。

第一节　介绍信、证明信、推荐信

示　例

【例文一】

介绍信（存根）

××字××号

××××：

兹介绍×××等××人，前往××××联系游客住宿事宜。

××××年××月××日

…………××…×…字……第…×…×…号…………盖章…

介　绍　信

××字第××号

××××：

兹介绍××××等××位同志前往你处联系游客住宿事宜，请予接洽并给予协助。

此致

敬礼！

附：1. 旅游合同复印件、地接合同复印件

2. 旅行社经营许可证复印件、企业法人营业执照复印件

3. 游客身份证复印件

××××旅行社（公章）

××××年××月××日

（有效期××天）

第一行正中稍大字体书写标题“介绍信”（存根联要在后面括号注明“存根”两字），第二行右下方写介绍信的编号，以便留档索引。

隔一行顶格写联系单位或个人的称呼。

称呼下一行空两格正文写明持介绍信者的基本信息，接洽的事项和向接洽单位或个人提出的希望，以敬语“此致敬礼”作结。

附件说明：附件作为联系工作时的辅证材料，其标题可写于介绍信上，也可不写。存根联不需此部分。

正文下一、二行右侧署单位名称，再下一行写年月日，并加盖公章。存根联不必署名。

有效期：作为办理事务的专用书信，介绍信具有一定的时效性，所以在结尾部分要注明有效时间，过期失效。存根联不需此部分。

【简析】介绍信形式一般由手写式和印刷带存根式。本封介绍信属于印刷带存根式，一联是存根，留档备查；另一联是外出用的介绍信正本；两联之间有间缝，书写字体要大，

使裁开后两边各有一半字迹，虚线正中加盖公章。

【例文二】

证　明

陈××，性别：男（女），××××年××月出生，××××年××月至××××年××月在我校××××专业就读（班主任：×××），期间于××××年××月加入中国共产主义青年团，团员证编号：××××，因其团档遗失，特此证明。

共青团××××中学委员会（公章）

××××年××月××日

第一行正中稍大字体书写“证明信”或“证明”

标题下隔行顶格书写需要证明信单位的名称。有的证明信仅仅是证明其个人事宜，无明确使用单位，可不写称呼。

【简析】例文是陈××因团档遗失，学校为其开具的政治身份证明。证明信有时会作为某件事、某个人身份的结论性材料，因此内容应绝对真实、可靠。例文是证明陈××政治身份（共青团员）所用，证明事项紧密围绕“入团”这一核心问题。结尾以“特此证明”作结。

【例文三】

推　荐　信

××省教育厅：

我市中等职业教育教学成果《××××××××》，依据《中等职业学校德育大纲》有关要求，在实施过程中，解决了学生文学社团在推动中职语文教学方面效率不高的问题，为中职生综合素养的提高和职业能力的培养，进行了有益的探索，并形成了行之有效的运行模式。

该成果通过形式多样的语文综合实践活动，并以校刊《×××》为展示平台，在系统的采编工作中，提高了学生的语文应用能力，成效显著。

该成果面向所有专业学生，具有较强的可操作性，有一定的推广价值。推荐该成果申报××××年××省中等职业教育教学成果奖。

××市教育局（公章）

××××年×月×日

第一行正中，用稍大字体书写“推荐信”，或“关于×××的推荐信”。

隔行顶格书写推荐给的个人或单位的名称。

称呼下一行空两格写，首先写明被推荐的人或物的基本情况、具有什么专长。然后叙述值得推荐的理由和事实。最后以推荐语作结束语。

【简析】推荐信用以表达推荐方的意见和愿望，是请对方采纳、参考的一种依据。

相关知识

介绍信是有关单位、团体用来介绍被派遣人员前往有关单位或部门办理事务的专用书信。

证明信是以有关单位、团体或个人的名义，凭确凿的证据，证明某人身份、经历、表现或者证明有关事件真实情况的专用书信。

推荐信是写信人向其他单位、团体或个人，推荐人或物品，以便于对方任用或采纳的专用书信。

介绍信具有介绍和证明的双重作用。手写式介绍信一般用公文纸书写，格式和书信格式相似。在正文部分一要说明持介绍信者的姓名、身份证号、年龄、政治面貌、职务等要素，其中年龄、政治面貌、职务可不写；二要写明接洽的事项和向接洽单位或个人提出的希望。

证明信有组织名义开具和个人名义开具两种类型。个人名义开具的证明信格式和写法同以组织名义开具的证明信写法基本相同，区别在于若是个人证明某人、某事的证明信，落款要署个人姓名，同时出证个人的单位要对其与证明事项之间的关系签订意见，例如“×××老师是陈××在校期间的班主任”等，并加盖单位公章。

推荐信目前广泛用于留学、论文发表、工作等领域。

知识链接

介绍信是单位之间公务接洽的凭证，新中国建立后，介绍信一度风行，没有介绍信公务工作无法进行。改革开放后，随着市场经济的发展，名片成为社会交往中自我介绍的沟通媒介，开始盛行。现在名片已成为人们交往时最简捷的介绍方式，被誉为现代人的“自我介绍信”。不过名片并非现代社会的产物，也不是什么舶来品，它在我国古代早就存在。远在两千多年前的秦汉之际，“名片”就已出现。因为名片主要是自我介绍，自主使用，在印制、管理上没有介绍信严格规范，目前已有泛滥成灾之势，名片几乎变成了“明骗”，它的可信度和可靠度远远低于介绍信。

思考练习

一、假设你们班准备到×××五星酒店去进行岗前参观，想请学校开具介绍信，以便前去参观。请你以学校就业办的名义，帮你们班拟写一封介绍信。

二、假设王同学想凭学生证在暑假购买某旅游景点的优惠门票，可他的学生证遗失了，请你以学校教务处的名义，为王同学出具一封证明其是在校学生的证明信。

三、在班级开展“推荐我的同桌”活动，每位同学为自己的同桌撰写一封推荐信，推荐内容自拟，要求合理想象、切合实际。

第二节　咨询信、求职信、履历

示　例

【例文一】

关于本科对口招生问题的咨询

尊敬的×主任:

您好，我是校××班的一名学生，现在×××大酒店实习，我想参加××××年本科对口考试，想咨询:

1. 考试方式，是全省统考，还是本科招生院校自主招考？
2. 考试时间，听说提前到了3月份，请问是确切的信息吗？

第一行正中稍大字体书写标题“咨询信”，或“关于×××（问题）的咨询”。

隔一行顶格书写所要咨询的单位名称或联系人、负责人姓名。一般来说，不知

3. 考试地点，是在当地考点考试吗？

4. 我有市中职学校中餐宴会摆台技能大赛二等奖证书，请问能加分吗？

期盼您能在百忙之中抽空答复，谢谢！

顺祝您工作顺心，万事如意！

×××

××××年××月××日

附：

联系电话：139××××××××　E-mail：××××××××@qq.com

道对方职务时，使用泛称，如“尊敬的领导”等。

正文内容要明确、清晰地写出想要咨询的具体问题，并表达感谢。

【简析】本例文是一位中职学校高三在校生就“本科对口招生”问题，写给所在学校某主任的一封咨询信。首先说明自己的情况及咨询信的目的；然后具体、明确地提出自己要咨询的问题；在信的结尾表达了感谢。正文内容还留有联系方式，以便对方答复。

【例文二】

××小区什么时候可以办理房产证？

作者：××小区居民（2014-5-18）

请问，××小区什么时候可以办理并拿到房产证，办理房产证后买卖是否会有营业税？望尽快给予回复，谢谢。

部门答复意见

××区政府办公室在 2014-5-22　15:30:52 答复如下：

……

【简析】本例文是一篇关于办理房产证的网络咨询信，信的格式已弱化，标题及内容更为直接和具体。网络咨询信的撰写，按照所登录的网站设计好的栏目填写对应内容。栏目一般会有“主题、用户名、联系电话/密码”等基本信息。

【例文三】

求职信

尊敬的领导：

您好！很荣幸您能在百忙之中翻阅我的求职信，谢谢！

我叫王××，女，××××年×月出生，共青团员，现就读于××职业学校，是一名即将毕业的酒店服务与管理专业的中职生。

在报纸上得知作为世界 500 强的贵公司招聘餐饮服务员，我愿从最基层做起，开启我的职业生涯。

在校三年的学习，奠定了我较好的专业理论基础和扎实的专业岗位技能。

（1）专业知识上：在校学习了《菜点酒水》《旅游心理学》《前厅服务与管理》《客房服务与管理》《餐饮服务与管理》《调酒技术》等专业课程，掌握了“公关礼仪、前台问询、托盘技巧、餐巾折花、斟酒服务、餐饮摆台、中式铺床”等专业知识。

内容主要包括个人情况简介、主要资历、有利条件、请求面试机会（恳请对方给予回复）等。

（2）岗位技能上：在认真学习专业理论知识的基础上，重视岗位技能的训练，拥有客房服务员中级工等级证书、餐厅服务员中级工等级证书。在校期间，获得市“中餐宴会摆台”技能比赛二等奖，“客房中式铺床”技能比赛一等奖。

（3）思想修养上：我坚信越努力越幸运。在校期间，获得了市优秀共青团干部、市三好学生等光荣称号，并代表全市中职生，参加了市学生联合会第十次代表大会。

（4）社会实践上：在学校担任校团委活动部部长、班级副班长等职务。多次组织学校文体活动、班级联欢会等活动，在活动中锻炼了自己的组织能力和团队合作能力，活动效果受到老师、同学们的一致好评。

××××年××月—××××年××月，在×××酒店实习，通过实习，本人不仅更进一步地熟悉了客房、餐饮等专业方面的业务，还了解了现代酒店管理方面的一些知识。

本人普通话流利、工作态度端正、善于学习，在学习工作中吃苦耐劳、服务意识好，有较强的应变能力，热爱服务事业。

我愿从事餐饮服务员的工作，望能赐予面试的机会，我期待着能够成为贵公司的一员！

此致

敬礼！

求职人：×××

××××年××月××日

落款若是打印稿，署名处，最好使用亲笔签名。

附：

联系电话：139××××××××　E-mail：×××××××××@qq.com

××××获奖证书、××××等级证书

附件内容一般为求职人联系方式、个人优势的佐证材料。

【简析】一封求职信通常会被求职者在多家用人单位使用，所以求职信要尽可能地讲清楚“我是什么样的人”“我的优势”等问题，以期引起用人单位的关注。

【例文四】

个人求职履历

姓　名		性　别		出生年月	
政治面貌		户口所在地			
学　历		专　业		毕业学校	
技能等级证					
学习经历	时　间	单　位	职　务	主要学习课程	

续表

	时　间	单　位	职　务	主要学习课程
个人大事记				
兴趣和特长				
联系方式	移动电话		固定电话	
	QQ 号		电子邮箱	
	个人详细住址			

【简析】“履”的意为鞋、踩、脚步。履历的格式，没有固定要求，为便于把个人信息分门别类，一般采用表格式撰写。求职履历的作用在于把与自己求职相关的经历集中呈现出来，可以与求职信配套使用。

相关知识

咨询信是写信人就自己不太熟悉和不了解或不理解的事情或问题，向有关部门或专家请求解答时所使用的一种专用书信。

求职信是求职者直接向用人单位介绍自己，并请求给予录用的专用书信。

履历是记载个人经历的材料。

知识链接

法拉第的“求职信”。在科学史上，法拉第之所以能成为名震全球的科学家，就得益于他写给戴维的别具一格的“求职信”。戴维（1788—1829 年）是十九世纪英国著名的化学家，23 岁便被聘为英国皇家学会主讲。法拉第（1791—1867 年）原来是一个学徒工，每天默默无闻地做订书工作。但他有志于科学，特别崇拜戴维，他渴望能当戴维的助手。为了求得戴维指教，他想碰碰运气。法拉第勇敢地给戴维写了一封信，寄上了认认真真整理好的自己旁听的戴维讲演记录，表达自己对科学的热心以及求师的诚意。戴维看到法拉第的自荐信和有独特见解的讲演记录，被他的诚意所感动，很快回了信，并约法拉第面谈。见面后，戴维毅然决定请法拉第做他的助手，安排在皇家学院实验室工作。就这样，在戴维的帮助下，法拉第终于成了伟大的科学家，当上了英国皇家学会会员。

思考练习

一、请围绕“就业”问题，拟写一封写给学校就业办的咨询信。

二、请结合自己的真实情况，将例文四填写完成。

三、求职信最常见的附件是（　　）

A．获奖证书　　B．毕业证书　　C．个人简历　　D．学位证书

四、请为自己撰写一封求职信。

第三节　申请书、倡议书、建议书

示　例

【例文一】

申　请　书

××省旅游局：

兹有____________________________申请在____省____市（州）____县（区）地址：________________________设立一家经营国内旅游业务和入境旅游业务的旅行社，旅行社中文名称为：________________________，英文名称及缩写为：____________________，该旅行社采取________________________方式设立，主要投资者及其投资额、出资方式为：

1. ……
2. ……
3. ……
4. ……

总投资额为__________万人民币（含质量保证金）。

特此申请，请审批。

申请人签章：

年　　月　　日

说明：

1. 开始和结尾的申请人应当一致，多方共同投资的，应当推举一方为申请人。

2. 旅行社名称应当符合企业名称登记管理的有关规定：

（1）旅行社名称规范格式为“地名+字号+旅行社+组织形式（如有限责任公司）”，限制使用其他行业的称谓。

（2）新条例施行后，由于旅行社具有经营入境旅游业务的资格，因此名称中可以使用“国际”字样。

（3）旅行社申请核准、登记和许可的名称中如含有“中国国际旅行社”“中国旅行社”“中国青年旅行社”等知名旅行社企业字号和在××省范围内已注册登记的旅行社企业字号时，须提交该字号所有者同意使用的证明文件。

3. 设立方式包括独立投资、合伙投资、有限责任公司、股份有限公司等四种。

4. 有多位投资者的，最多只需填报前5位。

第一行正中稍大书写标题“申请书”，标题格式也可为“事由+文种”，如“入团申请书”。

本文申请事项为“申请……设立一家经营国内旅游业务和入境旅游业务的旅行社”，申请理由可包括申报概况、申报材料、营业场所、资金情况、设施设备、从业人员、管理制度、申请单位补充意见或需要说明的问题等。

若是单位申请落款处要加盖公章，署名下写上申请的时间。

说明是对申请书内容的解释，若无，可以省略。

【简析】申请书是个人或集体向上级有所请求时使用的文书，一般是一事一书，要清楚地表达出自己的愿望或要求。本文为设立旅行社的申请书。申请设立旅行社，必须按接受申请的旅游行政管理部门要求的份数填报《设立旅行社技术报告》。填写技术报告前，要认真阅读《旅行社条例》和《旅行社条例实施细则》，按照其规定起草申请书、可行性报告、企业章程和其他申请材料。

【例文二】

公证申请表

<table>
<tr><td rowspan="3">申请人</td><td>姓名</td><td>性别</td><td>出生日期</td><td>住　　址</td><td>电　话</td></tr>
<tr><td></td><td></td><td></td><td></td><td></td></tr>
<tr><td></td><td></td><td></td><td></td><td></td></tr>
<tr><td rowspan="2">关系人</td><td></td><td></td><td></td><td></td><td></td></tr>
<tr><td></td><td></td><td></td><td></td><td></td></tr>
<tr><td>申请公证事项</td><td colspan="5"></td></tr>
<tr><td>证明材料</td><td colspan="2"></td><td>公证书用途</td><td colspan="2"></td></tr>
<tr><td>询话笔录</td><td colspan="5">1．请问您办理什么公证？　　　　　　　　　　公证。
2．请问您是否有权办理上述公证？是（　　）；否（　　）。
3．请问您是否自愿从事该法律行为或签署该法律文书？自愿（　　）；不自愿（　　）。
4．请问您申办公证的事项是否不违反法律或社会公共利益？
是（　　）否（　　）。
5．请问您是否愿意保证为办理公证所作的陈述及提供的资料均属实并承担相应的法律责任；
自愿（　　）；不自愿（　　）。
6．其他：</td></tr>
<tr><td>代办人姓名</td><td colspan="2"></td><td>联系电话</td><td colspan="2"></td></tr>
<tr><td colspan="6">公证员已经告知我相应的权利义务及本公证事项的法律意义和可能产生的法律后果，我对此均已明了。

申请人签名/盖章：
年　　月　　日</td></tr>
</table>

××省××市××公证处　印制

表中“关系人”指与公证当事人申请办理的公证事项有利害关系的人。

表中“证明材料”依据《公证程序规则》填写。

表中“询话笔录”依据《公证程序规则》：“第二十一条　公证机构受理公证申请后，应当告知当事人申请公证事项的法律意义和可能产生的法律后果，告知其在办理公证过程中享有的权利、承担的义务。告知内容、告知方式和时间，应当记录归档。”

【简析】《中华人民共和国公证法》第2条规定：“公证是公证机构根据自然人、法人或者其他组织的申请，依照法定程序对民事法律行为、有法律意义的事实和文书的真实性、合法性予以证明的活动。”

【例文三】

文明旅游倡议书

广大游客及旅游从业者：

创建文明和谐的旅游环境，是每位游客和旅游从业者共同的责任；倡导文明旅游，是提高社会文明程度、促进社会和谐、形成良好社会风尚的有效途径。为此，我们向广大游客及旅游从业者发出如下倡议：

广大游客应做到：从自身做起，恪守公德，讲究礼仪，文明游览，安全出行，摒弃不良习惯，注意言谈举止；自觉遵守《中国公民国内旅游文明行为公约》和《中国公民出国（境）旅游文明行为指南》，遵法规、守秩序、讲卫生、爱护环境和公共设施，争做文明和友谊的传播者。

广大旅游从业者应做到：自觉规范经营行为，恪守职业道德，遵纪守法，信守合同；不发布虚假广告误导游客，不低于成本价招徕游客；努力提高自身文明素质，做文明旅游的实践者、传播者；及时提醒劝阻游客不文明行为，引导游客尊重旅游目的地文化习俗。

××文明办（盖章）
××旅游局（盖章）
××××年×月×日

标题为“事由+文种”。

隔一行顶格书写倡议书倡议的对象。

倡议的内容由倡议的背景、原因、目的，倡议的具体要求，倡议者的希望等构成。既要有先进性，又不能要求过高。

若是单位倡议，署名处要加盖公章。

【简析】倡议书在特定的情况下能起到重要作用。本例文针对部分游客和旅游从业者在旅游活动中的不文明现象，倡议广大游客和旅游从业者文明旅游，创建文明和谐的旅游环境。

【例文四】

关于在校内禁止汽车鸣笛的建议

尊敬的×校长：

您好！我是计算机×××班的一名学生，不知您最近可注意到，校园里汽车随意按喇叭的现象多起来了，上课的时候能听到，上学、放学走在学校的林荫道上也能被“嘀嘀”声所吓到，这些“嘀嘀”声严重干扰了我们的学习生活，所以，我想提出以下几点建议：

1. 小车在校园内不允许按喇叭。
2. 上学、放学时，小车不要和学生抢道出校门。
3. 在校园主干道上，张贴“禁鸣”标志的宣传画。

以上是我提出的建议，希望您能采纳。

计算机×××班　陈××
××××年××月××日

【简析】建议书的目的在于希望建议能被采纳，也叫意见书。一般先写理由，后写建议的具体内容，最后写期望。如果内容较多，可以分条写。

相关知识

申请书是个人或集体为了解决某一事项向组织表达愿望，向机关、团体或单位领导提出要求，请求批准的一种书信类文书。

倡议书是个人或集体针对某一应引起关注的问题，带头以信件形式发出公开性的号召、希望和建议的文书。

建议书是个人、集体向有关单位或上级机关或领导，为了开展工作、完成任务、进行某项活动而提出建议时所使用的一种书信类文书。

倡议书与建议书的区别：倡议书倡议的对象比较广泛，内容虽然也带有建议的功能，但主要是宣传、鼓动对方去做，具有一定的号召性；建议书建议的对象相对具体，内容一般是中肯地提出自己对某项工作或活动的建议，希望被采纳，不具有号召性。

知识链接

1. 申请设立旅行社需要的材料

申请设立旅行社不仅需要《设立申请书》，还需要《资信证明》《质量保证金承诺书》《营业场所和设施设备情况表》《法定代表人履历表及身份证明》《旅行社章程》《财务及导游人员信息》《企业名称预先核准通知书》《检查审批意见》《关于对拟设立的旅行社营业场所和设施设备情况进行现场检查的意见书》《拟设地市、州旅游行政管理部门预审意见书》等文书材料。

2. 《公证程序规则》（节选）

第十七条

自然人、法人或者其他组织向公证机构申请办理公证，应当填写公证申请表。公证申请表应当载明下列内容：

（一）申请人及其代理人的基本情况；

（二）申请公证的事项及公证书的用途；

（三）申请公证的文书的名称；

（四）提交证明材料的名称、份数及有关证人的姓名、住址、联系方式；

（五）申请的日期；

（六）其他需要说明的情况。

申请人应当在申请表上签名或者盖章，不能签名、盖章的由本人捺指印。

第十八条

自然人、法人或者其他组织申请办理公证，应当提交下列材料：

（一）自然人的身份证明，法人的资格证明及其法定代表人的身份证明，其他组织的资格证明及其负责人的身份证明；

（二）委托他人代为申请的，代理人须提交当事人的授权委托书，法定代理人或者其他代理人须提交有代理权的证明；

（三）申请公证的文书；

（四）申请公证的事项的证明材料，涉及财产关系的须提交有关财产权利证明；

（五）与申请公证的事项有关的其他材料。

3. 建议书内容

旅游项目建议书，一般内容包括：

项目概况（项目名称、建设地址、承办单位项目负责人、建设内容、项目总投资）、项目建设背景、项目建设的必要性及意义、项目建设条件分析、项目建设内容、投资估算、效益分析等。

思考练习

一、请尝试将例文一、例文二填写完整。

二、倡议书与建议书有何区别？

三、某所中职学校同学上课玩手机现象比较严重，假设你也是这所学校的一名学生，请针对上课玩手机这个问题，给学校教务处拟写一份建议书。

第四节 决心书、保证书

示 例

【例文一】

决 心 书

尊敬的各位领导、教官、老师，亲爱的同学们：

你们好！

今天，是我们××中学高一新生军训的第一天，我很荣幸地代表全体学生在这里表决心。我们一定会服从命令，听从指挥，认真学习国防知识，刻苦训练军事技能，遵守部队一日生活制度，以积极的心态去面对军训期间的苦与累，努力完成军训各项任务。

“坚持，坚持，再坚持”，只要我们坚定信念，相信自己，我们就有理由告诉自己：我能行。

各位领导、教官、老师：请相信，我们一定会向你们交一份满意的答卷。

谢谢大家！

×××

××××年××月××日

正文一般由“决心的原因，决心的内容”两部分组成。

结尾可用敬语，如“此致敬礼”，也可正文写完后自行结束。

【简析】决心书的内容要本着“量力而行，具体可操作”的原则。因为决心书有着要求被监督的作用，所以它可以公开发表。决心书的措辞要积极昂扬，表现出决心人激昂的斗志、必胜的信心。

【例文二】

导游人员服务质量保证书

为了更好地提高导游服务质量，便于公众监督，在导游服务工作中，本人保证做到以下几点：

一、努力实践“爱国守法、文明诚信、团结友善、勤俭自强、敬业奉献”的基本道德规范。

二、严格执行国务院和上级旅游行政部门制定的有关导游人员的管理条例，自觉遵守国家的政策和法规，按《导游人员管理条例》履行职责，严格要求自己。

三、讲究职业道德，热情为游客服务，耐心回答客人提问，尊重领队及全陪，注重导游技巧，做到认真讲解，文明导游。

四、严格按旅行社计划行程办事，不私自增加或减少旅游内容，不去非旅游接待定点单位用餐、购物、消费。

五、坚决杜绝索要小费和收受回扣，不私自接受他人派遣带团，不带“黑团”，不用“黑车”。

六、树立“游客至上”的思想，导游过程中遇到社会性问题而本身无法解决的，及时请示、报告，妥善处理与游客发生的问题。

以上条款愿接受旅游行政管理部门和“导游中心”的监督和管理，如有违反，愿接受处罚。

保证人签名：　　　　　　　　　　　　年　　月　　日

第一行正中稍大字体书写“保证书”。

标题下空一行顶格写保证书递交的组织机关的名称或个人的姓名称呼，若保证书面向的群体过于宽泛，可以不写。

正文部分一般由“保证的原因、保证的内容”两部分组成。

结尾可以敬语作结束语，也可以正文写完后自行结束。

【简析】保证书具有誓言特性，是保证人自己的宣言和价值取向。

【例文三】

取保候审保证书

保证人：____，性别：____，年龄____，现住________________，身份证件名称______________号码______________，单位及职业____________________，联系方式______________，与犯罪嫌疑人______________是______________关系。我自愿向____________公安局作如下保证：

监督犯罪嫌疑人________在取保候审期间遵守下列规定：一、未经执行机关批准不得离开所居住的市、县；二、在传讯的时候及时到案；三、不得以任何形式干扰证人作证；四、不得毁灭、伪造证据或者串供。

如发现犯罪嫌疑人可能发生或者已经发生违反上述规定的行为，我即设法制止并及时向公安机关报告，如有违反，愿承担法律责任。

此致

__________（司法机关名称）

保证人：

年　　月　　日

正文部分写清楚“保证人的个人信息、保证的内容及承诺”。

【简析】

例文是保证人出具的保证取保候审人随时听候司法机关传唤、审讯的法律文书。

相关知识

决心书是个人、集体、单位为响应上级号召而表示决心所用的文书。

保证书有两类：一是个人、集体、单位为响应上级号召开展工作、完成任务，或做错了事、犯了错误并决心改正，而提出保证时所用的文书；二是公安机关在刑事诉讼中，依法请保证人向决定取保候审机关出具的保证犯罪嫌疑人在取保候审期间不逃避侦查、起诉和审判，随传随到的具有法律约束力的文书。

在生活、学习、工作中的保证书、决心书是具有一定的自我约束性的文书，不能等同于法律文书。

知识链接

取保候审由公安机关执行，是《中华人民共和国刑事诉讼法》规定的一种刑事强制措施，是指在刑事诉讼中公安机关、人民检察院和人民法院等司法机关对未被逮捕或逮捕后需要变更强制措施的犯罪嫌疑人、被告人，为防止其逃避侦查、起诉和审判，责令其提出保证人或者交纳保证金，并出具保证书，保证随传随到，对其不予羁押或暂时解除其羁押的一种强制措施。

思考练习

一、常立志，不如立长志。请分析自身存在哪些不足，并针对某一点，撰写一份决心书。

二、保证书分为哪几类？

三、某位同学上学经常迟到，经班主任教育后主动写了份保证书。假设你就是这位同学，你怎样撰写这份保证书？

第五节　说明书、摘要

示　例

【例文一】

酒店前厅部前台接待工作说明书

基本信息	职位名称：酒店前厅部前台接待	职位编号：
	所属部门：酒店前厅部	编制日期：
	工资等级：7 级	工资水平：低
	工作性质：服务	定员人数：12 人
	直接上级：前台领班	职务等级：集团职员级
职位目的	参加定期的模块周例行会议，对酒店前台卫生及设备设施的打扫及检查、报修，对前台及收银工作认真负责，接待好每一位到店的宾客，结账准确，迎送贵宾及区域内的安全防火工作。	

正文对酒店前厅部前台接待工作岗位，从“岗位基本信息、职位目的、工作描述、任职资格、岗位福利、工作环境”六个方面进行了说明，招聘者可以据此招到适合岗位需要的员工，应聘者看到这份工作岗位说明书，可以明确自己的权利和职责。

续表

工作描述	工作内容	1. 每天进行前台区域卫生清理。 2. 熟练掌握酒店管理软件的应用。 3. 每天检查前台登记、入住，房态表、交接班记录情况。 4. 为客人办理入住、延房、换房及退房等手续，做好客人验证手续和开房登记。 5. 根据抵离抵住房间状况，仔细核对，保持最准确的房态。 6. 准确无误地进行证件扫描及公安数据的发送。 7. 妥善处理客人的抱怨，当不能解决时，及时请示上级主管。 8. 正确处理钥匙、房卡的发放，并做好记录。 9. 负责办理住店客人客账结算以及离店手续等工作，收取以现金或转账支票等支付方式支付的住宿、餐饮等费用。 10. 完成营业月报表，财务报表等相关单据的填写和制作。中班下班前填好收市安全表。 11. 保管好收据、账单、发票等相关单据，并按规定登记使用。 12. 醉酒客人及特殊问题的处理。 13. 准确无误做好外币兑换。 14. 慎重为客人办好贵重物品寄存手续，以及贵重物品的存取。 15. 上级布置的其他临时任务。
	工作职责	1. 帮客人办理入住、退房等手续。 2. 接受预定。 3. 准确无误地交接班。
	权限	1. 备用金使用权。 2. 对酒店管理软件使用权。 3. 接待工作的合理化建议权。
	工作设备	电脑、打印机、POS 机等办公设备
	工作关系	酒店前厅部经理 ↓ 酒店前台主管 ↓ 酒店前台领班 ↓ 内部工作关系 → 前台接待 ← 外部工作关系（散客、旅游团队、会议）
	绩效考核	1. 完成所有前台接待及收银工作。 2. 客人投诉每月不超过一起。 3. 完成酒店保底营收。

续表

<table>
<tr><td rowspan="4">任职资格</td><td>教育水平</td><td colspan="3">中专及其以上。</td></tr>
<tr><td>工作经验</td><td colspan="3">年龄在 18 至 28 岁（男女不限），有一年以上酒店前台收银等岗位任职经历优先。能够熟练前台的业务工作，接受工作任务并顺利完成工作任务、具备较强的沟通协调能力、具备较好的执行能力。表达能力及应变能力强，有良好的职业道德，较强的服务意识。熟练操作多种酒店管理系统，熟练操作各种相关办公软件，熟练掌握星级酒店英语。</td></tr>
<tr><td>技能与能力</td><td colspan="3">特长：具有良好的职业道德，较强的服务意识。
财务：熟悉各种国内、国外的信用卡，借记卡的使用，熟练掌握 POS 机的操作，基本掌握人民币、外币的真伪辨别，熟练操作手工做账、计算机做账。
电脑：熟练操作酒店管理系统，熟练操作常用 office 软件。
英语：熟练掌握常用的酒店英语。</td></tr>
<tr><td>个性与品质</td><td colspan="3">善于和人交谈，亲和力较强，在工作中不求做到最好，只求更好作为奋斗目标。一直靠自己的虚心学习，认真对待每一项工作。</td></tr>
<tr><td>福利</td><td colspan="2">按公司规定享受各项社会保险及补助</td><td>薪酬标准</td><td>底薪+提成</td></tr>
<tr><td rowspan="4">工作环境</td><td>工作时间</td><td colspan="3">1．每天八小时
2．每周休两天
3．工作满一年以上带薪休年假（工作一年休五天，每增加一年年假增加一天，最高不超过十天）</td></tr>
<tr><td>工作场所</td><td colspan="3">酒店大堂前</td></tr>
<tr><td>工作姿势要求</td><td colspan="3">站立</td></tr>
<tr><td>工作地点</td><td colspan="3"></td></tr>
</table>

——资料来源：百度文库

【简析】

说明书的作用在于介绍和指导，要把事或物说清楚，易于读者理解，格式上没有固定要求。本文属于文字图表式说明书。

【例文二】

OTC 中药说明书范本

[药品名称]

通用名称：活血止痛膏

汉语拼音：

[成分]

[性状]

[功能主治]活血止痛，舒筋通络。用于筋骨疼痛，肌肉麻痹，痰核流注，关节酸痛。

[规格]6.5 厘米 × 5 厘米

[用法用量]贴患处。

[不良反应]偶见局部皮肤潮红、瘙痒或丘疹。

[禁忌]孕妇禁用。

[注意事项]

1. 本品为外用药。

2. 忌食生冷、油腻食物。

3. 皮肤破溃或感染处禁用。

4. 青光眼、前列腺肥大患者应在医师指导下使用。

5. 经期及哺乳期妇女慎用。儿童、年老体弱者应在医师指导下使用。

6. 本品不宜长期或大面积使用，用药后皮肤过敏如出现瘙痒、皮疹等现象时，应停止使用，症状严重者应去医院就诊。

7. 用药3天症状无缓解，应去医院就诊。

8. 对本品过敏者禁用，过敏体质者慎用。

9. 本品性状发生改变时禁止使用。

10. 儿童必须在成人监护下使用。

11. 请将本品放在儿童不能接触的地方。

12. 如正在使用其他药品，使用本品前请咨询医师或药师。

[药物相互作用]如与其他药物同时使用可能会发生药物相互作用，详情请咨询医师或药师。

[贮藏]

[包装]

[有效期]

[执行标准]

[批准文号]

[说明书修订日期]

[生产企业]

企业名称:

生产地址:

邮政编码:

电话号码:

传真号码:

网　　址:

如有问题可与生产企业联系

——资料来源: 国家食品药品监督管理总局

【简析】商品说明书的内容要体现科学性、准确性、通俗性的原则，尤其是药品说明书要严格按国家《药品说明书和标签管理规定》要求撰写。本文属于条款式商品说明书。

【例文三】

《新闻和报纸摘要》

早上好！今天是4月26日，星期六，农历三月二十七。北京阴，23度到9度。以下是内容提要：

习近平主持召开中共中央政治局会议，研究当前经济形势和经济工作。

李克强、张德江分别会见丹麦女王玛格丽特二世。

人社部表示，将完善基层公务员的录用制度，适当降低艰苦边远地区准入门槛，采取措施预防事业单位“近亲繁殖”、解决编外用工等问题。

体现注册便利化，加大对知识产权保护，新《商标法》5月1日起实施。

涪陵页岩气田3年后产能将达百亿立方，相当于建成千万吨级大油田。

冷空气继续东行，今天内蒙古东部和华北、东北地区降温4～10度，部分地区伴有霜冻。南方降雨进入最强阶段，后天开始放晴。

吉林省档案馆整理发掘日本埋在地下的侵华时期档案，侵略者自己记录的种种暴行留下罪恶的铁证。

媒体关注：党内称谓不容江湖气；穷庙富方丈不合理，亏损上市公司高管不应照拿高薪。

以下是详细内容：

……

新闻摘要，以提供新闻梗概为目的，不加评论和补充解释。

【简析】例文为新闻广播节目《新闻和报纸摘要》的播音文稿，该节目每日将最新新闻摘要播报给广大听众，节目以播报内容提要的形式导入。

【例文四】

在同各界优秀青年代表座谈时的讲话

2013年5月4日，上午

习近平

摘要：展望未来，我国青年一代必将大有可为，也必将大有作为。广大青年要勇敢肩负起时代赋予的重任，志存高远，脚踏实地，努力在实现中华民族伟大复兴的中国梦的生动实践中放飞青春梦想。

正文：（略）

【简析】

讲话摘要概括出全文的大意，摘要后面附全文。讲话摘要的标题，要清楚地写明讲话的时间、地点、会议内容等。

相关知识

说明书是对事、物进行详细解说的文书。按说明对象分类，包括情况说明、产品（或商品）说明书、戏剧演出类说明书、旅游景点说明书、单位（或人物）简介等。按表述形式分，可分成条款式说明书和文字图表说明书。

说明书种类不同，写法也有所区别，但基本结构仍是三部分，即：标题、正文和落款。

摘要又称概要、内容提要。按内容划分，有学术论文类摘要、会计记账凭证摘要、摘抄类摘要。

学术类摘要，其内容基本要素包括研究目的、方法、结果和结论。

会计记账凭证摘要，其摘要采用“主语＋谓语＋宾语”的句式。如“王明用100元现金购买了练习本”摘要为“王明报销购买练习本款项”，既清楚地说明账目内容，也便于后期账目录入索引。

摘抄类摘要，即书摘，读者在阅读过程中，摘抄自己认为精彩的语句或段落所形成的文字。

知识链接

1. OTC

非处方药（通称OTC药）是指那些不需要医生处方，消费者可直接在药房或药店中即可购取的药物。非处方药是由处方药转变而来，是经过长期应用、确认有疗效、质量稳定、非医疗专业人员也能安全使用的药物。

2. 《新闻和报纸摘要》

创办于1950年的《新闻和报纸摘要》，是中央人民广播电台历史最长、影响最大、地位最高的名牌节目，每天固定听众数以亿计。中央人民广播电台每天早晨6:30首播，7:00、8:30重播，并在中国广播网提供互联网24小时在线点播，以最方便、最快捷的方式，让听众足不出户尽知天下大事。

思考练习

一、结合所学专业，请撰写一篇《××旅游景点说明书》。

二、请你选择一样自己熟悉的商品，试替其撰写一份商品说明书。

三、在班级开展“我最喜欢的一段（句）话”推荐活动，获推荐数最高的一段（句）话，可上传至班级或学校微博，让更多的同学分享。摘要字数不超过140字（含标点符号）。

第六节 聘请书、竞聘书、辞职书

示 例

【例文一】

聘 请 书

兹聘请×××同志任××学校法治副校长，任期壹年。自××××年××月××日起至××××年××月××日止。

特授此证

××学校（公章）

××××年××月××日

称呼可省略不写，在正文中加以体现，如“兹聘请××老师”。

正文至少要具备“聘请谁、担任什么职务、聘期”等三个内容，也可视情况写上聘任待遇、聘任要求等其他内容。以“此致敬礼”“此聘”等敬语作结束语。

【简析】本例文内容简单，采用格式化用语，写明了聘请谁、任什么职务、聘期这三个基本内容。用语礼貌、规范，行文简练，是一份规范的聘请书。

【例文二】

竞 聘 书

第一行正中，稍大字体书写“竞聘书”，也可以“竞聘职务+文种”，如，“客房领班竞聘书”，标题也可采用正副标题形式，如“开拓进取，永无止境——校学生会主席竞聘书”。

尊敬的各位领导、亲爱的同事们:

大家好!

我叫××，在酒店客房部担任客房领班职务，今天我来竞聘的是客房部主管一职，我有以下五个方面的优势:

一、我热爱客房工作。我的职业生涯就是从酒店客房部开始的，××××年我被学校安排到酒店实习，当时就是分在客房部，虽然这期间也到其他部门工作过，但最终还是留在了客房部，客房工作虽然脏、累，但也有它的乐趣。我对客房的每一间房，每一个角落，每一位员工都非常熟悉，都有着深厚的感情。我想，爱与喜欢是做好客房工作的前提条件。

二、有系统的专业知识。我是从×××旅游学校高星级酒店管理与服务专业毕业的，在校期间，我系统学习了酒店管理与服务方面的知识，同时，我曾在酒店财务部门工作过一段时间，掌握了一定的财会专业知识，更重要的是在财务工作的经历，让我认识了许多VIP客人、各单位的签字有效人和常来住店的客人，在与他们的沟通与交流的过程中，让我从内敛变得善于表达，我相信，这段经历对我今后在工作中协调好与各部门的关系是有极大帮助的。

三、有着两年的客房领班的工作经验。担任客房领班职务期间，熟知了客房管理工作的流程，对接待宾客和大型的团队有一定的经验，知晓如何处理客人的投诉，熟悉每一位员工的工作、生活情况等等，这些对今后顺利开展客房主管工作都是极有利的。正是这些阅历造就了我在这个岗位可以发挥自己的特长，也正是这些阅历造就了我对事业的渴望。

四、适应性强。根据酒店工作的需要，我先后在酒店几个岗位上工作过，有的甚至是专业性很强的工作，但我都能较快地掌握本岗位工作的基本要求，及时调整自己的思维方式，顺利地完成角色的转换。

五、敢闯敢干，永不服输，知难而上的精神。我知道，这次的竞聘，属我的资历最浅，更别说在竞聘客房部主管的人选中了，但正是因为年轻，我才不会害怕失败，敢闯敢干。

尊敬的各位领导，如果这次竞聘能够成功，我将不辜负大家的期望，充分发挥我的聪明才智，以饱满的工作热情和高度的工作责任心，加倍努力地工作，维护企业利益、维护企业声誉、维护企业形象，为×××酒店辉煌的明天，贡献自己全部的力量。

我的陈述完毕，谢谢大家！

××××年××月

【简析】竞聘书内容主要为"竞聘的缘由、自我介绍、对应聘职位的了解及想法、自己的优势、自己职位发展目标、表达希望获得机会的意愿"等。例文以较大篇幅讲述自己五个方面的竞聘优势，其原因在于，竞聘竞争的已不是具不具备职位要求，而是谁更胜任，因此竞聘书要重点突出自己对于竞聘岗位的胜任性。若是竞聘书用于现场讲演，则要加上"我的陈述完毕""我的讲演到此结束"等提示性语句。

【例文三】

辞 职 书

尊敬的×××经理：

您好！

我在公司已经工作两年了，这两年里，我得到了您和同事们的多方帮助，可以说，我的职业成长引路人就是你们，非常感谢你们。

> 正文部分要交代清楚"辞职的原因、工作的交接"等问题。

最近这半年，我越发感到我自己的业务知识，跟不上公司快速的发展，特别是英语能力欠佳，为了进一步锻炼自己，提升自己的职业技能，我准备到×××大学进修发展。

我与公司所签的劳动合同也快到期，手头工作也基本完成，我准备月底辞职。这两年来，公司给了我极大的支持和信任，我十分感激，如有机会，必当更好回报。

恳请予以批准。

祝公司事业发达！前景辉煌！

×××

××××年××月××日

我的手机号码：139×××××××××

> 辞职书里要留有联系方式，便于单位日后回复。

【简析】辞职书是员工结束与单位之间劳动关系的重要文书，写辞职信时，要全面考虑利弊，慎重决定。本例文态度诚恳，考虑周全，是一篇合乎规范的辞职书。

相关知识

聘请书，又称聘书，是聘请人员来完成某项工作的书信类文书。

竞聘书，是个人为了竞争某个岗位而阐述自己竞聘条件、竞聘优势，以及对竞聘职务的认识，被聘任后的工作设想、打算等的书信类文书。

辞职书，又称辞职信、辞呈，是员工向原单位提出辞去职务的书信类文书。

知识链接

中国古代婚姻礼仪中有“三书六礼”，聘书即为“三书”之一，意为定亲之书，男女双方正式缔结婚约，聘书在纳吉（过文定）时用。过文定是中国传统嫁娶礼仪，通常在婚礼前一个月举行，当男方家择定吉日后，便携备三牲酒礼到女方家，正式奉上聘书。

思考练习

、假设你所在的班级想成立一个动漫社团，为此，需要聘请专业老师作为社团的指导教师，请你以班委会的名义拟一份聘请书。

二、假设你要参加学校学生会宣传部招聘见习干事的活动，请自拟一份竞聘书。

三、某位同学在班级担任班长一职，但由于某种原因，他准备向班主任提出辞职，请通过合理的联想和想象，为这位同学拟一份辞职书。

第七节　备忘录

示　例

【例文一】

中华人民共和国政府与××××政府旅游合作谅解备忘录

第一行正中书写标题“单位+事由+备忘录”。

中华人民共和国政府与××××政府（以下单方面简称“各方”，全体简称“双方”）希望加强两国之间在旅游领域的合作，相信旅游合作对两国是互利的，达成协议如下：

第一条 合作目标

双方在遵循各自国家相关法律法规的前提下，努力通过以下措施，促进两国旅游业的发展：

（一）促进各客源国的游客经中国和／或××××到对方国家旅游人数的增长；

（二）鼓励游客前往对方国家丰富的旅游景点景区去旅游；

（三）鼓励公民及其居民到对方国家旅游；

（四）促进两国旅游业的健康发展。

（注：第二条至第九条内容略）

第十条 有效期

根据第十一条规定，本谅解备忘录的有效期为五（5）年。如任何一方未在第一个五年期满前六（6）个月通知另一方终止本谅解备忘录，则本谅解备忘录将自动延长五（5）年，并依此法顺延。

第十一条 终止

一、如任何一方欲终止本谅解备忘录，需提前六（6）个月书面通知另一方。

二、如本谅解备忘录终止执行，其条款将继续有效直至合作计划执行完毕时为止。

本谅解备忘录将经各自政府授权后签署，以资证明。

本谅解备忘录于××××年×月×日在北京签订，一式两份，每份均用中文、××文和英文写成。若解释上发生分歧，以英文文本为准。

中华人民共和国政府代表：（签章） ××××政府代表：（签章）

××××年×月×日 ××××年×月×日

【简析】例文《中华人民共和国政府与××××政府旅游合作谅解备忘录》属于外交文书一种。正文分为三部分：导言、协议内容、补充说明。通常采用条款式记录。备忘录可不写标题，开门见山叙述事情，开头和结尾也不用客套话，有的不签署、不盖章、不编号。最后落款是参加谈判的各方代表签字，并标明时间。

相关知识

备忘录，是记录有关活动或事务，以免忘记的一种应用文，备忘录按内容分为三种类型：个人备忘录、计划式备忘录、交往式备忘录。也有按形成方式分为：面交备忘录（会谈后直接交给对方或当面宣读后交给对方）、谅解备忘录（双方备忘录合在一起形成一份）、送交备忘录。中、英文备忘录在写法上有所不同。

写作时要注意：（1）主题要明确，行文宜简洁；（2）内容要翔实、完备；（3）语言要朴实、准确、得体。

知识链接

外交备忘录：两国政府间及其外交机构间在交往过程中说明某一问题事实经过的备忘录称为外交备忘录，它是外交文书的一种，属于交往式备忘录。使用时可以当面递交，可以作为独立的文件送出，也可作为外交照会的附件，还可以附在照会、公报、声明等文件后面，作为补充文件。一般用第三人称写，没有客套的开头语，也不用结尾的致意词。通常是会谈或谈判后，没有需要或未能签订正式协议、联合声明的情况下用的一种准照会、准协定式的文件，形式灵活，应用广泛，目的是便于对方记忆或查对，如《中国和印尼政府关于恢复外交关系的谅解备忘录》。

思考练习

一、判断题（正确的打“√”，错误的打“×”，并改正。）

1．备忘录所记内容为个人事务，记录的事情其他人可不参与。（　　）

2．备忘录为一事一书的应用文。（　　）

3．备忘录正文结尾需有“此致敬礼”“顺致最崇高的敬意”等敬语。（　　）

二、备忘录有哪几种类型？

三、上网搜索，进一步了解备忘录使用的要求。

第五章

经济与法律类应用文

学习目标

1. 熟悉和掌握广告词、意向书、授权委托书、经济合同、劳动合同、协议书、招标书、投标书、经济活动分析报告、民事起诉状、答辩状和涉外经济合同等文种的基本含义和写作要点。

2. 能撰写一般的经济合同、劳动合同、协议书、文字广告、意向书和授权委托书。

3. 能仿照例文拟写招标书、投标书、经济活动分析报告、经济纠纷起诉状、答辩状。

第一节　广　告　词

示　例

【例文一】

美国旅行者保险公司广告

当我28岁时，我认为今生今世我很可能不会结婚了。我的个子太高，双手及两条腿的不对称常常妨碍了我。衣服穿在我身上，也从来没有像穿在别的女郎身上那样好看，似乎绝对不可能有一位护花使者会骑着他的白马来把我带去。可是，终于有一个男人陪伴我了。艾维莱特并不是你在16岁时所梦想的那样练达世故的情人，而是一位羞怯并笨拙的人。他看上了我不自知的优点。我开始感觉到不虚此生，事实上我俩当时都是如此。很快地，我们互相融洽无间，我们如不在一起就有恍然若失的感觉。所以，我们认为这可能就是小说上所写的那类爱情故事，以后我们就结婚了。那是在四月中的一天，苹果树的花盛开着，大地一片芬芳。那是近三十年前的事了，自从那一天以后，几乎每天都如此不变。我不能相信已经过了许多岁月，岁月载着艾维和我安静地度过，就像驾着独木舟行驶在平静的河中，你并不能感觉到舟之移动。我们从来未曾去过欧洲，我们甚至还没去过加州。我认为我们并不需要去，因为我们已经是够大了。

我希望我们能生几个孩子，但是我们未能达成愿望。我很像圣经中的撒拉（Sarah），只是上帝并未赏赐我以奇迹。也许上帝想我有了艾维莱特已经够了。唉！艾维在两年前的四月中故去。安静地，含着微笑，就和他生前一样。苹果树的花仍在盛开，大地仍然充满了甜蜜的气息。而我则悄然弱势，欲哭无泪。当我弟弟来帮助我料理艾维的后事时，我发觉艾维是那么体贴关心我，就和他往常的所作所为一样。在银行中并没有给我存有很多钱，但有一张照顾我余生全部生活费用的保险单。就一个女人所诚心相爱的爱人过世之后而论，我实在是和别的女人一样地心满意足了。旅行者保险公司让我安心。

商业广告融入社会公益的成分，体现出人情味，让受众在体验对关爱的需求和对爱情、亲情的渴望中产生震撼力。感动、感慨和感伤之余记住广告产品，产生消费与购买的欲望。

【简析】这是一则故事体广告的广告词。广告虽然没有标题，由于第一句话“当我28岁时，我认为今生今世我很可能不会结婚了”，突起悬念，一下子就吸引住读者，把读者引入了一个平凡而动人的故事中。人们在接受这个故事的同时，也接受了广告的宣传，对旅行者保险公司留下了难忘的记忆。文中描绘了一幅普通的生活画面，蕴涵着深切的亲情与挚爱，以情感人。故事结尾画龙点睛地揭示广告的主旨，使人恍然大悟，感染力强，这一广告的成功就在于此。

【例文二】

亲近水源地："农夫山泉——大自然的搬运工"创意

"人体中的水，每18天更换一次。"

"水的质量决定生命的质量。"

从真实的千岛湖风景引入到农夫山泉的瓶标中的照片。

"我们不生产水，我们只是大自然的搬运工。"

静谧与简洁的画面，在当前广告绚丽纷扰的环境中更显得与众不同。

【简析】这是一则天然饮用水的广告。广告用简单有力的创意来传达极简单的背景：一杯水，水的导入与更换。这一观点，出乎消费者的常规思维，简洁有力且富有内涵。本则广告与之前的农夫山泉一直在传播的"水源地建厂，水源地灌装"完美的结合，并进行了新的阐释——农夫山泉是健康的天然水，不是生产加工出来的，不是后续添加人工矿物质生产出来的。差异化策略让农夫山泉和竞争对手拉开了距离。

【例文三】

白加黑治疗感冒，黑白分明

所有的广告传播的核心信息是"白天服白片，不瞌睡；晚上服黑片，睡得香"。——"治疗感冒，黑白分明"。

【简析】这是一则电视广告，在各种广告满天飞的时代，"白加黑"是个了不起的创意。它看似简单，只是把感冒药分成白片和黑片，并把感冒药中的镇静剂"扑尔敏"放在黑片中，其他什么也没做；实则不简单，它不仅在品牌的外观上与竞争品牌形成很大的差别，更重要的是它与消费者的生活形态相符合，达到了引发联想的强烈传播效果。"白天服白片，不瞌睡；晚上服黑片，睡得香。""治疗感冒，黑白分明"。产品名称和广告信息都在清晰地传达产品概念。1995年"白加黑"上市仅180天销售额就突破1.6亿元，在拥挤的感冒药市场上分割了当时15%的份额，登上了行业第二品牌的地位，在中国营销传播史上，堪称奇迹，这一现象被称为"白加黑"震撼，在营销界产生了强烈的冲击。一般而言，在同质化市场中，很难发掘出"独特的销售主张"。感冒药市场同类药品甚多，层出不穷，市场已呈高度同质化状态，而且无论中、西成药，都难以做出实质性的突破。盖天力这家实力并不十分雄厚的药厂，竟在短短半年里就后来居上，关键在于其崭新的产品理念。

【例文四】

水资源的保护与节约公益广告

1. 年久失修的水管滴答滴答地漏着水（镜头由远到近，声音为滴答声）。

2. 离水管不远有一人正用水龙头的水清洗着蔬菜，准备午餐，洗完后扬长而去还忘记了关水龙头（镜头特写是自来水击打在人手上的动作还有水哗哗的背景声音）。

3. 水沿着下水道排入了一条已经严重污染的河道（运用剪辑把水流入下水道和排出到河道连接）。

广告突出了"水资源的保护与节约"这一主题。

4. 河面上吹起了一股夹杂着脏东西的小龙卷风（镜头由河面往上推到天空，风声）。

5. 天空中依然还是一阵风，但是，风的下面却是一望无垠的荒漠（镜头是从上往下推，更加猛烈的风声）。

屏幕打出：为了你的明天，请节约用水（有旁白）。

6. 已经维修一新的水管不远处，一只手正把水龙头紧紧地拧上（近景）。

7. 顺手把水龙头边上刚刚收集的淘米水拿去浇花（镜头由浇水的根部向上特写美丽的花朵）。

8. 花朵由实变虚到远方青山相傍的湖泊（鸟鸣声由强到弱，屏幕慢慢变黑）。

（7、8 的同期背景声均为和谐的钢琴伴奏）。

【简析】这是一则电视公益广告。我国人均淡水为世界人均水平的四分之一，属于缺水国家。全国已有 300 多个城市缺水，已有 29%的人正在饮用不良水，其中近 7000 万人正在饮用高氟水。每年因缺水而造成的经济损失达 100 多亿元，因水污染而造成的经济损失更高达 400 多亿元。通过宣传反映水资源的破坏与污染的危害，倡导人与自然的和谐，呈现水之美，倡导人人参与节约用水，从身边做起，从一点一滴做起。

相关知识

广告是一种传播手段，是市场经济活动的传播工具。广义的解释：广告就是“广而告之”，凡是用来传达事项、发布通知、介绍商品、劳务和观念等而采取的各种手段都是广告。广告词，又叫广告文稿或广告文案，是设计广告的蓝本，是广告上文字和图像的依据。报刊、电视、广播、路牌等各种广告，可按照不同的需要，采用文稿上的全部或部分内容，也可运用图画或照片等和文字配合，把广告的主题较好地表达出来。在平面广告中，人们对信息的接受比例大约为：图像占 78%，文字占 22%。如果一个平面作品中缺少文字的点缀与说明，容易使你的作品缺乏主题或产生歧义。广告词就像是一篇文章的点睛之笔，让你的作品锦上添花。

在当今讲究信息的时代，广告是迅速传播信息的有效手段，还有介绍、说明、启发、提醒、说服和诱导等多种功能。其作用具体表现如下。

（1）传递信息。在现代“信息社会”里，随着科学技术、经济、文化的突飞猛进，商品生产日新月异，各种产品千姿百态，不断丰富，这就需要借助广告把各种各样的商品信息、产销情报、新的科学知识等，高速、有效、广泛地传达给社会中的每一个体。

（2）指导消费。在日新月异的现代社会里，商品品目繁多，如何选择适合自己的产品是每个消费者都需要面对的问题。认识是购买的前提，通过广告，可以将商品的性能特点、保养使用、购买方式、购买渠道等知识和信息告知消费者，使消费者了解商品的情况，有的放矢地选购商品，引导消费者好中求好，使商品在提高知名度的同时，促使产品升级换代，进一步提高商品信誉。

（3）激发消费。广告一经刊布传播，就对刊布传播广告的单位和个人起到授予地位的作用，同时也起到塑造企业、产品和品牌形象的作用，进而激发起顾客的消费欲望，产生一种购物的内驱力，吸引消费者自觉地来消费。

写作之前注意事项：（1）在制订广告策划时，首先要了解市场情况，研究商品、研究消费者心理，确立广告的主题；（2）具体规划广告的实施方案，首先是要选择广告媒介，其次是编制预算，再次是安排广告发布的日期，三个部分组成整个广告计划。

广告词一般包括：标题、正文、落款三个部分。

广告词标题的主要作用是点明主题，引人注意和引起兴趣，诱导消费者急于往下看正文。因此，好的广告标题要醒目简明，新颖独特。

广告词标题有以下三种类型。

（1）直接性标题。就是把广告中最重要的信息如商品名称、特点和企业名称等一语中的、开门见山地告知消费者，语言力求简洁明确，使人读来朗朗上口。如："长城电扇，电扇长城（长城电扇）"，"儿女不在家，三菱家电帮妈妈做家务事（三菱家用电器）"。

（2）间接性标题。这类标题不是直接的介绍商品，而是用耐人寻味的语句含蓄委婉地反映所要宣传的商品的信息。如："一路等候，为您加油（某加油站广告）"，"做女人真好（太太口服液）"。

（3）复合性标题。广告的复合性标题是由引题、正题、副题等三种标题组成的标题群。一般来讲，引题说明商品特点、信息意义或交代背景；正题用来点明广告的重要事实或商品名称；副题对正题内容补充说明。复合性标题实质上是把直接标题（正题）和间接性标题结合起来使用的标题。如："友谊的箭——让微笑和箭牌口香糖，打开友谊的门扉"，"几年不必对时——精工双石英表"。

广告词正文的结构层次并没有固定的格式。写作体式也是多种多样。通常从文字的结构段落角度分为开头段、中心段和结尾段。开头段主要对标题提示的商品事实或问题扼要地说明和解释；中心段主要根据宣传的意图，提供商品信息的细节，用事实来证明商品的特征和过人之处，激发消费欲望；结尾段要简洁有力，使消费者产生强烈的购买热情，尽早采取购买行动。

广告词的正文写作要注意几点：一要真实可信，不能凭空捏造，以免造成"虚假广告"；二要和气可亲，尽量使用"软"语言；三要生动有趣，关键性的广告词简短易记。

广告词的落款要详细写明诸如单位名称、地址、电话、传真、邮编、网址、电子信箱和联系人等。落款的目的是为了方便购买者寻觅采购。

知识链接

我国是世界上最早拥有广告的国家之一。早在西周时期，便出现了音响广告。《诗经》的《周颂·有瞽》一章里已有"箫管备举"的诗句，据汉代郑玄注说："箫，编小竹管，如今卖饧者吹也。"唐代孔颖达也疏解说："其时卖饧之人，吹箫以自表也。"可见西周时，卖糖食的小贩就已经懂得以吹箫管之声招徕生意。

在我国古代继音响广告之后而出现的则是"悬帜"广告。《韩非子·外储说》说道："宋人有酤酒者，升概甚平，遇客甚谨，为酒甚美，悬帜甚高著。"这是我国酒家和酒旗最早的记录。酒店开设在固定的场所，为了招徕顾客，抛出"一面酒旗"，这也就是吸引主顾的广告形式。这种形式后来沿用不断，如唐代张籍有“高高酒旗悬江口”，杜牧有“水村山郭酒旗风”等诗句。《水浒传》里也有这样的描绘：“武松在路上行了几日……望见前面有一个酒店，挑着一面招旗在门前，上头写着五个字迹‘三碗不过冈’。”《元曲·后庭花》中“酒店门前三尺布，过来过往寻主顾”，不但说明了酒旗的尺寸，还说明了酒旗的作用。除了酒旗外，其他行业也有各种标志性的广告形式。据《费长房》中说“市有老翁卖药，悬壶于肆头”，就是用葫芦作为药铺的象征性标志，悬挂街头或药铺的门前。这里“悬壶”“酒旗”给人以非常醒目的视觉效果，用现代话说，就是“招牌广告”。

思考练习

一、广告的标题主要有哪几种表述形式？请你分别指出下列广告标题各属于哪种表述方式。

1．友谊的箭——让微笑和箭牌口香糖，打开友谊的门扉。（箭牌口香糖）

2．原来生活可以更美的。（美的空调）

3．做女人真好。（太太口服液）

4．四川特产，口味一流，天府花生，越剥越开心。（天府牌花生）

5．中国名酒（引题）——西凤酒（正题）——芳香可口，醇和甘甜，清冽净爽，余味长久（副题）。（西凤酒）

6．女儿不在家，三菱家电帮妈妈做家务。（三菱家用电器）

二、下面这副楹联广告，据说是古代一位秀才为一家不景气的酒家写的。此联贴出后，这家酒店一下变得顾客盈门，生意兴隆。阅读下面的广告，回答问题。

为名忙，为利忙，忙里偷闲，且喝一杯就去；

劳心苦，劳力苦，苦中作乐，再倒二两酒来。

结合这则楹联广告，请你谈谈其成功之处。

三、根据案例，回答问题。中央电视台有这样一则广告：一个六七岁的小男孩看见妈妈正在给奶奶洗脚，于是也用小手端着不时轻微晃荡着的一盆水，蹒跚着来到妈妈面前，用欢快、稚嫩的声音说：“妈妈，洗脚”。请你谈谈对这则公益广告的感受。

第二节　意向书、授权委托书

示　例

【例文一】

租赁意向书

甲方（出租方）：×××

乙方（承租方）：×××

甲乙双方本着互惠互利的原则，经友好协商，现就场地经营事项达成以下意向，双方共同遵守。

标题下单独列出立约当事人（甲方、乙方）的名称、地址等信息，表达合作诚意。

一、乙方自愿向甲方预订位于×××商铺。商铺建筑面积约为×××m²，分摊面积约为×××m²。（正式合同的面积经双方测量为准）

二、乙方接受以下租赁条件：

1. 租金人民币×××元/月/m²。（以建筑面积加分摊面积的总和计算）

2. 付款方式：以现金方式支付两个月租金当意向金。

3. 租赁用途：乙方租赁商铺的用途为经营，品牌为×××，乙方改变租赁商铺的用途，或变更、增加经营品牌的，均应当事先通知甲方并取得甲方同意。

4. 物业管理费：人民币×××元/月m²。（以建筑面积加分摊面积的总和计算）

5. 商铺内的用水、用电、垃圾费、电话安装、税金、工商管理费均由乙方自行承担，其中水、电费向甲方缴纳，水费单价为人民币4.5元，电费单价为人民币1.5元。

6. 意向书签订之日乙方向甲方缴纳人民币×××元的租赁意向金，在签订租赁合同时，自动转为合同保证金，双方签订本意向书起至签订租赁合同止为预订期。

7. 租期：××××年×月×日至××××年×月×日（以甲方交付场地乙方使用之日起计算租金）。

8. 如乙方因其他原因无法签订租赁合同的，须在签订租赁意向书的5天内书面告知甲方，甲方应将所收的租赁意向金无息返还乙方；如乙方在5天内未书面通知甲方，则视为乙方根本违约，甲方所收意向金不予退还。

三、签订租赁合同时，甲方按照乙方的联络信息以电话的形式通知乙方，乙方必须于接到通知三日内签订租赁合同并支付租金及相关费用。否则，则视乙方自动放弃认租权，所收意向金不予退还。

四、若甲方按照本意向书的乙方提供电话信息未能联系到乙方，由此产生的一切后果由乙方自行负责。

五、本意向书一式两份，甲乙双方各执一份，凭此意向书和意向金收款凭据签订租赁合同，届时本意向书自动作废。

甲方（出租方）：×××	乙方（承租方）：×××
签约代表：×××	签约代表：×××
身份证号码：××××	身份证号码：××××
联系电话：××××××	联系电话：××××××
签约日期：××××年×月×日	

【简析】这是一份经营性用房租赁意向书。标题由事由和文种构成。引言交代签订意向书的缘由、目的，简明扼要。主体部分以条款的形式表述了合作双方达成的具体意向。表述的内容不像经济合同那样详细、具体、周密，比较原则化，而且措词平和，都是以相互协商的语气来表述双方达成的具体意向。落款内容齐全，格式规范。

【例文二】

意向书

为支持××县贫困农村奶牛业的发展，××县扶贫办（以下简称甲方）与上海××××有限公司（以下简称乙方），于××××年××月××日通过初步协商，达成在××县贫困村中推广示范××优质奶牛的胚胎移植、冷配，奶牛的饲养与管理，牧草的种植与销售等方面的技术合作意向。为使该项合作项目顺利实施，确保农民和公司利益不受影响，双方达成如下意向：

一、甲方：

1. 拟在贫困村的农户中筛选优质适配黄牛作为受体，按照上海××××有限公司提供的饲养管理技术组织农民饲养，作为××优质奶牛胚胎移植的示范推广基地。

2. 提供一定量的奶牛作为冷配示范推广基地。

3. 加速××县扶贫奶牛示范基地和扶贫优质奶牛胚胎移植、冷配开发中心的建设，为上海××××有限公司的先进技术的推广提供载体。

4. 加快××亩牧草种植基地的建设。

二、乙方：

1. 拟提供先进的胚胎移植、冷配和饲养管理技术，确保推广示范的奶牛年产优质鲜奶在×××公斤以上，以保证农户的效益。

2. 帮助甲方掌握相关技术，为甲方学习培训提供便利条件。

3. 帮助甲方谋划发展思路，通过若干年的时间，使该项技术得以全面推广，奶牛产业做大，使更多的农民脱贫致富。

4. 拟委托甲方为××地区技术推广示范的总代理。

三、有关具体问题双方在进行可行性研究后进一步协商。

四、本意向书一式两份，双方各执一份。

甲方：×××××（章）	乙方：×××××（章）
法人代表：×××（签字）	法人代表：×××（签字）
联系电话：×××××	联系电话：×××××
邮政编码：××××××	邮政编码：××××××
单位地址：××××××××	单位地址：××××××××
××××年×月×日	××××年×月×日

意向书的结构一般由标题、正文、落款三部分组成。语言表达准确而有分寸，注重使用留有余地的弹性语言、模糊语言，如“拟提供”“拟在”“相关”“若干”“有关具体问题双方在进行可行性研究后进一步协商”等，体现意向书语言的特点。

【简析】这是一份双方推广示范××优质奶牛胚胎移植、冷配，奶牛饲养与管理，牧草的种植与销售等方面的技术合作意向书。该意向书格式完整规范，意向事宜原则、概括，语言简练，不难看出意向书确实是签订合同、协议的基础文件。

【例文三】

授权委托书

委托人：×××，出生日期：××××年×月×日，联系电话：××××××××××××，身份证号码：××××××××××××××××，联系地址：××××××××××××××。

受托人：×××，出生日期：××××年×月×日，联系电话：××××××××××××，身份证号码：××××××××××××××××， 联系地址：××××××××××××××。

委托人购买了位于×省×市×区×路××号房产（下称该房产），现委托受托人为委托代理人，并以委托人的名义在代理期限内，办理如下事项：

一、代为购买上述该房产，支付购房款；并代为签署《商品房买卖合同》《商品房合同备案登记证明书》《诚信保证书》等相关文件；代为办理《商品房买卖合同》更正、撤销或终止手续及签署相关文件。

二、代为办理银行按揭贷款手续，签署银行贷款合同、借款借据及相关文件；代为到房产管理部门开具《借款人家庭住房信息查询证明》。

三、代为该房产申报契税、住宅专项维修资金等手续，并代为到房产管理部门开具《×市纳税人家庭唯一住房证明》及办理退税手续；代为领取有关税票、《商品房买卖合同》、按揭贷款合同、备案证明书及相关资料文件。

四、代为到房产管理部门办理《商品房买卖合同》备案登记手续及抵押登记手续，并领取相关的证明文件。

五、代为办理该房产的验收、收楼手续，管理房产，并代为签署相关资料和缴付相关费用（开通水、电、煤气、电话、有线电视、宽频上网等）。

六、代为向按揭银行申请办理提前还款、变更还款方式以及缩短贷款期限；还清银行贷款后，代为办理解除抵押登记以及领取房地产权证、商品房买卖合同和借据等正本文件；可代为开立扣款存折和账号，保留存折原件和在存折遗失的情况下代为补办。

七、在房产具备办理产权书条件下代为办理房地产权证，代为向该房产所在地的房管部门办理该房产权属之验证、查档手续。

八、代为接受房管部门的询问，并在询问笔录及相关表格、

标题只写文种“授权委托书”，简洁明了，各部分内容详尽、具体，可操作性强。

文件上签名。

九、代为办理向该房产抵押银行申请办理该房产按揭转抵押登记等手续。代为向该房产所在地的房管部门办理该房产按揭转抵押登记等手续。

十、代为缴纳该房产印花税、测绘费、住宅专项维修资金、该房产查档费、交易费、登记费等费用。

十一、代为签署办理该房产之“房地产权证”所需的一切相关文件，包括但不限于《×省×市房地产登记申请书》《私有房地产权登记申请书》《房地产查丈登记表》等文件。

十二、代为向×市房管部门递交办证资料等工作。

十三、代为签收相关收件收据及领取该房产之“房地产权证”《×市房地产交易登记证明书》《私有房地产权登记申请书》等文件。

十四、代为办理其他与办理“房地产权证”相关之一切手续。

十五、代为出租房产、签署租赁合同、收取租金；代为缴付房地产税和物业税

十六、受托人在其授权范围内及代理期限内签署的一切有关文件及产生的一切权力和责任，委托人均予承认。

十七、受托人的代理期限至上述事项办妥为止。受托人的代理期限为××××年×月×日至××××年×月×日。

十八、委托人对上述代理权在代理期限内（有、无）转委托权。

委托人：×××

日期：××××年×月×日

【简析】这是一份民事行为授权委托书，其基本内容包括：(1) 委托人和受托人的姓名、性别、出生日期、职业、现住址。如果委托人是法人的，要写明法人的全称、地址、法定代表人姓名等情况。(2) 委托的事项得明确、具体。应当注意的是，在民事代理中，代理人受托的事项必须是具有法律意义的，能够产生一定法律后果的民事行为。(3) 委托的权限范围，是代理人实施代理行为有效的依据，律师代书时一定要写明确。

【例文四】

特别授权委托书（民事诉讼或行政诉讼代理）

委托人（姓名）：×××，性别：×，年龄：××岁，××××年×月×日出生，×族，电话：×××××××××，住址：×省×市×路××号。

标题写明了是“特别授权委托书”，明确了授权代理事项的权限。

受托人（姓名）：×××（又名被委托人），性别：×，年龄：××岁，××××年×月×日出生，×族，电话：××××××××，工作单位或住址：×××××××××××××。

委托事项：

现委托人自愿委托上列受托人×××（为本案委托代理人），在委托人（我方）与×××因××××××纠纷一案中，作为委托人特别授权被委托进行诉讼的代理人，代理人全权代表委托人出庭进行一切有关诉讼事宜，即办理下列事项（代理权限和代理事项如下）：

委托权限（代理权限和事项）：

1. 代理人×××的代理权限为（特别授权）代为提起民事诉讼或行政诉讼的（起诉、上诉、申请执行），代为增加、变更、承认、放弃诉讼请求，代为举证、出庭（质证、辩论、陈述和与对方进行和解），代为书写和签收相关法律文书（并代为在民事起诉状、行政起诉状和各种申请书末页签名处的签名和捺印），代为邮寄 EMS 快递邮件包括邮寄（民事诉状及行政诉状、各类申请书及法律文书、证明及与本案有关的证据），代为提起并提交（各种鉴定申请）和参加与本案有关的各种鉴定活动，代为申请（证据保全和调查取证），代为提起（反诉、申诉）和申请再审等与本案一切有关的诉讼活动。

2. 代理人×××的代理事项为（特别授权）代理人的出庭等同委托人（本人）亲自到庭参与诉讼，即代理人在其权限范围内签署的一切有关文件我均予承认，由此在法律上产生的权利与义务均由委托人享有和承担。

委托人：×××

××××年×月×日

【简析】这是一份民事（行政）诉讼授权委托书，其基本内容包括：(1) 委托人和受托人的姓名、性别、出生日期、职业、现住址。如果委托人是法人的，要写明法人的全称、地址、法定代表人姓名等情况。(2) 特别授权委托的事项得明确、具体，代理人在授权范围内，在法律上产生的权利和义务均由委托人享有和承担。(3) 特别委托的权限范围，是委托代理人实施特别代理行为有效的依据，律师代书时一定要写明确，并作出相应的风险提示。

相关知识

意向书是指协作各方就某个合作项目或事宜进行初步接触，表明基本态度，提出协作设想，表达某种意图或目的的协约文书。这种文书只在表明一种意向，它表明协作各方的设想、态度、观点和打算，是今后谈判的基础，在协作各方签署之后仍然允许继续进行协商修改，有时候还可能出现几种方案，供协作各方协商选择，内容比较原则粗略。它是签订合同的前奏，有着某种备忘录的性质，在法律上并无明确的责任规定，不具有强制性的法律效力。

意向书按其签署方式可分为单签式意向书、联签式意向书、换文式意向书，其中最常用的是联签式意向书。

制作意向书之前要把协作各方的意见弄清楚，特别是重要的合作意向更要交代明白，语言多是概略性、轮廓性的，要简练有分寸；在文字语气上多用“希望”“拟”“将”“予以合作”等模糊性词语或语句高度概括，表述具有灵活性，一般不随便使用“必须”“应为”“否则”之类的词语。

有的意向书不在标题下单独列出立约当事人的名称，而在引言部分交代清楚签订意向书各方的名称，并在名称后加括号注明“简称甲方”“简称乙方“等。主体部分应写明未尽事宜的解决方式，即还有哪些问题需要进一步洽谈，洽谈日程的安排，预计达成最终协议的时间等。最后应写明意向书的文本数量及保存者，如是中外合资项目，还应交待意向书所使用的文字。

意向书因不具有法律约束力，所以不必写违反约定应承担什么责任的条款。

授权委托书是民事（行政）诉讼活动当事人单方出具的、授了民事（行政）代理人代理权，并明确其代理权限范围的法律文书。民事（行政）授权委托书是民事（行政）诉讼活动当事人实施授权行为的凭据，也是民事（行政）代理人参与民事（行政）活动、行使民事（行政）代理权限的依据，还是人民法院确认民事（行政）代理人资格的依据。

民事（行政）授权委托书的结构可分为首部、正文、尾部三部分。

首部应居中写明：(1)“民事（行政）授权委托书”；(2) 委托人、受委托人的基本情况。

正文应写明：(1) 案由；(2) 委托事项，即委托代理人参加何案件的民事（行政）代理活动；(3) 授权范围，即代理人在民事（行政）诉讼活动中行使何种代理权，在什么范围内进行代理活动，以有助于维护委托人的合法权益，不同代理人代理权限不同的，应分别写明；(4) 委托期限，还要注意法律对特殊案件代理权的限制。

尾部应写明：(1) 委托人或委托单位法定代表人（或主要负责人）签名及盖章；(2) 委托日期。

授权委托书根据授权范围和代理权限的不同授权委托书可分为一般权限和特别授权委托书，全权委托（代理），视为一般代理权限。

签订授权委托书时应当注意以下事项：(1) 授权委托方法有三种：明示授权、默示授权和追认；(2) 委托的期限一定要写明起与止的时间，不写起止的时间，就容易引起争议；(3) 特别授权委托书如果是公民之间的，应当办理公证，以确保委托行为的真实性、合法性。

知识链接

《中华人民共和国民事诉讼法》第五十八条：“当事人、法定代理人可以委托一至二人作为诉讼代理人。下列人员可以被委托为诉讼代理人：(一)律师、基层法律服务工作者；(二)当事人的近亲属或者工作人员；(三)当事人所在社区、单位以及有关社会团体推荐的公民。”第五十九条：“委托他人代为诉讼，必须向人民法院提交由委托人签名或者盖章的授权委托书。授权委托书必须记明委托事项和权限。诉讼代理人代为承认、放弃、变更诉讼请求，进行和解，提起反诉或者上诉，必须有委托人的特别授权。侨居在国外的中华人民共和国公民从国外寄交或者托交的授权委托书，必须经中华人民共和国驻该国的使领馆证明；没有使领馆的，由与中华人民共和国有外交关系的第三国驻该国的使领馆证明，再转由中华人民共和国驻该第三国使领馆证明，或者由当地的爱国华侨团体证明。”第六十二条：“离婚案件有诉讼代理人的，本人除不能表达意思的以外，仍应出庭；确因特殊情况无法出庭的，必须向人民法院提交书面意见。”

《中华人民共和国行政诉讼法》第二十九条：“当事人、法定代理人，可以委托一至二人代为诉讼。律师、社会团体、提起诉讼的公民的近亲属或者所在单位推荐的人，以及经人民法院许可的其他公民，可以受委托为诉讼代理人。”第七十三条：“外国人、无国籍人、外国组织在中华人民共和国进行行政诉讼，委托律师代理诉讼的，应当委托中华人民共和国律师机构的律师。”

思考练习

一、什么是意向书？意向书有哪些主要特点？

二、判断题（正确的打“√”，错误的打“×”，并改正。）

1. 意向书可以表现出我方对关键问题的具体要求。（　）

2. 凡我方需要上级主管部门才能解决的问题，也可写入意向书，因为意向书还不是合同。（　）

3. 用留有余地而不具体地表达数量的词语，恰恰是意向书语言准确性的体现。（　　）

三、根据所给材料写一份授权委托书，其他材料可以自定。

青年甲要到国外留学一年，委托青年乙照看自己的房子，可以无偿居住，但必须保证房子不受损害（不可抗拒力量而使房子遭受到的损失除外），一年中涉及房子的各项费用由乙自行承担。

第三节　劳动合同、经济合同、协议书

示　例

【例文一】

劳动合同书（一）

甲方：×××，地址××××××××××，法定代表人（主要负责人）×××

乙方：×××，性别×，身份证号码××××××××××××××，现通信地址×××××联系电话×××××××××××。

劳资双方建立劳动关系应当签订书面劳动合同，否则用工单位应承担为建立劳动关系，明确甲乙双方的权利义务，依据《中华人民共和国劳动法》、《中华人民共和国劳动合同法》等有关法律规定，双方在平等自愿、协商一致的基础上，订立本合同。

第一条 本合同期限自××××年×月×日起至××××年×月×日止。其中试用期为××××年×月×日起至××××年×月×日止。

第二条 甲方根据工作需要，安排乙方在××××××工作岗位，乙方的工作任务为××××，工作地点为××××××。经双方协商同意，甲方可以调换乙方的工种或岗位及工作地点。

乙方应认真履行岗位职责，遵守各项规章制度，服从管理，按时完成工作任务。

第三条 乙方按甲方规定完成工作任务的，甲方于每月××日支付工资，支付的工资为×××元/月，其中试用期的工资为×××元/月。或者实行计件制，计件单价为××。

第四条 工作时间和休息休假、社会保险、劳动保护、劳动条件和职业危害防护等按照法律法规、规章等规定执行。

第五条 双方解除或终止劳动合同应按法定程序办理，甲方为乙方出具终止、解除劳动合同的通知书或相关证明。符合法律、法规规定的，支付乙方经济补偿。

第六条 其他未尽事项按照国家及地方现行有关规定执行。

第七条 双方其他约定______________________。

第八条 本合同双方各执一份，涂改或未经授权代签无效。

甲方签字（盖章）：×××　　　　乙方签字：×××

××××年×月×日　　　　　　××××年×月×日

劳动者合同文本已领签字：

劳动合同书（二）

甲方（用人单位）：××××××××××

乙方（员　　工）：××××××××××

根据《中华人民共和国劳动法》《中华人民共和国劳动合同法》和有关法律法规，甲、乙双方平等自愿、协商一致签订本合同，共同遵守本合同所列条款。

一、劳动合同双方当事人基本情况

第一条　甲方×××××，法定代表人（主要负责人）或委托代理人×××，

注册地址××××××××××××××，经营地址××××××××××××××

相应的责任。《中华人民共和国劳动合同法》第八十二条："用人单位自用工之日起超过一个月不满一年未与劳动者订立书面劳动合同的，应当向劳动者每月支付二倍的工资。用人单位违反本法规定不与劳动者订立无固定期限劳动合同的，自应当订立无固定期限劳动合同之日起向劳动者每月支付二倍的工资。"

第二条　乙方×××，性别×，居民身份证号×××××××××××，或其他有效证件名称×××××，证件号码××××××，在甲方工作起始时间××××年×月×日，家庭住址×××××××××××邮政编码××××××。

二、劳动合同期限

第三条　本合同为固定期限劳动合同。

本合同于××××年×月×日生效，其中试用期××××年×月×日止。本合同于××××年×月×日终止。

三、工作内容和工作地点

第四条　乙方同意根据甲方工作需要，担任×××××××岗位（工种）工作。

第五条　根据甲方的岗位（工种）作业特点，乙方的工作区域或工作地点为×××××。

第六条　乙方工作应达到×××××××××××标准。

四、工作时间和休息休假

第七条　甲方安排乙方执行××××工时制度。

执行标准工时制度的，乙方每天工作时间不超过 8 小时，每周工作不超过40小时。每周休息日为××。

甲方安排乙方执行综合计算工时工作或者不定时工作制度的，应当事先取得劳动行政部门特殊工时制度的行政许可决定。

第八条　甲方对乙方实行的休假制度有×××××××××××。

五、劳动报酬

第九条　甲方每月××日以前以货币的形式支付乙方工资，月工资为××××元或按×××执行。

乙方在试用期期间的工资为××××元。

甲、乙双方对工资的其他约定×××××××××××××。

第十条　甲方生产工作任务不足使乙方待工的，甲方支付乙方的生活费为××××元或按×××××××执行。

六、社会保险及其他保险福利待遇

第十一条　甲、乙双方按国家和地方的规定参加社会保险。甲方为乙方办理有关社会保险手续，并承担相应的社会保险义务。

第十二条　乙方患病或非因工负伤的医疗待遇按国家、省、市有关规定执行。甲方按××××支付乙方病假工资。

第十三条　乙方患职业病或因工负伤的待遇按国家、省、市的有关规定执行。

第十四条　甲方为乙方提供以下福利待遇×××××××××

××××××××××××。

七、劳动保护、劳动条件和职业危害防护

第十五条　甲方根据生产岗位的需要，按照国家有关劳动安全、卫生的规定为乙方配备必要的安全防护措施，发放必要的劳动保护用品。

第十六条　甲方根据国家有关法律法规，建立安全生产制度；乙方应当严格遵守甲方的劳动安全制度，严禁违章作业，防止劳动过程中的事故，减少职业危害。

第十七条　甲方应当建立、健全职业病防治责任制度，加强对职业病防治的管理，提高职业病的防治水平。

八、劳动合同解除、终止和经济补偿

第十八条　甲、乙双方解除、终止、续订劳动合同应当依照《中华人民共和国劳动合同法》和国家及地方政府有关规定。

第十九条　甲方应当在解除或终止本合同时，为乙方出具解除或终止劳动合同的证明，并在15日内为乙方办理档案和社会保险关系转移手续。

第二十条　乙方应当按照双方的约定，办理工作交接。应当支付经济补偿的，在办结工作交接时支付。

九、当事人约定的其他内容

第二十一条　甲、乙双方约定本合同增加以下内容××××××××××××××××。

十、劳动争议处理及其他

第二十二条　双方因履行本合同发生争议，当事人可以向甲方劳动争议调解委员会申请调解；调解不成的，可以向劳动争议仲裁委员会申请仲裁。

当事人一方也可以直接向劳动争议仲裁委员会申请仲裁。

第二十三条　本合同附件如下：××××××××××。

第二十四条　本合同未尽事宜或与国家、省市有关规定相悖的，按有关规定执行。

第二十五条　本合同一式两份，甲、乙双方各执一份。

甲方（公章）：×××　　　　　　　　乙方：×××

法定代表人（主要负责人）：×××

签订日期：××××年×月×日

【简析】劳动合同中，当事人之间存在着职业上的从属关系，即作为劳动合同一方当事人的劳动者，在订立劳动合同后，成为另一方当事人企业等用人单位的一员，用人单位有权指派劳动者完成劳动合同规定的属于劳动者劳动职能范围内的任何任务。这是劳动合同区别于其他合同的重要特点之一。

这两份劳动合同采用了条款式的结构形式，主要条款齐备，写法规范，语言表述严密、简明、准确。前者是简易的劳动合同，后者是规范的劳动合同。

【例文二】

房屋买卖合同（简易）

甲方（出卖方）：×××，身份证号码：××××××××××××××。

乙方（购买方）：×××，身份证号码：××××××××××××××。

依据《中华人民共和国合同法》《中华人民共和国物权法》和有关法律法规，甲乙双方经过友好协商，就房屋买卖一事，在平等、自愿、诚实信用的前提下，达成如下协议：

第一条　基本情况

1. 甲方自愿将以下房屋出售给乙方，乙方也已充分了解该房屋具体状况，并自愿购买该房屋。该房屋具体状况如下：

（1）该房屋坐落于××××××××××××，建筑面积为×××平方米；套内建筑面积××平方米，公共部位与公用房屋分摊建筑面积××平方米；

（2）该房屋的所有权证证号为××××；

（3）该房屋平面图及其四至见房产证。

2. 附属于该房屋的阳台、走道、楼梯、电梯、楼顶、装修、卫生间、院坝等其他设施、设备，将随该房屋一并转让，且转让价格已包含在上述房屋的价款中，乙方不再另行支付价款。

3. 该房屋占用范围内的土地使用权及其他相关权益随该房屋一并转让。

第二条　保证甲方保证已如实陈述上述房屋权属状况和其他具体状况，保证该房屋没有设定担保、抵押等任何权属纠纷，保证该房屋不受他人合法追索。

第三条　房价款与付款方式

1. 甲、乙双方经协商一致，上述房屋（包含第一条第二款列明的配套设施等）总房价款为人民币×××元整（小写：￥×××元）。

2. 支付方式、支付时间

（1）甲、乙双方同意，乙方在本合同签订之日支付给甲方人

签订合同必须标题明确、格式规范、标的清楚、内容清晰、语言准确等。本合同作为买卖合同（“有偿合同之母”），标题、首部、正文、附则、尾部等结构完整，可以作为合同的参考样本。

民币××××××元整（小写：￥××××××元），作为乙方购买甲方房屋的定金。

（2）在房屋产权证、土地使用权证等相关过户手续办理完毕之日起3日内，乙方一次性支付剩余房款人民币××××××元（小写：￥××××××元）

3. 甲方在每次收取付款后，应当向乙方开具收款凭证，并注明收款时间。

第四条　交付期限

1. 甲、乙双方同意，双方应于本合同签订生效且乙方支付定金之日起3日内到房地产主管部门办理过户手续。

2. 甲、乙双方同意，甲方应于房屋产权证、土地使用权证等相关过户手续办理完毕且乙方全额支付房款次日正式交付该房屋；甲方保证正式交付给乙方的房屋为空房。

3. 甲、乙双方应于房屋正式交付乙方后3日内向有关部门申请办理相关附属设施和相关权益的更名手续。

4. 甲方应于合同签订生效之日起3日内将其落户于该房屋的户籍关系迁出。

5. 办理以上手续应当缴纳的相关费用，由甲、乙双方按国家规定各自承担。

6. 甲方未按规定履行以上义务的，则按本合同约定承担违约责任。

第五条　违约责任

1. 在办理房屋产权及土地使用权移转过户登记时，甲方应出具申请房屋产权移转给乙方的书面报告及主管部门要求的其他文件。如需要甲方出面处理的，不论何时，甲方应予协助。如因甲方的延误，致影响过户登记，因而遭受的损失，由甲方负赔偿责任。

2. 甲方如不按本合同规定的日期办理房产过户以及交付房屋，每逾期1天按房价的总额3‰计算违约金给予乙方。逾期超过3个月时，乙方有权解除本合同，甲方除应按本条约定支付违约金外，同时应双倍返还定金以及返还乙方已支付的全部房价款。

3. 乙方全部或一部分不履行本合同约定的日期给付房价款时，其逾期部分，乙方应加付按日3‰计算的违约金给予甲方。逾期超过3个月时，甲方有权解除本合同。

第六条　其他

1. 该房屋正式交付前，甲方应结清物业管理、水、电、燃气、有线电视、通讯等相关杂费。

2. 本合同未尽事宜，甲、乙双方可另行订立补充条款或补充协议。补充条款或补充协议以及本合同的附件均为本合同不可分割的部分。

3. 甲、乙双方其他约定××××××××××××××××。

4. 甲、乙双方在履行本合同中若发生争议，应协商解决。协商不成的，任何一方均可向房屋所在地人民法院提起诉讼。

5. 本合同一式×份。其中甲方留执×份，乙方留执×份，为申请房屋所有权转移登记提交房屋权属登记机关一份。均具有相同的法律效力。

6. 本合同自甲乙双方签订之日起生效。

甲方（签章）：××× 乙方（签章）：×××
联系电话：××××××× 联系电话：×××××××
日期：××××年×月×日 日期：××××年×月×日

【简析】示例是一份条款式的房屋买卖合同。采用条款式写法，便于条分缕析。以“合同标的+合同种类”为标题，约首（导言）写清了供需双方当事人基本情况，主体条款均为供需双方依据《中华人民共和国合同法》《中华人民共和国物权法》等有关法律的规定，协商而定，责、权、利等规定明确，为共同信守打好了基础。文字表达准确，落款尤为规范。

【例文三】

劳务协议书

甲方：×××，法定代表人或委托代理人×××，邮政编码××××××，注册地址×××××××××××××，电话×××××××

乙方：姓名×××，性别×，居民身份证号码×××××××××，导游证号×××，家庭住址×××××××××，通讯地址××××××，邮政编码××××电话××××。

根据《中华人民共和国民法通则》《中华人民共和国合同法》《中华人民共和国劳动法》《中华人民共和国劳动合同法》和有关规定，甲乙双方经平等协商一致，自愿签订本劳务协议，共同遵守本协议所列条款。

第一条　甲方是旅游行政主管机关批准成立的合法旅游企业，乙方是在导游服务管理中心正式注册并持有导游证书的社会导游服务人员。

第二条　乙方接受甲方聘请以其导游知识和专业技能为甲方提供劳务，甲方根据乙方提供的劳务支付相应报酬，

第三条　本协议期限为××年。于××××年×月×日生效，至×年×月×日终止。

第四条　乙方承担的劳务内容为：按照甲方的安排和团队运行计划，以导游服务规范和旅游行业标准以及行业公认的勤勉敬业精神，提供道路、景区，以及甲方安排的消费场所的引导、导游讲解、安排游客的食宿等优质导游服务，以合理谨慎的态度协助甲方完成接待任务。

第五条　乙方提供劳务的方式为：按团提供劳务。由甲方提前一天向乙方发出要约，乙方承诺后根据双方约定领取团队运行计划单及导游辅助工具，办理财务手续。

第六条　乙方认为，根据其目前的健康状况，能依据本协议第四条、第五条约定的劳务内容、要求、方式为甲方提供劳务，乙方也愿意承担所约定劳务。

第七条　乙方应协调处理好其接受的甲方劳务任务与其接受的其他单位劳务任务以及乙方劳动关系所在单位的工作任务之间的关系，防止发生冲突，影响甲方及其他单位的工作，否则法律后果由乙方自行承担。

第八条　乙方负有保守甲方商业秘密的义务：

1. 乙方负有保护义务的商业秘密包括：在提供劳务过程中得悉的甲方的经营类信息——甲方经营的旅游产品成本、客户资料、酒店等合作单位的协议、甲方的财务数据、操作运营方式、经营状况、业务资料、甲方尚未公开的旅游产品；甲方其他不便于为外界所知晓的经营秘密以及甲方认为未经其许可不得向外扩散的信息。

2. 乙方除不能自我使用上述商业秘密外也不得将其泄露或提供给第三人使用。乙方的保密义务持续到该秘密信息被甲方公开或为公众所知之日。

3. 乙方违反本条规定的保密义务，侵犯甲方的秘密信息的，甲方有权依法追究乙方的侵权责任，包括刑事责任。由此产生的调查取证费用、聘请律师费用等相关费用由乙方承担。

第九条　劳务报酬的标准、方式、时间：甲方按照乙方提供劳务的团队情况、带团天数支付劳务报酬：

1. 外出全陪：×××元/天；

2. 周边游：××元/天；

3. 地接团：常规团为××元/天、学生团为××元/天、老年团为××元/天。劳务报酬在乙方与甲方办理预借款结算时支付，无预借款的，在劳务任务完成后十日内支付。乙方在提供劳务过程中存在佣金费用的，视为乙方已取得劳务报酬。

第十条　为保障乙方提供劳务时的人身安全，乙方应投保参加人身意外保险，如乙方为甲方提供劳务超过××天由甲方承担该费用。

第十一条　劳务协议终止的时间、条件:

1. 本协议期满的;

2. 双方就解除本协议协商一致的;

3. 乙方由于健康原因不能履行本协议劳务内容的;

4. 法律、法规规定。

第十二条　甲、乙双方若单方面解除本协议，须提前7天通知对方。如一方未及时通知对方，单方面解除合同的给对方造成损失的，应予赔偿。

第十三条　双方除本合同约定的劳务关系外，不存在其他任何关系。乙方可自由安排除为甲方提供劳务以外的时间，为他人提供劳务，从事其他工作。本协议终止、解除后，乙方应在一周内将其承担的劳务遗留事项向甲方移交完毕，并附书面说明。但如协议终止时乙方承担的劳务尚未完成，该协议效力直至乙方承担的劳务任务完成。

第十四条　依据本协议第十一条、第十二条、第十三条约定终止或解除本协议，双方互不承担违约责任。

这份协议书双方就各自协议的事宜交代清楚明白，语言简洁，条款表明了双方原则性的意见。

第十五条　违约责任:

1. 乙方应当本着诚信谨慎的态度提供劳务，防止事故和客户投诉。由于乙方违背导游规范或违反约定，未尽合理义务导致甲方损失的，甲方有权追究其违约责任并拒绝支付其劳务报酬，乙方应承担相应的赔偿责任。

2. 乙方应当谨慎保管由于完成劳务需要由其借用或领用的甲方资金及其他财产，防止丢失、损坏、盗抢、灭失。其借用或领用的甲方资金及其他财产丢失、损坏，造成甲方财产损失的，由乙方承担赔偿责任；如损失由第三人侵权所致，乙方承担赔偿责任后可向侵权人追偿。

3. 双方对劳务任务的完成无争议，甲方未按规定支付劳务报酬的，乙方有权单方主张解除本协议，并要求甲方按劳务报酬的数额根据人民银行同期贷款利率支付利息。

第十六条　因本协议引起的或与本协议有关的任何争议，均提请××仲裁委员会按照该会仲裁规则进行仲裁。仲裁裁决是终局的，对双方均有约束力。

第十七条　本合同首部甲、乙双方的通讯地址为双方联系的唯一固定通讯地址，若在履行本协议中双方有任何争议，甚至涉及仲裁时，该地址为双方法定地址。若其中一方通讯地址发生变化，应立即书面通知另一方，否则，造成双方联系障碍，由有过错的一方负责。一方或仲裁委只需按照协议地址或按上述方式变更的地址发出书面通知。

第十八条　本协议未约定内容，可由双方协商补充，补充协议作为本协议附件，具有同等法律效力。

第十九条　本合同一式两份，甲乙双方各执一份。

甲方签字：×××　　　　乙方签字：×××

××××年×月×日　　　　××××年×月×日

【简析】协议书与合同属同一文体，政策性、法律性、协商性，以及写法、格式、作用诸方面都与合同有相似之处。但也有区别，主要表现在以下几个方面：首先，从内容上看，协议书中的项目比合同要多，内容则不如合同那么具体，一般是原则性的条款，只表明双方原则性的意见，这是协议的主要特点之一；其次，从应用上来看，协议书的应用领域比合同要广泛得多；再次，从时效性上看，协议书的有效性时间较长，有的甚至是永久性的，如子女过继协议、收养协议、赡养协议等。

相关知识

合同也称协议书，是两个或两个以上的当事人之间为实现一定的目的，明确彼此权利和义务的书面协议。合同有广义、狭义之分。广义的合同是指一切以明确权利和义务为内容的协议；狭义的合同是将合同仅仅看成民事合同。根据《中华人民共和国合同法》规定："合同是平等主体的自然人、法人、其他组织之间设立、变更、终止民事权利义务关系的协议。"

合同具有如下特点：（1）它是一种民事法律行为，合同当事人所做出的意思表示要符合法律要求，合同才具有法律约束力；（2）它是当事人意思表示一致的法律行为；（3）合同当事人的法律地位平等，任何一方不得把自己的意愿强加于他方，否则，合同无效或可变更、可撤销。

经济合同是由双方或多方当事人为了实现各自的目的，按照法律规定，在平等互利、协商一致的原则下，明确各自的权利义务而共同订立和遵守的具有经济关系的契约。《中华人民共和国合同法》第二条指出："经济合同是法人之间为实现一定经济目的，明确相互权利义务关系的协议。"

劳动合同是指劳动者同企业、事业、机关单位等用人单位为确立劳动关系，明确双方责任、权利和义务的协议。根据协议，劳动者加入某一用人单位，承担某一工作和任务，遵守单位内部的劳动规则和其他规章制度。企业、事业、机关、团体等用人单位有义务按照劳动者的劳动数量和质量支付劳动报酬，并根据劳动法律、法规和双方的协议，提供各种劳动条件，保证劳动者享受本单位成员的各种权利和福利待遇。建立劳动关系应当订立劳动合同。劳动合同除具有合同的一般特征外，还有其自身的基本特征：（1）劳动合同的主体是特定的，包括劳动者和用人单位；（2）劳动合同内容具有权利义务的统一性和对应性，劳动者一方必须加入到用人单位一方中去，成为该单位的一名职工，接受用人单位的管理并依法取得劳动报酬；（3）劳动合同具有双务、诺成、有偿的特性，劳动合同的性质决定了劳动合同是双方当事人互负义务的合同，合同的许多内容必须遵守国家的法律规定，如工资、保险、保护、劳动安全等，劳动合同是有偿性的合同；（4）劳动合同往往涉及劳动者的直系亲属在一定条件下享受的物质帮助权，如劳动者死后遗属待遇等。

协议书是国家机关、社会团体、企事业单位之间，为了统一计划、分工负责、协同一致地完成某一共同议定的事项而签订的一种契约性文书。

合同可以以不同的名称出现，如合同、合同书、协议、协议书、备忘录，一般情形下，协议是合同的同义词，但在法律规范上多用“合同”一词。而在中外合资经营企业法中，“协议”却是个特定的概念，与“合同”不同，如“本条例所称合营企业协议，是指合营各方对设立合营企业的某些要点和原则达成一致意见而订立的文件；所称合营企业合同，是指合营各方为设立合营企业就相互权利、义务关系达成一致意见而订立的文件”。

写作注意事项：（1）签订合同之前一定要谨慎，把对方情况了解清楚，主要条款一定要齐备，防止合同纠纷和合同欺诈行为；（2）合同的内容是越具体越好，写作时考虑要周到，设想应全面，防止疏漏；（3）合同写好后还应逐字推敲，用词要精确，数字要准确，要采用法定计量单位，语法要规范，多用陈述句和符合汉语特点的短句子，慎用限制词语较多的长句子，以避免产生歧义。

合同写作格式可分条款式和表格式两种。条款式合同是将双方商定同意的协议内容，逐条用文字写明，一般包括权利和义务、数量和质量、价款或酬金、履行期限、地点和方式、违约责任等。表格式的合同，是预先印好的。签订合同时，不必自拟文字，只要将双方商定的协议内容逐项填入合同的表格中即可。

条款式的经济合同、劳动合同、协议书的基本结构，一般可分为五个部分：标题、当事人名称、正文、附则、落款。

签订经济合同时，应该慎重对待，切不可粗枝大叶，使经济利益受到损失。因此，条款、品名、规格、质量、数量、金额、交货地点和办法等，均应逐一写清。文字不可模棱两可。金额数字要大写，标点要正确。要用钢笔或毛笔等书写（不能用铅笔），以便长久保存。在签订合同之前，双方应充分了解对方的设备、资金、技术力量和经营管理能力等，以免因对方无力履行合同而受到损失。经济合同具有法律的约束力。签订合同的当事人，必须严格履行合同规定的义务，任何一方都不得擅自中止或废除。如果因情况变化必须有所变更、修改甚至废除时，得经过双方协商同意并承担应负的责任。

知识链接

《中华人民共和国合同法》第十二条：“合同的内容由当事人约定，一般包括以下条款：（一）当事人的名称或者姓名和住所；（二）标的；（三）数量；（四）质量；（五）价款或者报酬；（六）履行期限、地点和方式；（七）违约责任；（八）解决争议的方法。当事人可以参照各类合同的示范文本订立合同。”

《中华人民共和国劳动合同法》第十条：“建立劳动关系，应当订立书面劳动合同。已建立劳动关系，未同时订立书面劳动合同的，应当自用工之日起一个月内订立书面劳动合同。用人单位与劳动者在用工前订立劳动合同的，劳动关系自用工之日起建立。”第十七条：“劳动合同应当具备以下条款：（一）用人单位的名称、住所和法定代表人或者主要负责人；（二）劳动者的姓名、住址和居民身份证或者其他有效身份证件号码；（三）劳动合同期限；（四）工作内容和工作地点；（五）工作时间和休息休假；（六）劳动报酬；（七）社会保险；（八）劳动保护、劳动条件和职业危害防护；（九）法律、法规规定应当纳入劳动合同的其他事项。劳动合同除前款规定的必备条款外，用人单位与劳动者可以约定试用期、培训、保守秘密、补充保险和福利待遇等其他事项。”

思考练习

一、条款式合同一般包括哪些内容？劳动合同区别于其他合同最主要的特点是什么？

二、签订经济合同时需要注意哪些内容？

三、下面这份“买卖合同”的格式不规范，条款内容也有表述不明确或漏写的地方，请找出来，并加以修改和补充。

合　同

合同编号：×××××，签订地点：××××××，签订时间：××××年×月×日

甲方：×××局办公室

乙方：×××县建筑公司办公室

一、甲方委托乙方建造办公楼一座。

二、全部建筑费叁拾万元。××局在订立合同后先交一部分，在办公楼建成后抓紧时间归还所欠部分。

三、工期待乙方筹备就绪后立即开始，力争2月中旬开工，争取12月左右交工。

四、本合同一式两份，双方各执一份。

×××局（公章）　　　　　　×××县建筑公司（公章）

办公室主任：（签字）×××　　　　办公室主任：（签字）×××

第四节　招标书、投标书

示　例

【例文一】

××××建筑安装工程招标书

为了提高建筑安装工程的建设速度，提高经济效益，经×××××××（建设主管部门）批准，×××××××（建设单位）对××××建筑安装工程的全部工程（或单位工程，专业工程）进行招标（公开招标由建设单位在地区或全国性报纸上刊登招标广告，邀请招标由建设单位向有能力承担该项工程的若干施工单位发出招标书，指定招标由建设项目主管部门或提请基本建设主管部门向本地区所属的几个施工企业发出指令性招标书）。

一、招标工程的准备条件

> 前言部分主要写明招标单位的招标时间、项目名称、招标原则和目的、招标范围等事项。正文清楚明白地交代了招标的具体事项及招标程序等重要内容，使有意向的投标者便于操作。

本工程的以下招标条件已经具备:

1. 本工程已列入国家(或部、委,或省、市、自治区)年度计划;

2. 已有经国家批准的设计单位出的施工图和概算;

3. 建设用地已经征用,障碍物全部拆迁;现场施工的水,电,路和通讯条件已经落实;

4. 资金,材料,设备分配计划和协作配套条件均已分别落实,能够保证供应,使拟建工程能在预定的建设工期内,连续施工;

5. 已有当地建设主管部门颁发的建筑许可证;

6. 本工程的标底已报建设主管部门和建设银行复核。

二、工程内容,范围,工程量,工期,地质勘察单位和工程设计单位:××××××

工程可供使用的场地、水、电、道路等情况:××××××××××××

三、工程质量等级,技术要求,对工程材料和投标单位的特殊要求,工程验收标准:×××

四、工程供料方式和主要材料价格,工程价款结算办法:××××××××

五、组织投标单位进行工程现场勘察,说明和招标文件交底的时间、地点:××××××

六、报名、投标日期,招标文件发送方式

报名日期:××××年×月×日;

投标期限:××××年×月×日起至××××年×月×日止。

招标文件发送方式:×××××××××××××××××××××××××

七、开标、评标时间及方式,中标依据和通知

开标时间:××××年×月×日(发出招标文件至开标日期,一般不得超过两个月)。

评标结束时间:××××年×月×日(从开标之日起至评标结束,一般不得超过一个月)。

开标、评标方式:建设单位邀请建设主管部门、建设银行和公证处(或工商行政管理部门)参加公开开标,审查证书,采取集体评议方式进行评标、定标工作)。

中标依据及通知:本工程评定中标单位的依据是工程质量优良,工期适当,标价合理,社会信誉好,最低标价的投报单位不一定中标。所有投标企业的标价都高于标底时,如属标底计算错误,应按实予以调整;如标底无误,通过评标剔除不合理的部分,确定合理标价和中标企业。评定结束后五日内,招标单位通过邮

寄（或专人送达）方式将中标通知书送发给中标单位，并与中标单位在一月（最多不超过两月）内与中标单位签订××××建筑安装工程承包合同。

八、其他：××××××××××××××××××

本招标方承诺，本招标书一经发出，不得改变原定招标文件内容，否则，将赔偿由此给投标单位造成的损失。投标单位按照招标文件的要求，自费参加投标准备工作和投标，投标书（即标函）应按规定的格式填写，字迹必须清楚，必须加盖单位和代表人的印鉴。投标书必须密封，不得逾期寄达。投标书一经发出，不得以任何理由要求收回或更改。

在招标过程中发生争议，如双方自行协商不成，由负责招标管理工作的部门调解仲裁，对仲裁不服，可诉诸法院。

建设单位（即招标单位）：×××××××××

地　址：××××××××××××××××××

联系人：×××

电　话：××××××××××

××××年×月×日

【简析】这是一份××××建筑安装工程招标书，标题由招标单位名称、招标项目和文种三个要素构成，简洁具体。

【例文二】

×××公司投标书

×××××××××××××（招标人）：

根据贵方为××××××（项目名称）项目招标采购货物及服务的投标邀请××××××（招标编号），签字代表×××（姓名、职务）经正式授权并代表投标人×××××××（投标人名称、地址）提交投标文件正本一份及副本四份（包括招标文件要求提供的全部资料）；

据此函，签字代表宣布同意如下：

1. 所附投标价格表中规定的应提交和交付的设备、材料投标总价为人民币××××（大写）（¥×××××××××××）

2. 我方已详细审查全部招标文件，包括有关澄清和补充说明（如果有的话）。我们完全理解并同意放弃对这方面有不明及误解的权力。

3. 本投标文件有效期为自开标日起90个日历日。在这期间，本投标文件将始终对我方具有约束力，并可随时被接受。本次招标文件和本投标文件（含承诺书）将作为买卖合同的附件。

标题由投标单位和文种两个要素构成。

标题下面是标书的主送单位，即招标单位。

正文部分首先申明投标的意愿，然后列出随文提交的材料的名称和份数，最后写明保证事项，就有关事宜表明态度。

4. 如果在规定的开标时间后，我方在投标有效期内撤回投标，其投标保证金将被贵方没收。

5. 我方愿意向招标人提供任何与本次招标相关的其他资料。

6. 我方将严格履行本投标文件中的全部承诺和责任，并遵守招标文件中对投标人的所有规定。

7. 我方完全理解招标人有保留在授标之前任何时候根据评标委员会的意见接受或拒绝任何投标的权力，并完全理解招标人对此无解释的义务。

8. 我方完全理解招标人不一定接受投标价最低的投标。

9. 如果我方中标，我们将在合同签订后××天内完成，且将按招标文件的规定履行合同责任和义务。

10. 如果我方中标，我们将在招标文件第一章“投标人须知”第35条规定，按第三章“招标书”中规定的金额支付综合服务费。

11. 与本次投标有关的一切往来信函请寄：

地址：××××××××××　　传真：××××××××××

电话：××××××××××　　电子函件：××××××

投标人法人授权代表签字：×××

投标人名称(公章)：×××

日期：××××年×月×日

落款部分，有投标单位全称及地址、电话、邮箱、授权代表署名等，并加盖公章，此外还有投标书的制发日期。

【简析】本则投标书办法和措施切实可行，语言简洁亲切，充分表明了投标者的态度和信心。

相关知识

在兴建工程或进行大宗商品交易前，公布一定的标准和条件，提出价格，招人承包或承买叫招标。招标使用的文书叫招标书。招标书多数是通过大众传播媒介进行发布的，是招标过程中发布的一个周知文书，所以也叫招标公告、招标通知书、招标广告、招标启事等。为了便于投标单位根据自己的实力决定投标意向及投标方案，招标书要把招标单位、招标项目、招标时间、招标步骤及联系方法公布于众，吸引招标者，具有公开性、指导性和明确性。

投标方按照招标书要求的标准和条件提出价格，填具表单，叫做投标，投标使用的文书称投标书。投标书又称为标书、投标函、投标申请书等。而投标书的投标方为了在竞争中达到中标目的，一般都密封寄送投标书，在开标前对投标方案及标底都是绝对保密，具有秘密性、针对性、求实性和竞争性。

制作招标书之前一定要把具体的招标的标准和条件弄清楚，而制作投标书之前最重要的就是要了解招标书的具体要求和措施，有针对性地制定标书。

招标书由标题、前言、招标事项、招标程序、落款五个部分组成。

招标书的标题有三种形式：一种是由招标单位名称、招标项目和文种三个要素构成，如《××公司××大桥工程招标书》；还有一种是由招标单位名称和文种两个要素构成的，如《××公司招标书》；也有的是由招标项目和文种两个要素构成的，如《××大厦建筑工程招标书》。

招标书前言一般应写明招标单位的招标项目名称、缘由或根据、规模或数量、招标目的、招标范围。其目的是要让投标者清除地知道，对这个项目是否有投标的可能或必要。

招标事项是招标书的重点部分，要求分项列条加以陈述和说明，要以准确的表述和具体的数据，将招标项目、各项技术指标、总工程量或物质名称、数量、质量、时间等具体内容和各种要求明确无误地写清楚。

招标程序要写明投标的起止时间，发送招标文件的方式、地点和日期，开标的方式、地点和日期等。有的还需要对投标者进行资格审查，注明资格审查的时间和地点。

落款写明招标单位名称、发文的日期、地址、联系方式等。有的招标项目内容繁复，为了正文的简洁，也可将项目的有关详细数据及说明作为附件附于文后。

投标书是根据招标书的具体要求来制作，它一般由标题、上款、前言、主体、落款五个部分构成。

投标书的标题形式有四种：一是由投标单位名称、应标项目和文种三个要素构成，如《××建筑公司××项目投标书》；二是由投标单位名称和文种两个要素构成，如《××公司投标申请书》；三是应标项目和文种两个要素构成，如《建筑安装工程投标书》；四是只写文种，如《投标申请书》《投标函》。

上款即在标题下方左边顶格写明招标单位名称。

投标书前言须写明投标人的基本概况，如：企业名称、性质、规模、资质等级、技术力量、应标能力等；对所投标项的态度；投标的依据和主导思想。

投标书的主体部分，陈述和说明投标的经营方针、目标，完成所投标项的具体内容、措施、步骤以及其他要说明的应标条件和事宜，一般都采用分条写法，力求使招标单位信服。

投标书的落款要写上投标人的名称、联系方式及写投标书的日期，如有附件则附在文后。

知识链接

《中华人民共和国招投标法》第三条：“在中华人民共和国境内进行下列工程建设项目包括项目的勘察、设计、施工、监理及与工程建设有关的重要设备、材料等的采购，必须进行招标：（一）大型基础设施、公用事业等关系社会公共利益、公众安全的项目；（二）全部或者部分使用国有资金投资或者国家融资的项目；（三）使用国际组织或者外国政府贷款、援助资金的项目。”第十九条：“招标人应当根据招标项目的特点和需要编制招标文件。招标文件应当包括招标项目的技术要求、对投标人资格审查的标准、投标报价要求和评标标准等所有实质性要求和条件以及拟签订合同的主要条款。”第二十七条：“投标人应当按照招标文件的要求编制投标文件。投标文件应当对招标文件提出的实质性要求和条件作出响应。招标项目属于建设施工的，投标文件的内容应当包括拟派出的项目负责人与主要技术人员的简历、业绩和拟用于完成招标项目的机械设备等。”

思考练习

一、什么是招标书、投标书？

二、招标书为什么要公开？投标书为什么要保密？

三、判断题（正确的打“√”，错误的打“×”，并改正。）

1．招标书即招标说明书。（ ）

2．招标邀请书不必写明邀请单位的称谓。（ ）

3．投标文书应具有公开性和竞争性特点。（ ）

4．招标书是对招标公告或招标邀请书内容的扩展，用来对有关招标事项作出具体的说明。（ ）

第五节 经济活动分析报告

示 例

【例文一】

×××旅游局201×年上半年旅游经济运行分析报告

旅游局认真贯彻落实×××人代会提出的旅游工作目标，创新工作，持续推进旅游业健康有序发展。现将上半年度的旅游经济运行情况分析报告如下：

> 标题采用“分析单位名称+分析内容+文种”形式，使人一目了然。

一、201×年1至6月旅游经济运行情况

按国家最新统计口径统计：预计1—6月接待国内外游客40万人次（其中一日游客26.5万人次，同比下降15%，过夜游客13.5万人次，同比下降12%；宾馆酒店入住率68%），预计实现旅游综合收入1.69亿元，按可比口径计算，与去年同期相比分别下降5%、7%。预计两个风景区接待游客5.43万人，门票收入76.6万元，其中预计××山景区接待游客2.08万人，实现门票收入17.6万元，同比分别下降77%、49%；预计××谷景区接待游客3.35万人，实现门票收入59万元，同比分别下降4%、22%。经济指标下降原因有两方面：

> 采用对比分析法来概述基本情况，简明扼要。

一是由于旱情影响，取消了千花会文化旅游节节庆活动的举办，外界的关注度相对减低；××山景区花季期间杜鹃花花蕾减少，花期短暂，其他观赏性树木部分枯死，草甸长期没有返青，影响观景效果，游客相较往年减少。

二是××谷、××山两个景区正在实施旅游国债项目的建设，景区软硬件设施处于逐步完善阶段，申报4A级景区工作进展缓慢，景区知名度有待提高。经济发展中存在的困难和问题：一是建设资金缺口大，旅游建设项目整体推进缓慢。二是宣传促销经费紧缺，客源市场拓展力度不够，宣传促销无力持续开展。

二、下步工作措施

（一）围绕××谷景区申报国家4A级风景区的目标，完善好达标为4A级景区所需的软硬件设施。按规定程序使用好国家扩大内需项目国债资金，推进新增项目建设的进度及原有旅游基础建设的部分扫尾工程。

（二）加大招商引资力度，策划包装好××山风景区经营权转让、××谷风景区经营权转让、××旅游小镇综合开发、××山观光祈福旅游地、××温泉康体休闲旅游综合开发等五个旅游招商引资项目的资料，争取在年内达成一至两项的旅游招商项目。

（三）创新旅游宣传手段，继续推出车行××VIP旅游消费券的宣传及发放工作，策划实施旅游促销活动，联合知名媒体联手宣传促销。

（四）积极筹备组建旅游行业协会，加强对涉旅企业的监管力度，将全县星级宾馆酒店、旅行社和有规模档次的酒店及农家乐或有影响力的土特产购物超市整合起来，成立“农家乐指定接待点”“旅游购物消费指定商店”并进行挂牌，增进涉旅行业之间的交流沟通、协调配合及旅游从业人员培训，营造出旅游大环境的氛围。

三、建议关注的问题

（一）按照×××旅游发展的总体思路，以××休闲度假区和××旅游小镇为中心加快推进建设力度，从而带动全县旅游发展进程。

结尾建议非常明确。

（二）由政府主导，积极促成旅游招商引资工作。

（三）对××旅游小镇和××农家乐的合理保护与开发，保护好原有自然环境、水资源和民族文化。

（四）请政府加强对旅游宣传营销方向的引导，预算专项旅游营销经费。

（五）提升文明程度，增强群众支持旅游发展意识。

（六）协调工商、质监、卫生等有关职能部门规范管理好旅游商品的生产、包装、销售等环节。

201×年×月××日

【简析】这篇经济活动分析报告内容充实，语言简明，详略得当。

【例文二】

××××厂流动资金使用情况分析报告

××××厂是生产小型交流电动机的专业厂。近几年来，我厂生产连年发展，品种不断增加，销量大幅度上升，为国家提供了大量积累和外汇收入。

同201×年相比，201×年我厂工业总产值增长2.2倍，产量增长2.3倍，质量稳步提高，已有38%的产品达到国际标准。产品不仅畅销全国，还远销欧美和东南亚。近三年，出口电机共达×万台，创汇×万美元，税利总额达×万元。

开篇运用比较分析法，拿目前的情况和过去的情况进行对比，说明生产不断增加，质量稳步提高的有利形势。但是从资金使用这一问题看，则还存在着一些问题。

但从资金使用分析，还存在一定的差距。定额流动资金周转201×年为×天，比201×年的×天缓慢×天，相对多占用流动资金×万元。

一、流动资金周转缓慢

（一）产品降价，销售收入减少，影响流动资金周转×天。

（二）产品直接对外后，资金结算方式改变，使流动资金周转缓慢×天。

二、定额资产占用额上升

（一）由于出口产品品种增加，国外进口轴承、出口包装等储备增多，而使资金多占用××万元。

（二）库存材料结构不合理，主要材料储备偏低，辅料储备偏高，以致我厂201×年曾几度出现过停工待料现象。

（三）产品单位成本增加。201×年单台成本平均为×元，比201×年增加×元。201×年库存量×台，比201×年增加×元。201×年库存×台，成品资金占用×万元。

（四）产销率降低，成品库存上升。其中A系列电机201×年平均产销率仅为×%，比201×年减少×%，即相对减少×台，平均多占用资金×万元。B系列电机201×年产销率平均为×%，相对减少销售×台，多占用资金×万元。

三、几点建议

为进一步挖掘资金潜力，减少资金占用，加速资金周转，提出如下设想：

（一）抓采购供应科计划的管理，特别是在制订一般辅料采购计划时，优先考虑现有库存，逐步使库存偏高的材料资金压下来，可压低×万元以上。

（二）抓产销率的提高。如能使产销率提高到201×年×%的水平，则成品库存量可比201×年库存量减少三分之一，即可压缩

×万元资金占用。实现这项目标，应着重抓生产均衡率，同时抓产品验收、装箱、发运、托收结算各环节的协调工作。

（三）通过外销贸易谈判，争取缩短货款回笼结算期限。以我厂与德国××公司业务为例，产品发出后，货款实际回笼期达8个月。如趁修订贸易协定谈判的机会，促使外商同意改为信用证结算方式，则可缩短结算在途4个月；再与代理出口的外贸出口公司协商，货款当月划付，则可又平均缩短半个月在途期，从而加速资金的流转。

××××厂

201×年××月××日

【简析】这是一篇关于流动资金使用情况的专题经济活动分析报告。本报告针对流动资金周转缓慢和定额资产占用额上升两个方面的问题进行分析，通过列举具体数字，综合运用比较法和因素分析法来分析问题的内在原因，从而得出了正确的分析结果。最后，针对存在问题提出了合理的建议。全文数据翔实，事实清楚，既有深入分析，也有合理建议，是一篇格式规范、符合要求的经济活动分析报告。

相关知识

经济活动分析报告是分析观察某一时期的经济活动情况及其运行规律的一种经济应用文体，又称经济活动分析。经济活动分析报告一般运用大量的数字对产品产量、计划完成率、合同履行率、质量等级品率、资金利润率等指标进行分析，通过分析，得出科学的结论，使企业的经济活动取得更大的成效，以指导未来的经济活动。经济分析报告的特点包括分析性、系统性和指导性。

经济活动分析报告主要通过资料数据的计算进行分析，写作之前要掌握一定的分析方法。主要的分析方法有：比较分析法（对数据资料的前后比较分析）、因素分析法（分析影响某项指标的各种因素）、平衡法（测定某项指标的对应关系是否一致）、调查分析法（通过深入调查，了解各种因素的来龙去脉）。然后抓住主要问题，灵活运用分析方法。

经济活动分析报告一般由标题、前言、主体、结尾四个部分组成。

经济活动分析报告标题的表述方式主要有以下几种：一是由企业名称、分析时限、分析内容和文种构成，如《××公司2012年产品质量分析报告》；二是标题可以省去其中一项或两项要素，但不能省去分析内容和文种，如《库存结构情况分析》；三是以建议或意见作标题，如《关于降低废品率的建议》。

前言部分主要概述写作目的、分析研究的背景、分析所调查到的主要材料、数据或有关指标、基本情况分析等，这是进行分析的依据，为主体部分展开具体分析做好铺垫。这个部分有的也放在主体部分里。

主体是经济活动分析报告的分析、评价部分。一般来讲，主体大致包括以下两个部分的内容。

（1）具体分析。根据国家经济法规和政策，以社会主义市场经济理论和辩证唯物论的观点，对经济活动的一些现象进行情况分析和原因分析，并对其进行科学的评价，得出科学的结论。在分析过程中，要运用科学的分析方法，检验各项数据指标的真实性、有效性；要判断这些数据的价值和含义（是成绩还是不足，是经验还是教训）；要围绕中心展开分析，而不是简单地罗列材料，堆砌数据；应重在分析产生这些情况的原因所在，将分析上升到理论的高度。

（2）提出建议。根据分析中所揭露的问题或矛盾，提出相应的解决办法。其内容大都是针对分析的各种结果，提出改进意见或建议，这方面内容不在多，而是内容应当写得具体、准确、简明，具有可操作性，以便有关方面能切实可行或可供参考。切忌泛泛而谈，不着边际。

经济活动分析报告的结尾应根据需要而定，如无必要，则可省略。

思考练习

一、什么叫经济活动分析报告？它主要通过什么来分析产品产量、计划完成率、合同履行率、质量等级品率、资金利润率等指标？主要有哪些方法？

二、经济活动分析报告的正文部分通常分哪几个方面？

三、阅读下文，指出不妥之处，并进行修改。

2010年全市消费品市场运行情况分析

2010年，在国家“扩内需，促消费”各项政策的影响下，我市消费品市场保持平稳较快的发展态势，全年实现社会消费品零售总额214.8亿元，同比增长19.1%，比“十一五”前4年年平均增幅高1.8个百分点；实现商品销售额452.7亿元，同比增长29.5%；实现营业额36.3亿元，同比增长25.9%。

一、我市消费品市场运行特点

1、批发零售业稳步增长。我市批零企业不断创新经营策略，经营业绩稳步增长。全年批发零售业实现零售额184.6亿元，同比增长18.5%，比“十一五”前4年年平均增幅高0.3个百分点。批零业零售额占社会消费品零售总额的比重达85.9%，成为支撑消费品市场平稳增长的主要力量。

2、住宿餐饮业较快增长。随着假日消费升温和人们生活水平的不断提高，居民外出就餐、亲友团聚的次数增加，公务、商务活动频繁；伴随我市创建中国优秀旅游城市的深入推进，旅游环境不断改善，知名度不断提高，来滁旅游人数增多，带旺了餐饮消费。诸因素共同推进了行业的快速发展。2010年，住宿餐饮业实现零售额30.2亿元，同比增长22.8%，比“十一五”前4年年平均增幅高7.1个百分点。

3、城乡消费品市场均保持较快增长。2010年，全市城镇实现零售额176.3亿元，占社会消费品零售总额的82.1%，其中城区实现零售额83.3亿元，增长21.5%；乡村实现零售额38.5亿元，增长21.4%。

4、惠民的消费政策效应进一步显现。家电下乡产品销售持续增长，家电以旧换新工作开局良好。2010年我市共销售家电下乡产品37.5万台，销售额8.8亿元；全市家电以旧换新产品销售总量达2.4万台，销售额突破8000万元。

5、吃、穿、用消费热点频现。从限额以上批发和零售业商品零售类别看，一是吃、穿类商品较快增长，吃、穿类商品零售额同比分别增长52.5%、37.1%；二是家居类商品继续热销，建筑装潢材料、家具和家用电器商品同比增长60.6%；三是文化消费持续升温，文化娱乐体育健康类商品同比增长31.5%。

6、汽车消费强劲增长。2010年，全市汽车市场销售持续旺盛，成为消费市场的亮点。全市限额以上批零企业汽车类商品零售额2.2亿元，同比增长169.3%。

7、商品销售额（营业额）较快增长。2010年，全市实现商品销售额452.7亿元，同比增长29.5%，其中，批发业实现销售额237.2亿元，同比增长32.0%，零售业实现销售额215.5亿元，同比增长26.8%；实现营业额36.3亿元，同比增长25.9%，其中，住宿业实现营业额5.1亿元，同比增长18.1%，餐饮业实现营业额31.2亿元，同比增长27.3%。

二、消费品市场运行中存在的问题

1、乡村市场有待进一步开拓。2010年，我市城乡市场均保持较快的增长速度，但是，农村商业服务体系不健全，网点布局不合理、基础设施的落后等都制约着农村居民的消费。乡村市场实现零售额比重小，全市乡村市场零售额仅占社会消费品零售总额的17.9%。

2、物价上涨制约消费需求持续增长。居民消费价格指数（CPI）上涨，部分生活必需品价格上涨较快，2010年居民消费价格指数上涨3.3%，其中食品上涨8.2%，物价上涨影响了居民实际收入水平与实际购买力，制约消费需求的持续增长。

3、消费环境影响居民消费意愿和消费信心，制约消费品市场的进一步发展。随着对市场监管和整治力度的加大，消费品市场秩序有所改善，但是相关管理体制不健全、监管机制不完善，使得我市消费环境还存在许多商品质量和安全隐患，影响居民消费信心和消费意愿。

三、保持消费品市场平稳较快增长的几点建议

1、积极开拓农村市场。继续以“万村千乡市场工程”为重点，全面推进“家电下乡”和“家电以旧换新”等惠民消费政策的实施，充分调动农民消费积极性和消费升级换代，进一步开拓农村市场。加强对农村基础设施的投入，完善农村消费市场建设，不断扩大农村市场消费的规模。

2、加快消费结构升级步伐。城镇居民对汽车、住房、娱乐休闲等的需求越来越大，农村居民开始追求中高档耐用消费品。在小排量车购置税减免、“汽车下乡”等鼓励汽车消费的政策以及“家电下乡”等政策的出台，给我市汽车和家电消费带来了新的增长点。要继续培育和扩大消费热点，扩大文化教育、旅游、娱乐等消费需求，加快消费结构升级步伐。

3、加强对市场运行的监管。加强市场价格监管，防止游资炒作。努力做好粮食、蔬菜、肉禽蛋、食用油等商品价格的调控，减少物价上涨对人们消费心理造成的冲击。进一步整顿和维护市场秩序，规范市场行为，加强执法监管力度，不断完善消费者权益保护的法律体系，营造安全和谐的消费环境。

4、以创建中国优秀旅游城市为契机，扩大旅游消费。旅游业与餐饮、住宿、贸易行业关联度高，要大力发展旅游业。打造宋、明文化品牌和特色旅游产品，加快我市旅游产业

化发展，提升旅游产业水平，丰富旅游产品。要充分利用我市旅游资源优势，促进旅游消费的持续快速发展。

中央十七届五中全会研究制定“十二五”规划的建议中，首次将“扩大内需”列为独立章节，并提出“坚持扩大内需特别是消费需求的战略，必须充分挖掘中国内需的巨大潜力，着力破解制约扩大内需的体制机制障碍，加快形成消费、投资、出口协调拉动经济增长新局面”。这里将消费列为三驾马车的首位，表明我国将“扩大内需”战略上升到一个新的高度。

2011年是“十二五”的开局之年，在市委、市府的正确领导下，随着国家一系列“扩大内需”政策的贯彻实施，“大×城”建设的不断深入和城镇化步伐的不断加快，我市消费品市场将继续保持平稳较快的发展态势。

第六节　民事起诉状、答辩状

示　例

【例文一】

民事起诉状

原告：××，女，×族，××年×月×日出生，身份证号××××××，电话×××，住址×××××××××××。

被告：×××××××，法定代表人×××，注册地址×××，机构代码××××××，办公地址××××××，电话××××××。

诉讼请求：

1. 判令被告向原告返还旅游保证金×万元；
2. 判令被告向原告赔偿因延期返还保证金的利息损失×××元；
3. 判令被告向原告赔偿因延期返还保证金的其他损失×××元；
4. 本案诉讼费用由被告方承担。

事实与理由：

××××年××月××日，原被告签订旅游合同的附属合同即《保证金合同》。双方约定，签证有效期为××××年××月××日—××××年××月××日，保证金数额为×万元，原告在签证有效期内回国，被告无条件向原告退还实际交付的保证金。××××年××月××日，原告按约定回国后，到被告处领取保证金时，被告却以保证金已交至×××总公司为由拒绝退还。经多次协商，被告仍不按约定返还。无奈，原告只能诉至贵院，请

标题。须单列一行在正中写“民事起诉状”或“民事诉状”。

本例原告是公民，须写明姓名、性别、年龄、民族、籍贯、职业、工作单位和住址等基本情况。被告是企业事业单位，写单位名称、地址、法定代表人等基本情况。

诉讼请求部分主要写明请求人民法院依法解决原告一方要求的有关民事权益争议的具体问题。如要求损害赔偿、债务清偿、履行合同、产权归还等。应写得明确、具体、简明扼要。

事实与理由部分应写明认定被告侵权或违法行为的性质和所造成的后果及应承担的责任，同时写

求贵院在查清事实的基础上，支持原告的诉讼请求。

此致

××市××区人民法院

具状人：×××

2013年××月××日

明提出请求的政策和法律依据。援引法律应准确、适当，须提供充分的人证、物证、书证及其他足以证明原告起诉有理的证据，

诉状所递交的人民法院名称。

具状人签名或者盖章，并注明提交诉状的年月日。

【简析】这份起诉状内容俱全：即标题、诉讼参与人的基本情况、案由、事实和理由、诉讼请求、递交的人民法院、落款、附件八个部分。事实部分，时、地、人、事、因、果清楚，主要情节具体，事实确凿有据，诉讼请求合情合理。

在诉讼参与人的基本情况栏中，如果原告是不满18周岁的未成年人，则需写明法定代理人的姓名，以及与原告的关系。原告如是机关、团体、企业事业单位的，原告写单位名称、地址，次一行写法定代表人姓名及职务，法定代表人应为单位的主要负责人。如有委托代理人的，在原告的下一项还要写明委托代理人的姓名、职务及与原告的关系。被告栏的事项与写法和原告栏的事项与写法相同。

事实和理由部分是民事诉状的正文和核心部分，是请求人民法院裁决当事人之间权益纠纷和争议的重要根据。一般先写事实，后写理由。事实部分，主要是写明被告侵权行为的具体事实或当事人双方权益争执的具体内容，以及被告人所应承担的责任。包括发生争执的时间、地点、原因、情节和事实经过都应具体写明，着重写清楚被告侵权行为所造成的后果和应承担的责任以及双方当事人争执的焦点和实质性分歧。

【例文二】

民事答辩状

答辩人：杨××，女，40岁，汉族，住××市××区××小区×号楼×××号，电话××

答辩人因与官××关于一般所有权及所有权相关权利纠纷一案，提出答辩如下：

一、原告所诉与事实严重不符。

本案原告所提交的民事起诉状中述称：“原告（官××）将（漏水）情况及时告知了××物业管理公司，但是该被告去维修时，遭到杨××拒绝。”这是与事实严重不符的。根据答辩人提交的证据一、二、三、四等，可以确定：答辩人一直在和施工方（××四公司）、××物业管理公司沟通、交涉，虽然查明了漏水原

答辩状对于每一个问题，都是首先摘引起诉状中原告的观点和主张，有针对性地进行反驳。反驳时，有的是先叙述客观事实，然后再指明原告所持观点的错误；有的则是先指明原告在起诉状中无端指责对方的企图，然后再列举事实反证对方指责的错误。

因，但问题却没有解决，直到今天也依然没有维修。这一情况说明了原告第一项诉讼请求（要求答辩人承担责任）是错误的。

二、原告把杨××作为被告是不当的，被告杨××不应当承担本案的法律责任。

根据答辩人与房屋的施工方、××物业管理公司三方查明的漏水原因及对漏水责任承担分别签订的量贩协议来看（见证据一、二），漏水原因是卫生间与主卧之间的一道墙在施工时有一套管没有进行防水层处理，即该房在建造时存在着严重质量问题。房屋交付时，埋藏在地面以下有质量问题的管道未能被发现。经过这次查找，把答辩人的地板撬起并堆放很长时间，虽经过答辩人多次催修，但××物业管理公司一直没有予以修复，同时也给杨××造成了严重的经济损失，所以答辩人杨××是受害方。根据《中华人民共和国民法通则》和《房屋建筑工程质量保修办法》等规定，答辩人杨××根本不存在侵权，当然也不存在责任的问题，本案原告的损失赔偿责任及维修责任应当由××物业管理公司承担，与答辩人无关；当然在维修时，答辩人会予以配合。已查明的漏水原因更进一步说明了原告的第一项诉讼请求是错误的。

综上所述，本案的原告把答辩人杨××作为被告是不正确的，要求答辩人杨××停止侵权、承担相应的赔偿责任是错误的。另外，因××物业管理公司不履行自己相应的法律义务，也给答辩人造成了严重的经济损失，答辩人将保留相应的诉讼权，采取相应的法律措施。

此致

××人民法院

答辩人：杨××

20××年××月××日

附：本答辩状副本1份

【简析】这一份答辩状，言简意明，短小精悍，值得肯定。此答辩状的主要特点是：(1)针对上诉状内容，提出反诉的论点和论据，先分析上诉状中上诉人的错误做法，然后从两个方面逐项批驳，指出上诉人的上诉理由是没有法律根据的；(2) 反诉要求合情合理。这一份答辩状事实证据清楚，答辩理由充分，答辩意见明确。反驳有力，而且合情、合理、合法。答辩中，语言运用还是以中肯得体、注意分寸为宜。

【例文三】

民事答辩状

答辩人（系被告人）：张××，男，31岁，××公司工人，现住××市××区七里。

这份答辩状基本结构完整，格式正确、言简意被答辩人（系原告人）：李××，女，30岁，无业，现住同上。

答辩人就被答辩人所诉离婚一案，具体答辩如下：

答辩人认为被答辩人所诉离婚之理由纯属捏造的不实之词。答辩人不能同意被答辩人离婚的要求。理由有三：

一、被答辩人诉称答辩人不务正业，对家务事不管不问，经常在外赌博，致使被答辩人生活困难，连买衣服都得回娘家要钱等情况，确系捏造。事实是：答辩人单位工作制度系三班倒，答辩人下夜班后还干包工活，根本没有赌博之事。答辩人将挣来的钱交给被答辩人支配，现被答辩人有××元储蓄，根本不存在买衣服回娘家要钱之事情。

二、被答辩人诉称近三四年来，答辩人对被答辩人张口就骂，举手就打，经常夜不归宿，在外赌博，被答辩人稍加询问，便对被答辩人进行毒打，逼得被答辩人曾两次自杀，经抢救脱险等，更是不符合事实。答辩人从来未打过被答辩人，除夜班外，答辩人都在家住。至于被答辩人两次自杀，与答辩人毫无关系，只不过是为离婚创造条件胡乱编造而已。

三、应当指出的是，被答辩人生活作风不正派。曾于××××年与×××有两性关系，答辩人发现后，由于被答辩人和×××苦苦哀求，并表示悔改，答辩人才勉强把事情压下去。事情过后，被答辩人迄今并未有悔改表现，但答辩人考虑到两个女儿幼小，愿等待被答辩人悔改过来，原谅被答辩人的过错，重归于好。故答辩人请求法院对合法婚姻予以保护，对被答辩人的行为予以教育，对其无理要求给予驳回，做出公正判决。

此致

××区人民法院

答辩人：张××

××××年××月××日

明、短小精悍。

【简析】案例中答辩状针对原告提出离婚的理由：被答辩人不务正业、赌博、实行家庭暴力等进行一一反驳，层层剥茧，使对方的主张失去了根基。同时指出对方的问题并摆明自己的态度，合情合理，增强了答辩效果。

相关知识

民事起诉状，是指公民、法人和其他组织，在认为自己的民事权益受到侵害或者与他人发生争议时，向人民法院提出的要求人民法院依法裁判的法律文书。民事起诉状在人民法院决定受理后，将直接引起民事诉讼程序，使当事人的民事权益保护成为可能。它是人民法院审查、立案和裁决、调解的依据之一，同时也是被告人应诉答辩的依据。

民事答辩状，是民事被告、被上诉人针对原告或被上诉人的起诉或上诉，阐述自己认定的事实和理由，予以答复和辩驳的一种书状。民事答辩状是针对起诉状或上诉状中的事实、理由以及引用的法律条文进行反驳和校正，具有很大的针对性。同时，民事答辩状是被告人或被上诉人对原告起诉状提出的一种抗辩，属被动行文，具有很大的被动性。其作用是对原告人提出的起诉要求和根据，进行有的放矢地答复、辩解和反驳，阐明自己的理由和要求，维护自己的合法权益。

写作之前的注意事项：（1）写民事起诉状要抓住纠纷中关键事实、要害情节、争执的焦点详细叙述，起诉的要求也要写明白，语言上要平和些；（2）写民事答辩状要抓住要害进行批驳，批驳的方法有反驳论点、反驳论据、反驳论证方法三种，语言可以犀利些。

民事起诉状、答辩状一般都由标题、首部、正文、尾部四个部分组成。

标题直接在第一行居中写“民事起诉状”或“民事答辩状”。有的时候答辩状的题目也可以写成“关于××案的答辩状”。

起诉状首部要将诉讼参加人（即原告、被告）的基本情况一一介绍清楚。而答辩状只需要写明答辩人的基本情况，不必要写被答辩人的基本情况。这些基本情况包括单位名称、单位地址（如系公民则写姓名、性别、年龄、民族、籍贯、职业、住址等项目）；法定代表人（单位主要行政负责人）的姓名、性别、年龄、职务；代理人的姓名、性别、年龄、工作单位、职业、家庭住址和代理权限等。

起诉状的正文一般由三部分组成。

（1）案由：表明案件的性质、债务纠纷、损害赔偿、排除侵害等。案由要写明名称和具体纠纷等事项，言简意赅，使人一看就明白。

（2）请求事项。应简明扼要地向各级人民法院提出有关要求，例如请求对方付给货款，偿付违约金、赔偿金，确认财产所有权等。

（3）事实和理由。事实和理由是经济纠纷起诉状的核心部分，是证明自己的诉讼请求成立的重要依据，一般先写事实、后列证据，再讲理由。事实要写明诉讼整个发生、发展大致经过，双方争执的焦点，证明事实真相的人证、书证、物证等证据材料，包括时间、地点、人物及全部过程；理由要针对诉讼的请求，依据法律条文和政策法规进行说理。

答辩状的正文一般由四个部分组成。

（1）答辩案由。一审答辩写为：“因××一案，现提出答辩如下”或“你院××××年×月×日第×号起诉副本通知书及起诉状副本收到。现答辩如下”。二审答辩写为：“上诉人××因××一案，不服××人民法院××××年×月×日第××号判决（裁定），提出上诉。现答辩如下。”

（2）答辩理由。这是答辩状概念的核心部分，是胜诉或者败诉的关键所在。应针对对方的指控进行答辩，明确表明对其诉讼总的态度，并就对方提出的事实情况是否真实、理由是否合理等问题进行具体的答辩。一般先驳对方指控的事实，再驳对方指控的理由与请求。

（3）答辩意见（或答辩请求）。在充分阐明答辩理由的基础上，进行综合归纳，用简明的语句明确提出答辩意见或答辩请求。一方面指出对方当事人提出诉讼请求的谬误性，另一方面根据事实和法律提出自己对纠纷如何解决的主张和要求，请人民法院依法公正裁决。

（4）反诉要求。答辩人与起诉或上诉人在法律上的地位是平等的，因而答辩人可同时对此案提出反诉要求。这种反诉要求可以并入答辩意见里写，也可单列一项。

尾部写明呈送或受理的人民法院，起诉人或答辩人署名、日期以及附件。

知识链接

《中华人民共和国民事诉讼法》第一百二十一条："起诉状应当记明下列事项：（一）原告的姓名、性别、年龄、民族、职业、工作单位、住所、联系方式，法人或者其他组织的名称、住所和法定代表人或者主要负责人的姓名、职务、联系方式；（二）被告的姓名、性别、工作单位、住所等信息，法人或者其他组织的名称、住所等信息；（三）诉讼请求和所根据的事实与理由；（四）证据和证据来源，证人姓名和住所。"第一百二十五条："人民法院应当在立案之日起五日内将起诉状副本发送被告，被告应当在收到之日起十五日内提出答辩状。答辩状应当记明被告的姓名、性别、年龄、民族、职业、工作单位、住所、联系方式；法人或者其他组织的名称、住所和法定代表人或者主要负责人的姓名、职务、联系方式。人民法院应当在收到答辩状之日起五日内将答辩状副本发送原告。被告不提出答辩状的，不影响人民法院审理。"

思考练习

一、什么叫民事起诉状？什么叫民事答辩状？

二、民事起诉状和民事答辩状各有什么作用？

三、请根据下面的谈话记录写一份民事起诉状。

下面是××市律师事务所于 2012 年 11 月××日，接待一名××市××某工厂的厂长杨××的谈话记录。

问：请你将身份等基本情况自我介绍一下。

答：我叫刘××，是××市××工厂的厂长、法人，今年××岁。

问：你有什么事情？

答：我要求追回××省××县××公司经理张××欠我厂货款 20 000 元及滞纳金 2 600 元。

问：能谈具体点吗？

答：事情是这样的。××县××公司于 20××年 5 月派人到我厂洽谈业务，声称他公司有棉纱 10 吨，每吨单价 4 000 元，款到发货，并由他公司负责运到××市棉纺织厂交货，运费由我厂负担。经协商，达成协议，并签订了合同（"订货合同"附后）。合同生效后，我厂于 20××年 8 月 14 日通过银行汇给被告货款 40 000 元。而被告收到货款后却迟迟不能交货。后经我厂了解，才知他们根本无货。于是我厂令其退款。经多次催要，被告于 20××年 9 月 6 日才退回 14 000 元，同年 11 月又退回 6 000 元。其余 20 000 元拖欠至今仍拒不退还。

问：你要求怎么办？

答：帮我写个状子，要求归还我厂的货款，并按银行关于延期付款的有关规定，每日交付万分之三滞纳金，从 20××年 8 月 14 开始算起。我这里有合同。

第七节 涉外经济合同

示 例

【例文一】

涉外货物买卖合同

合同号：××××××

签字日期：××××年×月×日

卖方：中国××××××公司

地址××××××××××××××××××××××，电话××××××××××，传真××××××××，电子邮箱×××××××××。

买方：××××国××××××××××××××公司，电话××××××××××，传真××××××××××，电子邮箱×××××××××。

双方同意按下列条款由卖方出售，买方购进下列货物：

1. 货物名称、规格包装及唛头	2. 数量	3. 单价	4. 总值
	卖方有权在××%以内多装或少装		

5. 装运期限：（略）

6. 装运口岸：（略）

7. 目的口岸：（略）

8. 保险：由卖方按发票金额110%投保。

9. 付款条件：

买方应通过买卖双方同意的银行，开立以卖方为受益人的、不可撤销的、可转让和可分割的、允许分批装运和转船的信用证。该信用证凭装运单据在中国的中国银行见单即付。该信用证必须在××××××前开出。信用证有效期为装船后×××天在中国到期。

10. 单据：卖方应向议付银行提供已装船清洁提单（或集装箱运输的已装船提单）、发票、品质证明、数量/重量鉴定书；如果本合同按CIF条件，应再提供可转让的保险单或保险凭证。

11. 装运条件（CIF/C&F）：

（1）载运船只由卖方安排，允许分批装运、允许转船、允许集装箱运输。

（2）卖方于货物装船后，应将合同号码、品名、数量、船名、装船日期以电报通知买方。

12. 品质与数量、重量的异议与索赔：货到目的口岸后，买方如发现货物品质及/或数量/重量与合同规定不符，除属于保险公司及/或船公司的责任外，买方可以凭双方同意的检验机构出具的检验证明向卖方提出异议。品质异议须于货到目的口岸之日起30天内提出，数量/重量异议须于货到目的口岸之日起15天内提出。卖方应于收到异议后30天内答复买方。

13. 人力不可抗拒：由于人力不可抗拒事故，使卖方不能在本合同规定期限内交货或者不能交货，卖方不负责任。但卖方必须立即以电报通知买方。如买方提出要求，卖方应以挂号函向买方提供由中国国际贸易促进委员会或有关机构出具的发生事故的证明文件。

14. 仲裁：凡因执行本合同或与本合同有关事项所发生的一切争执，应由双方通过友好方式协商解决。如果不能达成协议时，则在被告国家根据被告国仲裁机构的仲裁程序规则进行仲裁。仲裁决定是终局的，对双方具有同等约束力。仲裁费用除仲裁机构另有决定外，均由败诉一方负担。

15. 补充条款：本合同正本共×份，采用中、英（略）文书就，两种文字具有同等效力。签字后正式生效，双方各执×份为凭。

卖方（盖章）：××××××	买方（盖章）：××××××
代表（签字）：×××	代表（签字）：×××
××××年×月×日	××××年×月×日
签订地点：××××××××××	签订地点：××××××××××

【简析】本涉外合同标题事项和合同种类明确。当事人名称、合同编号、签约地点和时间写得具体明确。正文的第一个表格将标的物货物名称、规格包装及唛头、数量、单价和总值一一标明，直观具体，一目了然。其他条款则用文字说明，详尽而又明确地规定了供需双方的权利、义务和违约责任等，分条列项，思路清晰，表达严密。符合涉外货物买卖合同和国际惯例。

知识链接

唛头：拼音为 mà tóu（行业内或称 mò tóu、mài tóu 等），英文为 shipping mark，音译名词，取自英文“mark”。外贸中的“唛头”是运输标志的另一种称呼，是为了便于识别货物，防止错发货，由型号、图形或收货单位简称、目的港、件数或批号等组成。其形式通常是由一个简单的几何图形和一些字母、数字及简单的文字组成，其作用在于使货物在装卸、运输、保管过程中容易被有关人员识别，以防错发错运。

【例文二】

中外合资经营企业合同

第一章　总　则

中国××厂，×国××××有限公司，根据《中华人民共和国中外合资经营企业法》和中国的有关法规，本着平等互利的原则，通过友好协商，同意在中华人民共和国××省××市共同投资举办中外合资经营企业，特订立本合同。

第二章　合营各方

第一条　本合同的各方为：

××省××厂（以下简称甲方）：在中国××省××市登记注册，其法定地址在×国××省（市）××路×××号。

法定代表人：×××

制作中外合资经营企业合同应当注意的问题：

1. 合资的外方应当具有主体资格和合资能力。

2. 中外合资经营合同必须是书面合同。

职务：厂长　　国籍：中国

××××公司（以下简称乙方）：在××国登记注册，其法定地址在中国××市××号。

法定代表人：×××

职务：总经理　　国籍：××国

第三章　成立合资经营公司

第二条　甲、乙双方根据《中华人民共和国中外合资经营企业法》和中国的有关规定，同意在中国境内建立合资经营××有限公司（以下简称合营公司）。

第三条　合营公司的名称为：××有限公司。

合营公司的外文名称为：××××××。

合营公司的法定地址为：中国××市××路××号。

第四条　合营公司的一切活动必须遵守中华人民共和国的法律、法令和有关条例规定。

第五条　合营公司的组织形式为有限责任公司，甲、乙两方以各自认缴的出资额对合营公司的债务承担责任，各方按其出资在注册资本中的比例分享利润和分担风险及亏损。

第四章　生产经营的目的、范围和规模

第六条　甲、乙双方合资生产、经营的目的：采用国际先进技术设备，先进的加工工艺，在质量、价格等方面增强在国际市场上的竞争能力，扩大出口创汇，提高经济效益，使甲、乙双方获得满意的经济效益。

第七条　合营公司生产经营的范围是：

1．生产经营×××产品。

2．对销售后的产品进行维修服务。

3．研究和开发新产品、新技术。

第八条　合营公司的生产规模如下：（根据实际情况写）

第五章　投资总额与注册资本

第九条　合营公司的投资总额××万美元，具体内容见附件一。

第十条　甲、乙双方的出资额共为××万美元，以此为合营公司的注册资本。

第十一条　甲、乙双方出资方式：

甲方：现金××××元，机械设备××××元，厂房×××元，土地使用权××××元，工业产权××××元，其他×××元，共×××××元。

乙方：现金×××元，机械设备××元，工业产权×××元，

3．合营各方可以现金、实物、工业产权等进行投资。

4．合同条款要齐全完备，包括合同主体条款、投资总额和注册资本、合作生产经营的项目、国内外销售产品的比例、合作期限、经营范围、合资企业的经营管理、财务管理、劳动管理等内容。违约责任条款和法律适用条款等都要作出明确具体的规定。

其他×××元，共×××元。

（注：以实物工业产权作为出资时，甲、乙双方应另行订立合同，作为本合同的组成部分）

第十二条　合营公司注册资本由甲、乙方按其出资比例分×××期缴付，每期缴付的数额如下：（注：按具体情况写）

第十三条　甲、乙任何一方如转让其全部或部分出资额，须经另一方同意，并报原审批机构批准，一方转其全部或部分出资额时另一方有优先购买权。

第六章　合营各方的责任

第十四条　甲、乙两方各自负责完成以下各项事宜。

甲方责任：（略）

乙方责任：（略）

第七章　产品销售（略）

第八章　董事会（略）

第十八条　合营公司注册之日，为合营公司董事会成立之日。

第十九条　董事会由×名董事组成，其中甲方委派×名，乙方委派×名。董事长、副董事长由董事会经过协商产生或经董事会选举产生，可以连选连任。董事会成员也可兼任总经理、副总经理及合营企业的其他高级管理职位。

第二十条　董事会是合营公司的最高权力机构，决定合营公司的一切重大事宜。对于重大问题（如合营公司章程的修改，合营公司的终止、解散，合营公司注册资本的合并、经营决策等），应一致通过，方可作出决定。对其他事宜，可采取多数通过决定。

第二十一条　董事长是合营公司的法定代表，董事长因其他情况不能履行其职责时，可临时授权副董事长或其他董事为代表。

第二十二条　董事会会议每年至少召开×次，由董事长召集并主持会议，经1/3以上的董事提议，可召开董事会临时会议，会议记录应归档保存。

第九章　经营管理机构（略）

第十章　设备、材料购置（略）

第十一章　劳动管理（略）

第十二章　税务、财务、审计（略）

第十三章　合营期限（略）

第三十七条　合营公司期限为×年，合营公司营业执照签发日期为合营公司成立日期。经一方提议，董事会会议一致通过，可以在合营期满6个月前向原审批机构申请延长合营期限。

第十四章　合营期满财产处理

第三十八条　合营期满或提前终止合营，合营公司应依法进行清算，清算后的财产，根据甲、乙各方投资比例进行分配。

第十五章 保险（略）

第十六章 合同的修改、变更与解除（略）

第十七章 违约责任（略）

第十八章 不可抗力（略）

第十九章 适用法律（略）

第二十章 争议的解决（略）

第二十一章 文 字（略）

第四十九条 本合同用中文和×文写成。

第二十二章 合同的生效及其他

第五十条 按照本合同的各项原则订立的附件，均为本合同的组成部分，与本合同具有同等法律效力。

第五十一条 本合同及其附件，均须经中华人民共和国审批机构批准，自批准之日起生效。

第五十二条 甲、乙方发送通知的方法，如用电报、电话通知时，凡涉及各方权利、义务的，应随文以书面证件通知合同中所列甲、乙方的法定地址即甲、乙方的收件地址。

第五十三条 本合同于×年×月×日由甲、乙方的法人代表或授权代表在中国××市签字。

【简析】本合同格式规范、内容齐全完整、条理清楚，符合中外合资经营合同要求，是一份较为规范的涉外合同。

相关知识

涉外经济合同是指本国企业、其他经济组织或个人与外国的企业、其他经济组织或个人之间进行经济往来的一种文字手段，是开展外经工作的文书。涉外主体一方当事人是中国大陆境内的个人或其他组织，另一方当事人是外国或港澳台的个人、法人或其他组织。涉外经济文书具有如下特点：很强的政策性，受国家宏观政策影响较大；突出的效益性，能产生突出的经济、社会甚至是对外交往的良好效益；数据的广用性，可以用于分析趋势、价格、数量等；文字的准确性。涉外经济合同和一般经济合同的区别：（1）合同条款的繁简程度不同；（2）支付、结算的方式不同；（3）支付、结算所使用的币种不同；（4）涉外合同中的条款必须符合双方共同承认的或已签字的国际间的协定公约或国际惯例；（5）涉外经济合同中的生效期、有效期及受损失一方向当事人一方违约责任的索赔期的规定必须写得显著、清楚。

写作要求如下：

（1）充分准备，事先拟好文书草案，争取在商订文书时以我方草案为基础，掌握主动权。如以《中华人民共和国合同法》《中华人民共和国中外合资经营企业法》《中华人民共和国中外合作经营企业法》《中华人民共和国公司法》和国际公约、惯例为依据形成文本。

（2）语言表达要准确，合乎逻辑、语法，标点符号要规范，宜同时提供中文和外文译本，或中文外文对照并用，重要的容易引起争议的概念宜专设定义条款，把双方的公示明确肯定下来。

（3）合同中的数字特别要精确，与我国港、澳、台和侨商用中文签订的文本，金额的总数要用汉字大写数词，尾数要加“整”字。

（4）合同文本要用钢笔、毛笔、打字、铅印等不易改变的方式和质地良好、便于保存的纸张制作。

（5）已签订的合同不得涂改，经双方同意的修改和补充处，要双方同时在该处加盖印章或签名，以示认可。

涉外经济合同的形式主要由标题、开头（又称约首或首部）、正文和结尾（又称约尾）等部分构成。

标题写法可以直接采用文种（名称式），如涉外经济合同。也可以采用“事项+文种”“主办+文种”“主办+事项+文种”等写作方式。

开头包括双方单位名称、法律依据、所在地、习惯用语等内容。

正文主要条款包括合同主体、内容、范围、权利与义务四个方面，即：双方信息及合营合作企业，交易内容；资金、分配、责任；生产范围、企业内部信息、管理、交易方式；双方权利与义务等。

结尾包括附加条款、文字、份数、备注、双方当事人情况和落款等。

知识链接

涉外经济合同纠纷，包括国内企业或经济组织与外国及港、澳、台地区的企业和其他经济组织或个人订立的经济合同的纠纷。具体包括：（1）补偿贸易合同纠纷；（2）来料加工合同纠纷；（3）来件装配合同纠纷；（4）中外合资经营企业合同纠纷；（5）中外合作经营企业合同纠纷；（6）中外合作勘探开发自然资源合同纠纷；（7）劳务合同纠纷；（8）购销合同纠纷；（9）财产保险合同纠纷；（10）信贷合同纠纷；（11）技术引进、出口合同纠纷。

《中华人民共和国合同法》第一百二十六条：“涉外合同的当事人可以选择处理合同争议所适用的法律，但法律另有规定的除外。涉外合同的当事人没有选择的，适用与合同有最密切联系的国家的法律。在中华人民共和国境内履行的中外合资经营企业合同、中外合作经营企业合同、中外合作勘探开发自然资源合同，适用中华人民共和国法律。”

思考练习

一、什么是涉外经济合同？涉外经济合同有哪些特点？

二、如何写好涉外经济合同？

三、比较涉外经济合同与一般经济合同的区别。

第六章

事务类应用文

学习目标

1. 熟悉和掌握计划、总结、简报、述职报告、启事、海报、规章制度、调查报告的基本含义和写作要点。

2. 能结合团体、个人工作与学习等实际情况以及社会实践活动制定相应的计划、总结、简报、述职报告、调查报告等事务类应用文。

3. 能根据实际需要撰写各种类型的启事，设计不同形式的海报。

4. 能根据团体实际情况制定相应的规章制度。

第一节 计划、总结

示 例

【例文一】

×××旅行社营销工作计划

根据旅行社目前的经营现状，必须树立超越单纯价格竞争的新竞争思路，以创新取胜，以优质取胜，以价廉取胜，以服务取胜，以快速取胜，以促销取胜。我社 201×年在加强自身建设的同时，必须加大营销工作的力度，以促进我社的发展，在集团公司的领导下，把旅行社做大做强。

一、×××旅行社目前规模较小，且经营能力有限。所以，可以选择在一些细分市场上占有绝对的市场份额。据调查，整个××市，甚至××省的旅游市场上，还没有哪家旅行社是专做商务会议旅游及奖励旅游这一细分市场的，所以我们可以通过这个旅游市场上的空白点来给自己的旅行社做一个市场定位，正如美国学者肯罗曼所言：定位的精义在于牺牲，只有舍弃若干要点才能重点突出。从而使自己区别于众多的竞争对手，避开市场竞争形成的经营压力。利用集团公司所能带给我们的优势条件，迅速占领市场，成为这一市场的主导型旅行社。争取在明年承办 10 个以上的会议团，可采取以下营销计划：

1. 在旅行社设专门的公务旅游业务组。可以提供比如代订饭店客房、代办交通票据和文娱票据、代客联系参观游览项目、代办旅游保险、导游服务和交通集散地的接送服务等，为会议主办方排忧解难，做好后勤保障工作，为与会代表提供丰富而周到的服务。

2. 制定一句旅游业务的宣传口号，可以通过一句朗朗上口的宣传口号反映出我社的市场定位。我认为“让我代理你的移动”比较合适。

3. 通过一切渠道获取有关政府机关、各企事业单位的商务会议信息。

4. 主动出击，承办其商务会议及旅游业务。

5. 提供周到而丰富的系列服务。

6. 加强与主办方的联系，形成稳定的回头客。

二、除了做好公务旅游这一市场外，旅行社传统的休闲旅游这一块业务要继续做，并且要稳步发展，力争明年达到组团和地接人数××人次的预期目标。

1. 在旅行社成立休闲旅游业务组。

2. 在休闲旅游业务组内部又可细分为组团业务和地接业务两大部分。

3. 根据不同的业务特点，采取不同的营销活动。力争发展一个客户便留住一个客户，建立完整的客户档案，因为维系一个老客户比去发展一个新客户容易得多，可以更容易形成客户对我们的品牌忠诚。

4. 加强与外地组团社的联系与沟通，主动向他们提供我们最新的地接价格以及线路的变化，根据他们的要求提供所需的线路和服务，并有针对性地实行优惠和奖励。

5. 主动走出旅行社，走访各大机关单位、团体、学校、医院、企业等，甚至是深入大街小巷，上门推销我们的旅游产品，这样不仅仅是推销产品，也是在做最廉价的广告宣传。

三、开发新的旅游产品。

目前的××旅游市场，各旅行社提供给市民、可供市民选择的都是近几年来一成不变的几条固定线路，我社可根据这一状况，适时地开发出一条或几条新的旅游线路，只有不断地创新，才能保持竞争优势。当然新的旅游线路的开辟也要有顾客消费群体，符合未来市场的需求，这也是我社明年可尝试的一项工作计划。

四、旅行社营销工作应始终处在科学合理的状态中，各业务组的业务各有其侧重点，但同时其他业务也可兼做，并不矛盾。

五、加强售后服务，这对旅行社保持已有客源和开拓新客源都至关重要，形式有打问候电话、意见征询单、书信往来、问候性明信片等。

【简析】这则计划首先明确了制订计划的指导思想和目的，然后把重点放在计划的措施和方法上，具体详细地制定工作思路，从不同角度提出了切实可行、要求明确、便于执行的措施。

【例文二】

201×年××市职业教育教研工作总结

201×年，××市职教教研工作围绕大局，树立科学发展观和现代大职教理念，切实履行“服务、研究、指导”的工作职责，在抓好教学常规管理、开展技能大赛、信息化教学大赛、精品课程建设等多个领域取得了一系列成果。

正文前言扼要地说明过去一年的成绩，为主体内容的展开做必要的铺垫。

一、努力为行政决策做好咨询服务

我们协同局职能科室和实验学校，完成了《××市中职教育改革创新成果汇编》手册；推进了省教育厅交予我市的九项中职教育改革创新及中职学校五项专业改革创新工作；开展了对各级各类中职学校办学现状的调研；完成了对中职学校的示范专业、重点专业、特色专业的评审和认定；参与对中职学校“双师型”教师的认定；参与中职学校专业带头人、教坛之星、优秀校长的评选；参与市教育局中职教育改革创新的各项推进工作。为深化榜样校企合作、××职教集团的组建、精品课程建设、专业教师的技能培训、技能大赛的举办以及办学模式、人才培养模式的构建等，积极献言献策，不断提高为教育行政决策提供咨询服务的能力。

二、围绕中职教育改革创新方案，开展了一系列针对性强、实效性高的教科研活动

1. 充实教研队伍，教研网络得到更新与完善。增配了7名区县专职职教教研员；对市级文化课、旅游、计算机、机电等四个职业教育市级专业指导委员会成员进行调整，同时增设艺术专业指导委员会。全市调整后的市级专业指导委员会成员由201×年的41人增至53人，为进一步深化专业与课程改革，加强“双师型”

教师队伍建设搭建了平台。

2. 重视技能练兵，国家级技能大赛实现金牌突破。在成功举办全市第四届技能大赛的基础上，全市12所中等职业学校159名选手参加了省26个项目的比赛。由于赛前辅导与训练及时到位，成绩良好，共产生团体奖5个，个人奖115个，优秀组织奖3个。其中16名选手被推荐参加国家技能大赛，一等奖2人，实现了国赛金牌零的突破。

3. 梯次推进，精品课程初见成效。“建设200门中等职业教育精品课程”是省政府职教大省规划提出的目标任务。为此，我市采取了分步实施、梯次推进的做法。拟制下发精品课程申报文件；组织省级以上重点职校10余名教师赴外地市参加中职精品课程建设培训；请全国职教名师某某举办“资源库和精品课程暨数字化校园建设”讲座，全市职校八十多名骨干教师听了讲座；年底完成精品课程的评选与申报，共有9门课程报省并获立项。

4. 文明风采参与面广，质量高。积极组织职校参加第八届全国中等职业学校“文明风采”竞赛活动××省级复赛评选。全市共有8所职校参加，共有86人获省级奖，其中一等奖22人。××××学校获省级优秀组织奖。

5. 教师在多项活动中得到锻炼与提高。

一是参加各类评比。全市12所中等职业学校123件教师成果参加了全省五类十项的评选，共有19件成果获一等奖，30件成果获二等奖，56件成果获三等奖。

二是参加各类培训。组织教师参加文化基础课（拓展模块）国家规划教材培训。推荐10名骨干教师参全国中等职业学校公共基础课程和大类专业基础课程骨干教师培训班。

三是参与教材建设。××学校×××和××学校×××等3人参与编写中职国规新教材配套教学用书《计算机应用基础及实训》，由高等教育出版社出版发行；推荐《×××××基础教程》等教材参加中等职业教育改革创新示范教材遴选。推荐5名教师承担国家规划教材××专业教材编写任务。

三、存在的主要问题

1. 对技能大赛缺乏理论研究。

我市虽然在省和国家技能大赛中取得很好成绩，但问题依然较多，主要表现在：政府各有关部门对大塞认识不足，市级大赛竞赛氛围不够浓，竞赛和校园文化缺少内在联系，部分职校参赛积极性不高，对中职技能大赛缺乏理论研究，等等。

2. 精品课程建设急功近利。

表现在：为评而建，重评审建设轻共享推广，共享意识薄弱；

课程资源建设进展缓慢，与课程自身有机结合不足，对教学帮助不大，缺乏有效的管理运行机制和持续的激励措施等；市级精品课程无相应的奖励措施，兴趣不高。

找找这篇总结的“老三块”？

四、工作设想与努力方向

1. 加强研究，广泛开展技能大赛，努力扩大专业覆盖面。一要充分认识、高度重视技能大赛对职业教育发展的意义，以赛促教，以赛促学，提高质量，着眼内涵发展；二要迅速完善赛事体系，建立并完善与大赛相匹配的各项制度；三要丰富赛事内容，围绕学校开设专业、学生技能水平、师资力量等实际情况，创新竞赛形式、拓展竞赛内容；四要提高竞赛参与率，广泛开展校赛、县赛，积极参加市赛，争取在省赛国赛中一展身手；五要由注重披金夺银到重视全体学生日常技能培养，将市赛一等奖与高级技能等级证书挂钩。

2. 扎实开展学校内涵建设。一是加强精品课程建设，对立项的要加强指导与推进；鼓励更多的职校更多的教师参与此项建设。二是继续抓好教育部部署的“文明风采”活动、教师信息化教学大赛等活动，争取更好成绩。三是动员教师申报各级课题，开展课题研究和校本课程的开发。四是有效开展市级专业指导委员会的各项活动。

3. 提升职业教育信息化应用水平。举办全市中职校教师信息化教学大赛，引领教师提升信息技术水平，组织参加省级教师信息化教学大赛。

××市教育局

201×年6月

【简析】这是某市职教教研部门写的一篇工作总结，比较全面地总结了该市过去一年的教研成绩、存在的问题及有关的对策。对成绩不夸大，用数字说话；对问题不轻描淡写，实事求是。正文小标题语言平实、准确，或揭示了工作中带有规律性的东西，或指出了下一步的工作要求。全文重点突出，特色鲜明。

相关知识

计划是党政机关、企事业单位、社会团体或个人，为了实现某项目标和完成某项任务，制定具体步骤、方法和措施所使用的事务类应用文。古代军事家孙武曾说“用兵之道，以计为首”。在实际工作中，计划根据目标远近、时间长短、内容详略等，有多个具体的文种名称，如规划、纲要、计划、打算、安排、设想、方案、重点、要点等，它们都属于计划这类事务文书。

总结是对前段时间的工作、学习或某个活动进行分析研究，从而归纳出经验和教训，以便更好地指导今后的实践所写的一种事务性应用文。总结是当事人对实践活动的一种理论性认识，需要一定的理论高度，对事实做本质的概括。既要写“是什么”“怎么样”，又要阐明“为什么”“怎么办”。一般来讲，总结不必把事情经过写得完整详细，更不必进行细节描写，它要求用平实、准确的语言探寻、归结出一些规律性的东西，以正确的认识和把握客观规律。

计划是为了做好未来的工作和完成今后的任务而制定的，因此制定指标、任务时，要从实际出发、量力而行。定指标是一个关键性的问题，不能定得过高，否则会挫伤积极性；也不能定得过低，那样又不能激发积极性。因此，定计划一定要从实际出发并切实可行。

目的、指标（任务）、措施和步骤构成一份计划的主要内容。

写总结的关键是把自己做了什么，为什么这么做，怎样做得更好，并能对事实做本质的概括。

计划和总结的文面格式相对较为灵活，但一般由标题、正文、落款三部分构成。

计划（总结）的标题大致有以下三种。

（1）直接性标题。在标题中直接标明单位名称、时间、内容、文种名称，如《××中学2014年招生工作计划（总结）》；有的只写时间或内容、文种名称。

（2）间接性标题。在标题中不出现“计划（总结）”的文种名称，但从标题中已反映出内容，如《2014年度我校德育工作要点》《2013年度我校德育工作成效及其存在的问题》。

（3）综合性标题。采用双行式标题，正标题采用间接性标题的形式；副标题采用直接性标题的形式。如《构建网络，强化措施，切实提高德育工作针对性——××中学2014年德育工作计划》。

计划（总结）的正文主要内容包括前言、主体二大部分。

计划的前言部分主要写制订计划的背景、原因、依据、目的或制定的指导思想与要求等；总结的前言部分是简要概述某个阶段的工作或任务的基本情况，交代背景，点明主旨，为主体部分内容的具体展开做好铺垫。

计划的主体部分主要包括：（1）目标和任务；（2）措施和方法；（3）步骤和时间；（4）检查和督促。这四个方面就是我们通常所说的“计划四要素”。当然不同的计划，对“四要素”的基本内容在写作时可以有不同的侧重和取舍。

总结的主体部分主要包括：（1）成绩和经验；（2）问题和教训；（3）设想和打算。这三个方面就是我们通常所说的“老三块”。其中“成绩和经验”部分要实事求是、事实充分；“问题和教训”部分是总结的写作重点，要以一分为二的观点，进行科学的、严密的、合乎客观事实的理性分析，力求揭示出事物的本质或者规律；“设想和打算”部分主要是针对今后类似的工作提出相应改进、防范的措施或努力的方向。

计划或总结的落款是写明单位和日期，一般写在正文的右下方，先写署名后写日期。

知识链接

在现代管理学中，计划被定义为“确定组织未来发展目标以及实现目标的方式”。它具有如下四个特点。

（1）预见性。这是计划最明显的特点之一。计划不是对已经形成的事实和状况的描述，而是在行动之前对行动的任务、目标、方法、措施所做出的预见性确认。但这种预想不是盲目的、空想的，而是以上级部门的规定和指示为指导，以本单位的实际条件为基础，以过去的成绩和问题为依据，对今后的发展趋势做出科学预测之后做出的。可以说，预见是否准确，决定了计划写作的成败。

（2）针对性。计划一是根据党和国家的方针政策、上级部门的工作安排和指示精神而定，二是针对本单位的工作任务、主客观条件和相应能力而定。总之，从实际出发制定出来的计划，才是有意义、有价值的计划。

（3）可行性。可行性是和预见性、针对性紧密联系在一起的，预见准确、针对性强的计划，在现实中才真正可行。如果目标定得过高，措施无力实施，这个计划就是空中楼阁；反过来说，目标定得过低，措施方法都没有创见性，实现虽然很容易，并不能因而取得有价值的成就，那也算不上有可行性。

（4）约束性。计划一经通过、批准或认定，在其所指向的范围内就具有了约束作用，在这一范围内无论是集体还是个人都必须按计划的内容开展工作和活动，不得违背和拖延。

思考练习

一、什么是计划？什么是总结？计划和总结的主体部分各包括哪几个方面的内容？

二、总结的主体部分主要包括哪些内容？请你结合例文二谈一谈。

三、请你拟订一份学期个人学习计划。

第二节 简 报

示 例

【例文一】

AH职业与成人教育学会简报

2014年第3期

（总第160期）

学会秘书处办公室　　　　2014年3月10日

本期目录

★全省社会组织轮训在××举办

★AH省职业与成人教育学会信息化专业委员会正式成立

★JH会长参加省物流技能竞赛研讨会

全省社会组织轮训在××举办

3月5日下午，省属社会组织轮训在武警AH省总队招待所大会议室举办，为加强社会组织登记管理、提升社会组织能力和推行网上年检工作，轮训会主要就“社会组织需要注意和把握的若干问题”“社会组织党建工作的相关要求”“社会组织票据管理的相关规定和要求”“评估工作的相关政策和要求”“社会组织网上年检的方法和程序”等进行了深入讲授。省组织管理局和省社会组织联合会的多位领导现场授课，参加培训人数达200人。

AH省职业与成人教育学会信息化专业委员会正式成立

为落实国家和省关于职业与成人教育信息化工作的要求，进一步提升职业与成人教育信息化建设的理论和实践研究，根据《AH省职业与成人教育学会章程》及《AH省职业与成人教育学会分支机构管理办法》的规定，经省教育厅同意，由AH××软件技术有限公司牵头，联合全省职业教育和成人教育院校，正式成立了AH省职业与成人教育学会信息化专业委员会。

AH省职业与成人教育学会现有中职分会、学术委员会、高职分会、成人教育分会、产教合作委员会、教学工作委员会、信息化专业委员会7个分支机构，各分支机构的工作范围和重点都非常明确，AH省职业与成人教育学会信息化专业委员会设立后，将积极组织会员在职业与成人教育的教育教学、教育管理、远程教育等领域，广泛开展信息技术应用的理论与实践的研究，努力为全省职业与成人教育的信息化、现代化工作做出贡献。

JH会长参加省物流技能竞赛研讨会

3月7日，AH××职教物流师资培训中心专家委员会在AH国际商务职业学院召开技能竞赛研讨会。来自AH职业技术学院、AH财贸职业学院、AH工商职业学院等16所高职、中职院校的20余名代表参加研讨。国际商务职业学院院长刘××出席研讨会并致辞。研讨会由国际商务职业学院商务管理系主任张××主持。

会上，专家委员会常务副主任、××职业学院物流系主任王××对2014年省物流专业职业技能竞赛的基本思路、竞赛规程、组织方案等内容进行介绍。与会代表就技能竞赛的方案设计、组织保障、软件供应等方面进行了交流探讨。此次研讨会内容丰富，针对性强，对省物流技能竞赛筹备工作起到极大促进作用。

省职成教学会JH会长对此次研讨会表示肯定，要求专家委员会要充分发挥职能，开展调研工作，结合物流专业人才需求趋势，促进校企合作、产教融合，做好人才培养与企业标准对接，推进现代学徒制工作，以技能竞赛促进职业教育改革工作。

【简析】本则简报是由三则消息组成。简报前面是三则消息的目录，三则消息内容简洁、及时、真实，充分体现了简报的特点。本则简报属于简报中的动态简报。

相关知识

简报是各级党政机关、社会团体、企事业单位内部编发的用来向上级汇报工作、反映情况，向下级或平级交流信息或经验，加强内部沟通联系的一种简要并具有一定新闻意义的事务类文书。简报又称“动态”“简讯”“要情”“摘报”“工作通讯”“情况反映”“情况交流”“内部参考”等，具有简、精、快、新、实、活和连续性等特点。

简报内容要简练、简明、简要，具有较强的时效性。一般要努力做到：“快、实、活、简”。即：行动要“快”，不能贻误时机；内容要“实”，要反映真实情况；形式要“活”，消息、通讯、一句话新闻，甚至花絮都行，不拘一格；语言要“简”，开门见山直接写。

简报一般由报头、报核、报尾三部分组成。

报头一般约占一页纸的1/3的篇幅，下边用横线与正文隔开，通常分四个部分：

（1）简报名称一般用套红印刷的大号字体。如有特殊内容而又不必另出一期简报时，就在名称或其书下面注明“增刊”或“××专刊”字样。秘密等级则写在左上角，也有的写“内部资料，注意保存”等字样。

（2）期号可写在名称下一行，用括号括上。

（3）编印单位，在期号下边左起顶格写明。

（4）印发日期写在与编印单位平行的右侧。

报核是简报的主要部分。一般的报核由按语、标题和正文三个部分组成：

按语，在正文标题之前加上按语，就简报所涉及的内容、情况作必要的说明、提示、批示或补充评论。它是编者观点的体现，要求言简意赅，针对性强。

标题，简报的标题主要有两种形式：（1）单行式标题。高度概括简报的主要内容，让人一看就能领会主旨，如《得人心者得天下》。（2）双行式标题。在会议简报中，如果只写一个会议的概况，往往采用双标题，正标题揭示会议的主题，副标题补充说明会议的名称。

正文，简报的正文没有固定的模式，常用的写法有如下几种：

（1）总分条文式。将材料分条列项写出。开头或概述情况、交代背景，或概括全文主要内容，或提问揭示重点，然后再分条写明所做的工作、取得的成绩、归纳的经验、反映的意见或存在的问题等等。

（2）列小标题式。它把简报的材料分成几个部分来写，部分与部分之间用小标题衔接，每个小标题应概括这部分的内容，简报内容涉及面较广泛就可采用此法。

（3）新闻报道式。采用新闻文体中导语、主体、背景、结语的格式来安排组织材料。重大事件及重要活动情况的简报多采用此法。须交代清楚时间、地点、事件、人物、原因及结果。

（4）转发式。为了推动工作、交流情况，把有关单位的相关材料转登在自己所编发的简报上，有借鉴或警戒的参考价值。

（5）集锦、动态式。这种简报是围绕一个中心，选取不同的典型材料（事件、情况、问题、动态等），分别写成几则“情况”、“动态”，然后把它们集纳在一篇简报中，从不同的侧面表现同一个中心或主题。

正文部分不管采取哪种写法，都要求材料典型、具体、充分，观点应鲜明，层次须清晰，结构要合理，做到言之有序。

报尾部分位于最后一页的末端处，它的上方有一条间隔横线与报核部分隔开。它有两个基本内容：一是发送范围，写在报尾的左下方；二是印发说明和份数，写在报尾的右下方。如无必要，也可不用。

知识链接

简报因为仅限于内部交流，所以有一定的保密要求，这是和一般报纸最大的区别。

一般报纸面向全社会，内容是公开的，没有保密价值，读者越多越好，正因为如此，它除了新闻性外，还要求有知识性和趣味性。而简报一般在编报机关管辖范围内各单位之间交流，不宜甚至不能公开传播，特别是涉外机关和专政机关主办的简报更是如此。有的简报，往往是专给某一级领导人看的，有一定的保密要求，不能任意扩大阅读范围。从内容和作用上划分，简报大体上可以分为会议简报、专题性简报和综合性简报三类。

思考练习

一、简报的写作要注意哪几个字？有人说简报是事务类文书中的“轻骑兵”，这是指哪个字？

二、简报的正文写作最常用的有哪几种模式？例文是哪种模式？

三、阅读下面一则简报，回答下列问题。

1. 这则简报的按语有什么作用？

2. 这则简报的标题属于哪一种类型的标题？正文采用了哪一种形式？

3. 结合简报写作的特点谈谈下面这则简报，然后结合班级或者学校最近发生的大型事件或会议，编写一则简报。

简　报

中共××县委办公室　　　　　　　　　　　　××××年×月××日

按：县计生委努力转变工作作风，坚持从实际情况出发，对今年四月份计生宣传月的工作检查不搞兴师动众，不从乡镇和部门抽调人员，全部依靠本单位的干部组织检查，这样既减少了对乡镇和部门工作的牵扯，又全面检查和掌握了全县计生工作情况，受到基层和群众欢迎。希全县各级部门认真借鉴此一经验，进一步加强党风廉政建设，改进工作作风，提高工作效率，以实际行动推动全县两个文明建设的发展。

县计生委改进检查方法转变工作作风成效明显

今年3月下旬至4月下旬，我县集中领导、集中力量、集中时间开展了《四川省计划生育条例》和《中国计划生育发展纲要》宣传活动。县计生委于5月2日至28日，对各乡镇的活动情况进行了全面检查验收。他们切实转变作风，积极改进方法，由本单位干部组成一个检查组统一思想、统一标准开展检查活动，取得了较好效果。其基本做法是：

一、统一思想，提高认识。计划生育工作政策性强、涉及面广，每年都要进行几次阶段性工作检查。针对今年检查时间在“双抢”期间的新情况，县计生委党组专门召开会议，在认真总结过去工作检查经验的基础上，积极改进检查方法，改过去从乡镇和各相关部门抽人组成检查组为组织县计生委机关干部集中检查。在干部职工会上，明确了这次检查的目的、方法和基本要求，统一了全委从领导到一般干部对这次检查的思想。

二、统一确定检查对象，集中时间开展检查。整个检查时间集中在五月份内进行，实行抽查的方法，对各乡镇随机抽取一个村作为检查对象，并保密封存村名，检查组到达了乡镇时再启封公布检查的村，然后分组直接进村入户开展检查。

三、统一检查验收标准。为了杜绝检查中的人为主观因素、减少乡镇对检查结果产生异议，挤干工作中的水分，他们在检查中，严格按照政府办公室广府办（1995）2 号文件《关于对贯彻（四川省计划生育条例）集中宣传活动进行考核奖惩的通知》规定，统一检查评分标准，坚持“一把尺子量到底”，直接考核到检查的村社。同时，在检查前，组织检查人员认真学习了 2 号文件和有关的政策规定及业务知识，提高了检查人员的政策水平和业务技能，为公正考核检查奠定了基础。

四、统一口径汇总检查结果。进村分组到户开展检查后，以村为单位，统一口径将各社的情况汇总。然后向乡领导汇报检查情况，交换意见。如乡镇对被查村社的检查结果提出异议，则当场重新核实汇总，对问题比较突出的乡镇、检查人员与乡镇领导、计生办一起，共同分析原因，找出差距，研究补救措施。

五、统一费用开支渠道。过去的计划生育工作检查，由乡镇或计生办接待检查组。超标准、超规格接待现象时有发生。为从根本上改变这种状况，这次检查不由乡镇接待安排，不接受乡镇的生活宴请，而由县计生委仿照有关规定，本着节俭原则，从紧安排，统一支付费用。有乡镇准备按惯例安排宴请，被检查组婉言谢绝。初步统计 13 人的检查组，在长达一个月的专项检查中，开支费用不到过去同类检查费用的十分之一。

六、切实做到“四个坚持”。一是坚持客观、公正地考核各乡镇的集中活动开展情况，进村入户如实登记、汇总，最后按标准计分；二是坚持不兴师动众，只要乡镇在工作上的配合，不要在生活上的陪同，减轻了乡镇领导的精力负担；三是坚持固定检查人员，从计生委机关抽出的 13 名干部自始至终参加检查，保证了按时完成任务；四是坚持执行严格的组织纪律，检查人员必须遵守计生委党组规定的各项纪律制度，如有违反，从严处理。

这次检查，全面、真实地了解了我县人口生育现状，掌握了各乡镇开展集中宣传活动的情况。据统计，检查结果数比乡镇报表更接近实际。如对育龄妇女进行普查，原乡镇报表统计普查率为 93.75%，而检查结果普查率仅为 80.42%，减少了 13.32 个百分点；落实安扎措施率，报表统计为 95.21%，检查统计为 72.12%，减少了 23.09 个百分点。

第三节 述职报告

示例

【例文一】

述职报告

各位领导、同志们：

大家好！根据市委组织部考察组安排要求，我作为拟提拔的副县级干部人选接受组织考察。现将本人基本情况、主要工作表现报告如下：

述职报告仅限于有职有责者。

一、基本情况

我于1997年担任正科级职务，已有十五年。期间，在××县妇联和××县民政局两个部门担任过"一把手"，是市第三、第四届人大代表。2005年7月调到××市民政局担任基层政权科科长职务至今。

我在××县担任妇联主席的五年里，积极进取，摸索出一条规范、创新、高效、多样的妇女工作新路子。期间为下岗女工再就业创办的"午间小餐桌"和"妇女再就业服务咨询中心"，成为"妇字号"品牌，得到省妇联的表彰，在全市发挥了示范带动作用；组建的"群芳"夕阳红艺术团和腰鼓队，培养锻炼了一大批的老人妇女群众文艺骨干，她们至今还活跃在县城各社区文艺组织。在××县担任民政局局长的两年里，带领局班子和机关全体干部职工勤勤恳恳、扎实工作，认真履行民政作为政府管理各项社会事务性工作的职能。期间荣获省级社区建设示范城区、全国示范婚姻登记机关和三天销售150万元福彩（即开型彩票）的好成绩。城市低保、救灾救助、优抚双拥等工作在市民政局目标管理考核中排名前列。这些成绩的取得，使我的思想政治素质不断提高，工作领导能力得到加强。

二、在市民政局的工作表现

2005年7月，我从××县人大办公室调到市民政局，担任基层政权科科长。六年来，作为局机关一名党员干部，我做到了"五讲"。一是讲政治。树立大局意识，服从工作安排，发挥局中层干部骨干力量，在局党组和局班子的坚强领导下，做好民政工作。二是讲责任。对工作认真负责，兢兢业业，责任感较强。三是讲学习。把握民政工作的职能、性质、特点和规律，对业务知识和理论政策有思考和认识，注重向基层同志学习请教。四是讲团结。尊重领导，和同事们和睦相处，对基层民政干部谦和虚心。五是讲纪律。遵纪守法，廉洁自律，遵守局机关各项制度。

作为一名业务科室负责人，我和科室同事在局主要领导和分管领导的指导带领下，认真履行工作职责，脚踏实地，求真务实，在推进全市社区建设和村务公开民主管理工作方面取得了一定成绩。一是在全市开展了标准化社区、示范社区、和谐社区创建活动，不断推进城市社区建设的深入开展，涌现出一批全国、省级、市级示范区、街道和社区。二是推进社区管理体制改革和农村社区建设，为市委、市政府代拟出台了一系列加强城乡社区建设的规范性文件，指导全市城乡社区建设。三是在全市农村广泛开展了村务公开民主管理示范单位创建活动和规范化建设，制定出台了一系列指导性文件，全市村务公开民主管理水平不断提升。四是完成了全市第七届、第八届村委会换届选举工作，认真负责好市选举办公室的职责，得到省民政厅的认可。五是建立健全了社区建设和村务公开民主管理工作考核机制和督查机制，将城市社区建设纳入市政府目标管理考核和社会治安综合治理考核体系，将村务公开民主管理纳入了新农村建设达标考核、农村基层党风廉政建设责任制考核和“阳光村务工程”建设验收考核中。推进了全市农村基层民主政治建设的新发展。六是加强作风建设，深入街道、社区和乡镇、村委会，开展调查研究，写出了十多篇有关社区建设和村务公开民主管理方面的调研报告和文章。七是加强业务学习，曾先后五次为××区、××县的街道（镇）和社区干部做了有关社区建设方面的专题讲座。既指导了基层工作，又提高了自身的业务水平。

正文结束时还可述及“不足”和今后努力的“方向”。

以上是我的述职报告，如有不妥之处，恳请各位批评指正。

谢谢大家！

述职人：×××

2011年10月20日

【简析】这是一份个人接受组织考核的述职报告。引言简略，正文从履行职责的角度基本涵盖了述职者历年来所做的突出工作，有思路，有认识，有方法，有亮点，内容具体充实，语言多述少评，体现了一般述职报告的特点。

相关知识

述职报告是各级机关、团体、企事业单位的有关人员，就自己在任职期间的德、能、勤、绩和岗位职责执行情况向组织人事部门、主管领导和本单位职工陈述自己在一定时期内履行岗位职责情况而形成的书面报告。它是建立和实行新的干部人事制度改革和专业技术人员管理及考核体系，引进竞争机制后兴起的一种新的应用文体。

述职报告一般为述职者自己撰写，由述职者当众向上级派来的考核组成员和本单位职工宣读，评述自己任职期限内所做的工作。

撰写之前要明确自己的述职目的，最好先把自己任职期间所作的主要工作拟写一个提纲，然后分出主次，按照德、能、勤、绩的顺序组织好材料；一定要实事求是，多述少议。因此，述职报告一般具有自我评述性和时间限制性的特点。

述职报告一般由标题、正文、落款三部分组成。

标题，有三种不同写法：一是时间加文种，如《××年度述职报告》；二是文种前加定语，如《我的述职报告》；三是直接写《述职报告》。

正文，一般分为四个部分：（1）概貌（或引言）。述职人的职务、任期岗位责任、目标与实绩的概述。写这一部分时要提纲挈领，高度概括。如果是在大会上讲，开头顶格还要写上称谓：如“各位领导、同志们”。（2）实绩。这是述职报告的主体部分。述职人汇报自己的工作，要抓住任期期间的主要工作，取得的成绩、成果，这是重点，要注意用事实说话，并突出本职工作的特色。可以写成条款式的逐条汇报，也可以从本人工作中选取几项主要工作为重点的详细汇报，还可以按时间顺序来汇报工作情况。（3）问题。简要指出存在的问题，力求客观公正、实事求是地评价自己的工作。（4）方向。主要写今后的工作打算，态度要真诚，语言简练。结尾一般写“述职到此，谢谢大家”。

落款，落款主要包括署名和述职时间两项内容。署名要写明述职人的单位、职务和姓名，此项可放在标题下，也可与述职时间一起署在正文末的右下角。

知识链接

写述职报告不要事无巨细，要突出重点、突出个性、客观评价。其与个人总结的区别主要表现在四个方面。（1）从陈述范围上看：个人总结陈述范围宽泛；而述职报告陈述范围仅限于履行职责的情况。（2）从陈述角度看：个人总结既可以从做法的角度写，也可以从体会的角度写；而述职报告只能从履行职责的情况着眼，落脚到干了哪些事，克服了哪些困难，取得了什么效果。述职报告中可以有体会，但不能从体会的角度写。（3）从陈述内容看：个人总结，特别是工作经验总结，可以只讲成绩、经验，至于缺点、不足可以几笔带过，也可以不谈；而述职报告要求成绩和不足并重，实事求是，对履行职责过程中存在的问题不能轻描淡写，更不能文过饰非。（4）从作者范围看：个人总结谁都可以写的，普通学生可以写学习总结，普通农民可以写农业生产总结；而述职报告的作者仅限于有职有责者。

思考练习

一、什么叫述职报告？它的使用范围限于哪些人？

二、述职报告为什么要多述少议？

三、请模仿例文以本班班长的名义写一份述职报告，然后结合自己的实际表现和同学交流，想一想怎么样才能把班级工作搞得更好。

第四节 启事、海报

示 例

【例文一】

招聘启事

××省××市××钢铁有限责任公司位于××省××市工业区，属私营有限责任公司，主营各种钢材。因公司发展需要，现招聘普通工作人员数名、管理人员数名、销售人员数名等。现将有关事项公示如下：

“启事”可以写成“启示”吗？注意比较其不同。

一、聘用条件

1. 爱岗敬业，有较强的服务意识和奉献精神；遵纪守法，吃苦耐劳，具有全局观念和团结合作精神；

2. 有相关工作经验者优先；

3. 年龄要求：年龄18周岁以上；

4. 无违法违纪记录；

5. 身体健康。

二、聘任要求

应聘者个人提供个人简历及身份证、学历证书、医院体检证明、住所证明、照片×张等有关材料的原件、复印件，应聘人员在××报名，公司招聘人员对应聘者进行资格审查。报名截止日期为201×年×月×日。

联系人：×老师　　　　联系电话：××

三、聘任期间的待遇

1. 合同工月薪（基本工资）为人民币××元；

2. 根据工作表现和绩效在年终给予适当奖励；

3. 受聘期间的社会保险（养老、工伤和失业保险等）按公司劳动制度执行。

四、聘任程序和时间安排

（一）个人申请：应聘者填写《个人申请表》，并提交相关材料的原件、复印件。

（二）面试考核：201×年×月×—×日对审核合格的应聘人员进行面试。并对初选人员的政治素质和表现进行全面考察。根据面试的结果拟定初选人员名单。

（三）确定拟聘方案：201×年×月×日—×日综合上述程序的结果，经人力资源部会议讨论后，确定拟聘方案报送公司审批。

（四）聘任：公司与受聘人员签订聘任协议，新聘任人员实行试用制，试用期限为×个月。

（五）、本文由公司人力资源部负责解释，本文内容与公司相关规定如有不符，以公司规定为准。

××市××钢铁有限责任公司

201×年×月××日

【简析】这则招聘启事语言简练得体，详而有致，既庄重严肃又不失礼貌热情，体现该公司招聘的诚意。

【例文二】

寻物启事

3月23日晚8：00左右，在汇融路一轿车上遗失一个公文包，内有金额为5 000元的存折一份、派遣证一个及它物，有拾到者请与失主联系，失主愿重金酬谢。联系电话：13××××××××××，张先生。

失主：张先生

20××年×月×日

【简析】这是一则公开登在报缝中的寻物启事。标题“寻物启事”以较大的黑体字显示。以加强明显性，引起别人注意。失主在正文中交代出失物的时间（3月23日晚8:00左右）、具体地点（在汇融路一轿车上）及丢失原因，遗失物为公文包，详细介绍内装物品如5000元的存折一份、派遣证一个及它物；为感谢送还者，失主许诺重金酬谢，并留下了联系电话。这则文字精练、篇幅短小的寻物启事详尽具体地介绍了丢失物的情况。一方面透露出失主急不可待的焦虑之态，另一方面也体现出失主为人处世中的诚恳真挚之情。希望这位失主早日找到自己的东西。

【例文三】

海　报

××市中心医院（市二院）特邀请××国家卫生部重点心血管病专科医院医务人员一行7人，于201×年3月10日到我院讲学并进行手术示范，共10天。欢迎各类先天性心脏病、瓣膜病及冠心病需冠脉搭桥术者及各类主动脉瘤病人速来我院联系住院检查，安排手术治疗，安排满为止。

联系电话：×××

联系人：刘苏

地址：××市××中路288号市二院住院部四楼心脏外科

可用加黑的大一号字注明单位，然后介绍具体活动及活动时间。

提出参与活动的具体方法及必要的事项。

最后给出具体地址。

【简析】这则医院海报，文字简洁明了，篇幅短小精悍，整则海报用词简洁，无冗长造作之言，体现出医院治病救人的原则及严肃认真的严谨态度。

相关知识

启事是行政机关、企事业单位、社会团体或个人向社会公开告知有关事项、声明某事，并请求公众予以支持或帮助而形成一种文书。可分三大类：有开业、停业、迁址、更名等告知类启事；有征集、征订、征地、征婚、招聘、招商等征求类启事和寻人、寻物等寻求类启事。启事一般张贴在公共场所或刊登在报纸杂志上，也可在广播电台、电视台中播出。

海报是主办单位向公众告知文化演出活动、体育赛事、报告会、展览会等消息的招贴性的一种应用文。

海报和启事的区别：一是使用范围不同，海报以报道文化娱乐等活动消息为主；而启事可以反映政治、经济和生活等多方面的内容；二是公布方式不同，海报只能在公共场所张贴或悬挂，而启事除张贴外，还可以登报刊、用广播、上电视等。

启事写作前要弄清楚启事的重点和启事面对的对象，选择恰当的公布方式。

海报写作前要注意活动的内容，选择恰当、生动的图案吸引公众。

启事的标题一般写明内容和文种名称，如“征文启事”“招生启事”等，也可省略内容或文种，如“启事”“招生”等，有的启事还写上发文单位，如“××公司招聘启事”。

海报的标题和启事不同，它要求醒目，一般在海报上方写上“海报”“舞会”“晚会”“球讯”等字样。

启事和海报的正文按照不同的内容，详略和重点也有不同。例如启事中的招聘启事要详细列出招聘职位、条件、期限和薪酬等；而征文启事要列明征文原因、主题、要求、期限、奖励办法等。海报也一样，如文娱活动类的海报要写明表演团体、主要节目、时间、票价、地点等；而报告会则要写明报告题目、报告人（包括报告人的单位、报告人的学术背景等）、地点、时间等。海报的正文语言要有鼓动性，图画、图案要生动活泼，富有吸引力。

知识链接

海报这一名称，最早起源于上海。旧时，上海人通常把职业性的戏剧演出称为“海”，而把从事职业性戏剧表演称为“下海”。也许是因为这个关系的缘故，人们便把作为剧目演出信息宣传物的、用来招徕观众的张贴物，叫做“海报”。

随着IT技术的突飞猛进，海报也被赋予了新的含义。海报网（http://www.haibao.com/）作为全球华语区最有消费力、最活跃、最广泛的时尚人群上网浏览第一站，就是海报被赋予新含义的典型。海报网是把海报和因特网借助IT技术紧密联系在一起的时尚网站，正式创建于2007年，它开创式地为大量设计师、超模、造型师、摄影师等国际时尚圈人物以及相关的专业名词赋予了中文名，现在人们一提起“某品牌”，立即会说：“上海报网查一下就知道了。”这充分体现了海报本身固有的“告知”和“招贴”特点。

思考练习

一、海报和启事有何异同？

二、请你以学校体育组的名义，拟写一份足球赛的海报。

三、阅读下面信息，拟写一则启事。

中国名胜古迹大观编委会拟编一部《中国名胜古迹大观》。计划把国家级、省级风景名胜区的图片和全国重点文物保护单位的图片编制在内，并要求图片有300~500字的简介。其中这部书分风景名胜、文化古迹和文学作品三卷，大16开精装，约2000页、300万字、4000幅照片，由国际文化出版公司出版并向海内外发行。来稿要在×月×日前寄是中国名胜古迹大观编委会，地址是北京市×××街××号，邮编：××××××；电话：（010）×××××；传真：（010）×××××。

※第五节 规章制度

示 例

【例文一】

××有限责任公司研发经费的投入与核算管理办法

第一章 总 则

第一条 为了加强对科学技术研究开发经费（以下简称研究开发经费）的管理，加速公司的科学研究和新技术的推广应用，促进公司经济效益的提高，结合公司的实际特制定本办法。

第二条 研究开发经费是用于进行科学技术研究、开发、新技术推广应用的专项费用。

第三条 研究开发经费必须按计划统筹安排，节约使用，讲求经济效益。

第二章 研究开发经费的来源

第四条 研究开发经费的来源：

1. 国家对重点研究开发项目的专项拨款；
2. 由公司成本列支的研究开发项目费用；
3. 其他方面筹措来用于研究开发项目的费用。

第三章 研究开发经费的使用范围

第五条 研究开发经费的使用范围：

1. 为进行科学技术研究、开发、新技术推广所发生的调研费、资料费、技术协作费、材料费、测试仪器的购置费等费用。
2. 为进行研究开发项目评定，进行技术咨询和学术交流等活动所发生的评审费、咨询费、会议费等费用。
3. 为开展科技情报及知识产权工作所发生的技术资料费、专利年费等费用。
4. 用于科技进步奖励所发生的费用。

第四章 研究开发经费的管理

第六条 公司技术中心是研究开发经费的归口管理部门，具体负责研究开发项目的审定和费用指标方案的制订以及项目结果的评定工作。

第七条 研究开发经费由公司按研究开发项目计划下达到具体项目，实行专款专用，严格管理，不得挪作他用。

第八条 研究开发经费的拨付按照公司资金拨付的规定执行，各项目承担部门只有在研究开发项目技术协议签订后才能启用，并由项目承担者按规定的使用范围严格控制、合理使用。

第九条 研究开发有关内容需要与外单位合作或委托其进行的，必须签订科研项目外委技术合作开发合同，该合同须由公司技术中心审查后才能生效拨款。

第十条 研究开发经费在使用中有关分管技术工作的领导，技术中心负责人要按内控制度授权的规定执行，并按照不同的项目进行核销。

第十一条 研究开发经费报销时，须由项目负责人、分管技术工作的领导审核，技术中心负责人审核，并在核销票据上签字后方可到财务核销。

第十二条　各项目承担者对已发生的研究开发经费要及时填入科技项目月报报公司技术中心。公司财务处、技术中心按内控制度规定每两个月核对一次经费支出明细，核对记录由财务部门、技术中心负责人共同签字认可。

第十三条　各项目承担者对于因研究开发工作需要，购置2 000元以上设备、仪器者，须列入单位固定资产，并经单位资产管理部门签收后方可到财务核销，项目完成后办理有关转资手续。

第十四条　对于研究开发经费的使用情况，公司将组织适时审查，如发现经费使用不当的，要追究项目负责人的责任，并视具体情况，收回项目计划安排的投资款项；如发现违法乱纪行为，追究当事人的法纪责任。

第五章　研究开发经费的核算科目

第十五条　必须按每个项目计算实际成本，研究开发项目的成本科目规定如下:

1. 人员人工费：该项目研发人员的工资、奖金、津贴、补贴、加班工资以及与其受雇相关的支出;

2. 情报资料费：为进行项目研究所支付的专项资料费和科技情报费;

3. 检验试验费：为进行项目研究所支付的检验、化验、分析、测量等费用;

4. 外委技术协作费：在研究开发项目中，某项工作需要委托其他单位协作或咨询所支付的费用;

5. 运输费：研究项目本身直接发生的运输费;

6. 管理费：为进行研究开发项目评定、技术交流等所发生的评审费、会议费等;

7. 研究用设备仪器费：为进行项目研究所必需的小型设备、器具、仪器仪表等购置费;

8. 与研发活动直接相关的其他费用，包括差旅费、研发人员培训费、培养费。

第六章　附　　则

第十六条　本办法由公司负责解释，自公布之日起开始执行。

201×年×月×日

【简析】本文属于规章制度中的办法，是条目式的规章制度。共六章十六条，办法开头开门见山，指出制定本办法的目的，然后先主后次、先原则后具体地对科学技术研究开发经费使用与管理进行了规定，条目清晰，理由充分，语言简明。

【例文二】

安徽××职业学校学生管理规定（试行）

第一章　总　　则

第一条　为维护安徽××职业学校正常的教育教学秩序和生活秩序，保障学生身心健康，促进学生德、智、体、美全面发展，依据教育部《普通中等学校学生管理规定》以及其他有关法律法规，制定本规定。

第二条　本规定适用于对在学校接受普通中等学历教育的学生的管理。

第三条　学校以培养职教人才为中心，以能力为本位，秉承“励志、敬业、致能、强体”的校训精神，按照国家教育方针，遵循教育规律，不断提高教育质量；依法治校，从严管理，健全和完善管理制度，规范管理行为；将管理与加强教育相结合，不断提高管理水平，努力培养社会主义合格建设者和可靠接班人。

第四条　学生应当努力学习马克思列宁主义、毛泽东思想、邓小平理论和“三个代表”重要思想，确立在中国共产党领导下走中国特色社会主义道路、实现中华民族伟大复兴的共同理想和坚定信念；应当树立爱国主义思想，具有团结统一、爱好和平、勤劳勇敢、自强不息的精神；应当遵守宪法、法律法规，遵守公民道德规范，遵守《中等学校学生行为准则》，遵守学校管理制度，具有良好的道德品质和行为习惯；应当刻苦学习，勇于探索，积极实践，努力掌握现代科学文化知识和专业技能；应当积极锻炼身体，具有健康的体魄。

第二章　学生的权利与义务

第五条　学生在校期间依法享有下列权利：

（一）参加学校按教育教学计划安排的各项活动，使用学校提供的教育教学资源；

（二）参加社会服务、勤工助学，在校内组织、参加学生团体及文娱体育等活动；

（三）按规定获得奖学金、助学金及助学贷款；

（四）在思想品德、学业成绩等方面获得公正评价，完成学校规定学业后获得相应的学历证书，经考核后获得思想品德合格证书、技能等级证书、职业资格证书；

（五）对学校给予的处分或处理有异议，向学校、教育行政部门提出申诉；对学校、教职员工侵犯其人身权、财产权等合法权益，提出申诉或依法提起诉讼；

（六）法律法规规定的其他权利。

第六条　学生在校期间依法履行下列义务：

（一）遵守宪法、法律法规；

（二）遵守学校管理制度；

（三）努力学习，完成学校规定学业；

（四）按规定缴纳学费及有关费用，履行获得助学金及助学贷款的相应义务；

（五）遵守中等学校学生行为准则，尊敬师长，养成良好的思想品德和行为习惯；

（六）法律法规规定的其他义务。

第三章　校园秩序与课外活动

（略）

第四章　奖励与处分

（略）

第六章　附　　则

第二十六条　本规定由校德育处负责解释。

第二十七条　本规定自 201×年 9 月 1 日起执行。其他所有管理规定与本规定不一致的，一律以本规定为准。

【简析】本文属于规章制度中的规定，是条例式的规章制度。总则简要说明了该规章制度的宗旨、任务、性质，对全文起统领作用；分则分章分条写明了对学生管理的有关内容；附则，说明规章制度修改、解释的权限和生效日期、适用范围，单独成章。整个规定要求适度，语言简洁、准确，通俗易读，是规章制度类常用的写法。

【例文三】

××市××社区居民文明公约

为加强社会主义精神文明建设，在全社会大力倡导“爱国守法、明礼诚信、团结友善、勤俭自强、敬业奉献”的基本道德规范，努力提高公民道德素质，把社区建设成为文明整洁、安定团结的居住区，根据国家有关法律、法规和政策，联系本地区实际，经民主讨论，特制定以下居民文明公约：

（一）爱党、爱祖国、爱劳动、爱科学、爱社会主义，自觉履行宪法和法律规定的各项义务，积极承担自己应尽的社会责任。

（二）讲文明礼貌、助人为乐、爱护公物、自觉维护社会和公众利益，为净化、美化、绿化城市做贡献，争取做一个文明公民。

（三）不随地吐痰，不乱扔烟头、杂物，不在楼道公共地区停放自行车及私人物品，保持公共环境整洁。

（四）爱护小区花草、树木、绿地，不随意践踏。

（五）按规定停放车辆，不在绿地、防火通道停放，小区内禁止汽车鸣笛。

（六）自觉遵守《××市居民养犬的规定》。

（七）提倡邻里之间互相帮助，遇事相互沟通、宽容，解决不了的事，可通过居委会和业委会调解。

（八）爱护小区公共设施，不在运动设施上晾晒衣物，以免影响他人锻炼使用。希望大家自觉遵守《社区居民文明公约》。

（九）学习科学文化知识，积极参加文明健康的文娱活动，移风易俗、反对封建迷信，不看反动淫秽书刊、录像等，不参与赌博、吸毒活动，不做伤风败俗之事。

（十）学雷锋，树新风，做到“四要四不要”，即：要礼貌待人，不要说粗话；要讲究卫生，不要乱吐乱扔；要规范服务，不要冷硬拖卡；要遵守交规，不要乱行乱停。

（十一）争当“五好家庭”，共建“五好门栋”，人人争取在单位做个好职工，在家做个好家长，在校做个好学生，在社区做个好居民。

××市××社区居委会

201×年6月

【简析】这是一则条目式的居民文明公约，总则阐明制定公约的目的和意义，分则写要遵守的事项，先主后次，分十一条列出。条规具体明确，要求做什么，不准做什么，语气肯定，简明扼要，切合实际，具有规范道德、促进精神文明建设的作用。

相关知识

规章制度是国家机关、社会团体、企事业单位为了建立正常的工作、劳动、学习、生活秩序，依照法律、法规、政策而制定的具有规范性、指导性和约束力的一种文书。规章制度是一个总称，它包括条例、规定、办法、细则、章程、制度、规则、守则、须知、公约等，另外标准、准则、规范、补充规定等也属于规章制度。

起草规章制度之前首先要考虑是否有制定的必要，具体的条目不能与国家法律法规和基本政策相违背，同时要结合实际情况，仔细研究一些条目制定后的可行性；用词要准确，不要过于专业化，忌用方言和俗语，尽可能不用形容词和修饰语；起草后要检查规章制度的名称、结构是否规范。

规章制度的结构通常包括标题、正文和落款三部分。

内容复杂的规章制度，诸如条例、章程、办法、规定等，正文有两种格式。

一是条例式。即由总则、分则、附则三部分组成。每一部分可根据内容多少，分若干章，每章又可分若干条。总则，常常是第一章，简要说明该规章制度的宗旨、任务、性质，对全文起统领作用。分则，是规章制度的主要部分，分章分条写明有关内容。附则，一般是说明规章制度的生效日期、适用范围，以及修改、解释、批准的权限，还有对未尽事宜的补充说明。附则可以单独成章，也可附在最后不单独成章。

二是条目式。即先写一个前言，说明依据、目的，然后用“特制定本条例（制度、守则……）”作过渡语，引起下文。条目是主要部分，一般按先主后次、先原则后具体的顺序，逐条写下去。

内容简单的规章制度，诸如守则、公约、须知、制度等，正文多由前言、主体、结尾三部分组成。前言说明目的意义，主体分条叙述，结尾提出执行要求。

落款是在末尾右侧签署制定本规章制度的单位或机关名称和发文日期。有的规章制度有制发标记。制发标记的内容一般包括批准机关（或会议）的名称、批准（或通过）该规章制度的日期、发布机关的名称、发布的日期以及生效的日期，标记在标题的正下方。在规章制度中出现了制发标记的，就不用落款了。

知识链接

规章既有行政的指挥作用又有严肃的法律约束力，是实施社会管理的重要手段之一。规章是国家党政机关、政党、团体、企事业单位用于内部管理的文书，或用于制定政党、团体的组织纲领，或用于规定某一领域、某一方面的行为准则和道德规范。它是国家法律、法令、政策的具体化，是人们行动的准则和依据。它在法律、法令和法规“外围”起补充作用，在内部事务管理上具有一定的强制性，有纪律的、道德的约束力。这些行为准则和道德规范，是社会主义精神文明的重要组成部分。

思考练习

一、规章制度一般都用条文式写法。条文顺序的安排要根据内容表达的需要来确定，有的先总后分，有的由主到次，有的按事物发展顺序，有的按操作顺序。请结合你所在学校的具体规章制度和本节的三篇例文分析其条文顺序。

二、请你为班委会写一篇《××班级文明公约》。

三、利用实习实训的机会，收集一些公司和企业的规章制度，看看有哪些类别，主要涉及哪些内容。

第六节 调查报告

示例

【例文一】

2013年AH省中等职业教育专业情况分析报告

一、专业设置布点情况

按照《中等职业学校专业目录（2010年修订）》及教育部新批准设置的专业，中等职业学校共设立了19个专业类，322个专业……

据2013年我省中等职业学校招生专业资质清查结果统计，我省425所具有招生资格的中等职业学校（含高职院校中专部）共设置17个专业类，203个专业，覆盖3159个专业点。其中第一产业设24个专业，覆盖318个专业点；第二产业设71个专业，覆盖913个专业点；第三产业设108个专业，覆盖1928个专业点；第一、第二、第三产业专业点分别占我省专业点总数的10%、29%和61%。

根据《2013年AH省国民经济和社会发展统计公报》，AH省三大产业结构比例为12.3:54.6:33.1。据AH省人社厅2014年2月发布的紧缺人才需求报告，我省未来三年人才需求总量将达97万人，高技能人才和农村实用型人才需求量分别为17万人和34万人，占17.5%和35.1%，农村实用型人才是最紧缺的人才之一。从产业分布看，战略性新兴产业为35万人、地方特色产业为29万人、现代服务业为4.7万人、现代农业为7.6万人。

统计数据表明，我省中职专业结构与产业结构要求及我省紧缺人才需求尚不相适应，表现在：一是一产、二产相应专业比重偏低，三产比例偏高；二是我省支柱产业和新兴产业相关专业点不够。

二、专业布点或在校生较多的专业

1. 布点数量较多的专业

目前我省布点较多的20个专业分别是：

（1）计算机应用（090100）314个；

（2）机电技术应用（051300）196个；

（3）数控技术应用（051400）184个；

（4）电子技术应用（091300）129个；

（5）会计（120100）117个；

……

上述20个专业共设置专业点1931个，占全省中职学校专业布点总数的61.1%。其中，专业布点数超过100个的专业有5个，分别为：

（1）计算机应用（090100）314个；

（2）机电技术应用（051300）196个；

（3）数控技术应用（051400）184个；

（4）电子技术应用（091300）129个；

（5）会计（120100）117个。

这5个专业共设置专业点940个，占全省中职学校专业布点总数的29.8%。

统计数据表明，我省上述专业布点重复，建设水平低，不利于形成特色和品牌。

2. 在校生数量较多的专业

在中等职业学校19个专业大类中，在校生数量超过5万人的专业大类有7个，分别是：

（1）信息技术类223 843人，占在校生总数的23.13%，2013年对口就业率87.1%；

（2）加工制造类192 098人，占在校生总数的19.85%，2013年对口就业率84.2%；

（3）农林牧渔类97 785人，占在校生总数的10.10%，2013年对口就业率58.2%；

（4）财经商贸类75 128人，占在校生总数的7.76%，2013年对口就业率80.1%；

（5）教育类71 163人，占在校生总数的7.35%，2013年对口就业率90.1%；

……

上述7个专业大类在校生数量占在校生总数的比例达到79.45%。

统计数据表明，我省部分专业在校生数量过大，对口就业不够高，需要适度控制招生规模。

三、适应我省主导产业发展，应鼓励发展的专业

《AH省人民政府关于加快做大做强主导产业的若干意见》（W政〔2012〕96号）确定我省八大主导产业是电子信息和家用电器、汽车和装备制造、材料和新材料、能源和新能源、食品医药、轻工纺织、现代服务业及文化产业；《AH省战略性新兴产业“十二五”发展规划》（W政〔2012〕17号）确定我省战略性新兴产业是电子信息、节能环保、新材料、生物、新能源、高端装备制造、新能源汽车和公共安全产业等。与我省主导产业、战略性新兴产业相关的专业应鼓励发展，主要涉及29个专业：

（1）农林牧渔类（7个）：设施农业生产技术（010100）……

（2）资源环境类（4个）：环境监测技术（021800）……

（3）信息技术类（4个）：网站建设与管理（090600）……

（4）财经商贸类（2个）：物流服务与管理（121900）、客户服务（122100）；

（5）旅游服务类（2个）：景区服务与管理（130500）、会展服务与管理（130600）；

（6）文化艺术类（2个）：影像与影视技术（140400）、出版与发行（140600）；

（7）公共管理与服务类（8个）：商务助理（180300）……

各市和省直管县教育行政部门要根据地方经济社会发展的需要，结合职业教育资源整合和布局调整，做好专业建设规划工作，并对区域内各中等职业学校专业建设进行有效指导和支持。中等职业学校要在市县教育行政部门指导下，以专业建设为核心，深化办学模式改革和创新。要根据区域产业结构变化情况，适时调整和停办不适应的专业，形成科学合理的专业布局，避免盲目设置和重复建设。对纳入各市专业建设规划，适应我省产业发展需求的市级重点专业、重点实训基地，省教育厅将予以支持。

AH省教育厅职成处

2014年4月11日

【简析】本报告就2013年AH省中等职业教育专业情况进行调查分析，从专业设置、人才需求、存在问题和解决办法等方面做了深入的调查研究，从事实、数据和政策等方面进行了认真、客观的分析，对未来全省中等职业教育的专业建设和改革发展具有一定的指导意义。

【例文二】

强化学校管理　提高教学质量　拓宽发展空间

——关于中等职业教育招生形势与对策的调查分析报告

一、调研的背景

1. 令人堪忧的中职招生现状

中等职业教育招生在经过2003年生源高峰期后正在逐步走入低谷，国家高度重视中等职业教育的发展，多次提出要加强中等职业教育和职业技能的培训，投入更多的精力和财力办好职业教育……今年从各学校招生数所反映的情况看，中职学生的质量和数量依然不高，招生形势不容乐观。

2. 调研的目的

中职招生问题是关系到中等职业教育生存和发展的基础性、关键性问题。改革开放以来，中等职业学校有了很大的发展，但也面临许多困境。因此，研究中等职业学校招生问题对于发展中等职业教育，从而进一步推动中等职业教育的快速发展，有着十分重要的现实意义。我们针对工作中存在的问题症结、方式方法以及社会认同等方面的内容进行了调研，从问卷统计中我们得出了以下结论，并希望我们中等职业学校在调研结论中得到启示，加强学校的各项管理，以内涵建设促进中等职业教育的新一轮改革，使中等职业教育走出一条以管理促发展的新路子。

二、调研数据分析

1. 关于初中毕业生问卷的统计分析

课题组根据初中毕业生的实际情况设计了“毕业班级学生问卷”，问卷指导语：“本问卷对象主要是初中学生，只就初中毕业生毕业后的就学意向和对职业教育的专业及发展形势进行调研，问卷内容不涉及国家和教育主管部门的政策性评价、不涉及参研学校的考核评价，请你不要有所顾虑，按照问卷内容与选项如实填写。”就学生问卷的十项内容来看，总体反映出初中毕业生升学选择的价值取向，具体分析如下：

（1）“普高热”高烧不退，初中毕业生的升学选择深受影响；

（2）中职教学质量与声誉对初中毕业生升学选择影响深远；

（3）国家惠民政策拉动中职招生的效应不太明显。

2. 关于初中教师问卷的统计分析

本次招生调研的初中教师问卷发放了330份，有效问卷共计243份，现就统计结果分析如下：

（1）宏观形势不容乐观，职教办学环境消极；

（2）中职教育社会影响正面不足，微观层面负面突出；

（3）招生所反映的深层问题仍然是学校教育教学管理与质量问题。

3. 关于社会与家长的问卷分析

本次社会调查问卷分为两块，在NG专门组织了43人的学生调研队伍，分为四组开展了一次社会调查，走上街头，在路人、店铺、企业等人群中随机发放问卷，另外，在周末假期让部分学生带问卷回家，在家庭以及邻居之中进行问卷调查。就问卷统计情况分析如下：

（1）“普高热”使得职业中学社会地位与影响仍处于弱势位置；

（2）“精英教育”仍是社会与家长追求的目标；

（3）社会认可度与价值取向将职业中学置于十分不利的位置；

（4）国家惠民政策在促进中职招生方面收效甚微。

三、问题及成因综合分析

课题组设计的“毕业班级学生问卷”“初中教师问卷”“社会与家长调查问卷”三张问卷，初中毕业生、教师在被试中的角色意识是比较明晰的，而社会与家长的问卷分为几组开展了社会调查，走上街头，在路人、店铺、企业等人群中随机发放问卷，在周末假期让部分学生带问卷回家，在家庭以及邻居之中进行问卷调查，在问卷指导语中是没有压力回答的，因而调研信度是高的。在统计学校调研数据的基础上，我们认为，中职招生工作中出现的问题主要存在以下几个影响因素：

（1）“普高热”是中职招生困难的最重要原因；

（2）中职办学质量与管理信度是招生的关键因素；

（3）招生市场无序，广告真假难辨，成为招生困难的因素之一；

（4）中职学校的宣传和教育环境的创设也影响招生效果；

（5）春招学生管理也是影响职业学校发展的重要因素之一。

四、中职招生的对策与思考

“普高热”还在不断升温，若干年前职业学校盲目扩招导致的管理不够到位，毕业生质量下滑，就业率尤其对口就业率不高等，所引起的社会负面影响仍在不断影响学校招生，加之招生秩序混乱，招生市场不规范等已严重影响了职业教育的发展，因而职高每年花大量人力物力财力来招生，依然效果不佳。鉴于以上原因分析，提出如下对策建议供中职学校和教育主管部门参考：

（1）以质量求生存，强化管理，治招生之“本”；

（2）加强学生管理，强化内涵发展；

（3）注重动手能力培养，引导专业与兴趣特长，吸引学生就读；

（4）规范招生市场，加强职教宣传，营造良好氛围。

总之，中等职业教育招生在经过2004年生源高峰期后正在走入低谷，国家高度重视中等职业教育的发展，多次提出要加强中等职业教育和职业技能的培训，投入更多的精力和财力办好职业教育。在这种形势下，作为工作任务承担的办学主体——中等职业学校，我们必须不断改革和完善招生制度，有效解决招生市场混乱，提高生源质量，减少学生流失问题，同时不断改善办学条件，提高办学质量，树立良好的社会形象，从而突破“招生难”的瓶颈，让中等职业教育走上良性发展之路。在社会广泛关注下，中等职业教育的明天会更加美好。

【简析】本调查报告由XC市《中等职业教育招生现状和形势的调查与研究》课题组提供。标题为双标题，由正副标题组成，正标题“强化学校管理，提高教学质量，拓宽发展空间”强调了调查的目的性，具有概括性的特点，副标题“关于中等职业教育招生形势与对策的调查分析报告”采用了公式化的写法。正文分“调研的背景”“调研数据分析”“问题及成因综合分析”和“中职招生的对策与思考”四个章节，“调研的背景”为调查报告的前言部分，“调研数据分析”和“问题及成因综合分析”是调查报告的主体部分，“中职招生的对策与思考”为调查报告的结语部分。整个调查报告层次清楚，结构完整，对于当前中等职业教育招生现状与形势、面临的问题及解决办法分析透彻，很有借鉴意义。

相关知识

调查报告是写作主体为了了解情况、澄清问题、寻找规律，对客观事物或社会现象进行深入的调查之后，将所得材料通过严肃认真、客观科学地分析、研究，然后以书面报告的形式反映调查研究结果的一种事务类应用文。

调查报告是深入调查、仔细研究、整理成文三个环节的统一。完成一篇调查报告，要依赖于这三个环节。特别是全面深入的调查，没有经过深入实际的调查研究，就不能很好地完成调查报告，而且它必须公正、公平、真实，要体现调查报告的客观性。

写作之前注意事项：（1）要弄清楚自己写的这份调查报告是针对什么问题和矛盾，或者需要概括什么经验；（2）要通过深入实际的调查获得第一手资料，分析研究，然后整理成文，使之能说明问题，解决矛盾；（3）要客观、公正、真实，不带主观性。

调查报告由标题、前言、主体、结语四个部分组成。

标题有下列两种。

（1）单标题。有公式化写法和常规文章标题写法。公式化写法就是按照“调查对象＋调查课题＋文体名称”的公式拟制标题。常规文章标题写法的具体方式灵活多样。

（2）双标题。双标题由正副标题组成，其中正标题一般采用常规文章标题写法，具体手段如上所述。副标题则采用公式化写法，由调查对象、调查课题、文体名称组成。如《明晰产权起风波——对××市某集体企业被强行接管的调查》。

调查报告的前言一般要根据主体部分组织材料的结构顺序来安排，常用的有以下几种类型：（1）提要式，就是把调查对象最主要的情况进行概括后写在开头，使读者一入篇就对调查结论有大致的了解；（2）交代式，在开头简单地交代调查的目的、方法、时间、范围、背景等，使读者在入篇时就对调查的过程和基本情况有所了解；（3）问题式，在开头提出问题来，引起读者对调查课题的关注，促使读者思考。这样的开头可以采用提问的方式引出问题，也可以直接将问题摆出来。

前言之后、结语之前的文字，都属于主体。这部分展开叙述调查过程，材料丰富、内容复杂，在写作中最主要的问题是结构的安排。其主要结构形态有三种：

（1）用观点串联材料。由几个从不同方面表现基本观点的层次组成主体，以基本观点为中心线索将它们贯穿在一起。

（2）以材料的性质归类分层。课题比较单一、材料比较分散的调查报告，可采用这种结构形式。作者经分析、归纳之后，根据材料的不同性质，将它们梳理成几种类型，每一个类型的材料集中在一起进行表达，形成一个层次。每个层次之前可以加小标题或序号，也可以不加。

（3）以调查过程的不同阶段自然形成层次。事件单一、过程性强的调查报告，可采用这种结构形式。它实际上是以时间为线索来谋篇布局的，类似记叙文的时间顺序写法。

调查报告常在结尾部分显示作者的观点，对主体部分的内容进行概括、升华，因此，它的结尾往往是比较重要的一个部分。常见的写法有下述三种：（1）收束全文，明确主旨；（2）指出问题，启发思考；（3）针对问题，提出对策、建议和措施。

知识链接

对调查报告材料的分析，应该说是调查研究中的一个十分关键的步骤，是能否将调查报告材料化为研究成果的关键所在。所谓调查报告材料分析，就是用科学的方法审查、剖析调查材料中包含的被研究对象的状况、特点、社会背景、基本结构、本质属性与成因、组成因素与相互关系，以及运动机制和结论的过程。对调查报告的调查材料进行分析研究，最基本的类型是定性分析和定量分析。

1. 调查报告材料的定性分析

调查报告材料的定性分析是据事论理，用思辨的方式，依靠个人经验判断能力和直观材料，确定社会现象或事物发展变化的性质和趋向，以划清事物性质界限的方法。定性分析的根本方法是哲学方法，即揭示事物发展的一般规律的方法。除此之外，还可采用系统方法、逻辑方法，常用的方法有：（1）矛盾分析法；（2）比较分析法；（3）因素分析法。

2. 调查报告材料的定量分析

调查报告的定量分析是对社会现象或事物的规模、范围、程度、速度等方面数量关系的情况和变化，进行变量计算和考察分析，弄清其数量特征的方法。简言之，就是从事物数量方面入手进行分析研究。目前，在调查研究中进行定量分析已越来越普遍，使用定性、定量相结合的方法已成为大势所趋，也是调查研究走向完善的标志。定量分析的基本方法有：（1）统计分析法；（2）社会测量法。

思考练习

一、什么叫调查报告？它是哪三个环节的统一？

二、调查报告的前言主要有几种形式？主体部分的结构形态又有哪几种？

三、请你就所在班级的课外阅读情况做一个调查，并进行简要分析。

第七章

宣传类应用文

学习目标

通过本章的学习，掌握常见的消息、通讯、广播稿、演讲稿、解说词、策划书的结构和写作方法。

第一节　消息、通讯

示　例

【例文一】

20万大学生报名参军

本报北京8月20日讯（记者　焦新）记者今天从教育部获悉，日前全国征兵工作正在紧张有序推进，大学生参军入伍热情高涨，网上报名人数已超过20万。

单行标题，即只由正题构成的标题。

动态消息，内容新鲜，事件真实，以一事为对象，篇幅短小，时效性强。

根据国务院、中央军委关于2013年征兵命令，今年全国征兵时间做出重大调整，从冬季调整至夏秋季，与各级各类院校学生毕业时间相衔接。据悉，为鼓励更多大学生入伍，国家出台了一系列优惠政策。比如，在学费补偿代偿方面，学费资助覆盖的人群进一步扩大，包括应届毕业生、往届毕业生、在校大学生和刚被高校录取的新生；在新生入伍方面，刚被高校录取的新生可以申请保留入学资格，退役后两年内，可以在退役当年或者第二年高校新生入学期间，到录取高校办理入学手续等。

"据悉"以后的文字属于这则消息的背景部分。

——选自《中国教育报》2013年8月21日

【简析】这是一则单行标题的动态消息，简明、准确地概括了消息的内容。有的消息还可采用双行标题（引题＋主题或主题＋副题）和多行标题（引题＋正题＋副题）的形式。导语是消息的第一自然段或第一句话，揭示消息的主题。主体部分则展开事实，具体全面地进行阐述。

【例文二】

中国首次太空授课今天10时许进行

教育部要求各地组织中学生观看

本报北京6月19日讯（记者　宗河）6月20日10:04—10:55，神舟十号航天员将在天宫一号为全国青少年进行太空授课。中央一套节目将直播授课实况，全国8万余所中学6 000余万名师生将同步收听收看。

叙述式导语简明扼要。

教育部日前下发通知，要求各地教育部门和中学要高度重视，妥善调课，组织收看神舟十号航天员太空授课活动。因故无法在直播时段收看的，可随后组织收看重播或登录教育部门户网站"神舟十号航天员太空授课活动"专栏，收看授课视频。各地中学可围绕太空授课活动开展丰富多彩的主题活动，并以此为契机推动"中国梦、我的梦"主题教育活动和中学科技教育的有效开展。

主体部分紧扣导语，内容充实。

这次太空授课活动由中国载人航天工程办公室、教育部、中

结尾是消息的最后一

国科协共同主办，授课内容为太空环境下的科学实验，将展示失重环境下物体运动特性、液体表面张力特性等物理现象。

——选自《中国教育报》2013 年 6 月 20 日

句或一段话。本例结尾呼应开头，介绍主办方和授课内容，进一步突出主题。

【简析】例文二是一则两行标题的综合消息，采用的是“正题”加“副题”的形式。正题揭示新闻的主要事实，即“中国首次太空授课今天 10 时许进行”，副题介绍与主题有关的情况、补充主题，即“教育部要求各地组织中学生观看”。导语先叙述“太空授课”直播和“师生将同步收听收看”这一消息，主体紧接着展开，对导语作具体全面的阐述。此条消息叙事直截了当，语言简洁明快，篇幅短小。

【例文三】

“绿色通道”变“自立通道”

——北京大学新生报到见闻

标题用了“见闻”，属于风貌通讯的范围。

本报记者　高靓

“同学，请跟我来，家长不能陪同。”8 月 31 日，北京大学迎新报到现场，记者看到，在办理学生资助的“绿色通道”前，北京大学学生服务总队的队员耐心地引导学生和家长“分流”。

北京大学学生资助中心主任杨爱民表示，学校希望把“入学日”变成“成长季”，把单向受助的“绿色通道”变为自助助人的“自立通道”。

来自甘肃岷县的学生家长郭女士十分认同学校的做法：“自己办手续是孩子走向自立的第一步，而且有老师和同学的帮助，我很放心。”她告诉记者，7 月 20 日岷县地震当天，她就接到了北京大学学生资助中心老师的电话，询问家里的受灾情况和学生资助需要，并把 1 000 元助学金打到银行卡上。

2013 年，北京大学经济困难本科新生人数约占全校总人数的 20%，家庭遭受地震、洪涝、干旱等自然灾害的学生占 7.7%。在招生录取的同时，北大学生资助中心就通过电话、家访等方式与家庭经济困难学生取得联系，了解其家庭详细情况，全面介绍学校的各项资助政策，承诺每一个家庭经济困难学生都能顺利入学。

风貌通讯总是以全景式的介绍来报道对象，努力给人有一个“概貌”的感觉。选取的材料点面结合，充分地表现了主题。

记者看到，北京大学“绿色通道”提供电子化一站式服务。学生凭校园卡刷一次卡即可完成礼包领取手续，时间不到一分钟。礼包除日常学习、生活必备用品外，还有购书卡、健身卡等。

杨爱民告诉记者：“今年北京大学绿色通道不单面向贫困生，还面向所有学生。只要想参加勤工俭学、公益服务的学生，都可以来此报名登记。我们希望让学生感到，走绿色通道不是在被动受助，而是在成长为一个自助、助人、自立、自强的大学生。”

记者注意到，在近百米的“绿色通道”内，穿绿背心的服务总队队员带领新生忙前忙后，他们都是往年受助的学生。政府管理学院新生小赵在队员的带领下，顺利办理了礼包领取、助学贷款、勤工助学登记等一系列手续。她自信地说：“明年我也要参加服务总队，希望通过自己的努力为别人提供服务。”

——选自《中国教育报》2013年9月1日

表现时代风貌时，用了对比衬托的手法，突出了一个“新”字。

【简析】这是一则风貌通讯，是着重描绘社会变化、时代风尚及风土人情的通讯报道。它一般是反映新貌，抓住特色，点面结合，开阔读者视野，增长读者知识，给人以美感和现场感。

相关知识

消息即狭义的新闻，它是对新近发生的、有社会意义的事实的及时报道，它是目前最广泛、最经常应用的一种新闻报道形式。按内容划分，可分为动态消息、综合消息、经验消息、评述性消息等类型。

通讯是运用多种表现手法，对具有新闻价值的人物、事件、情况和问题的具体、形象、及时的报道。和消息一样，通讯要求及时、准确地报道生活中有意义的人和事，但报道的内容比消息更具体、更系统。通讯一般按内容分为人物通讯、事件通讯、概貌通讯、工作通讯等；按形式又可分为一般记事通讯、访问记、巡礼、纪实、见闻、特写、侧记、散记、采访札记等。

消息通常由标题、导语、主体、背景、结尾几部分组成。写作的注意事项：（1）内容要新鲜；（2）事实要准确；（3）讲究时效性；（4）语言精练，篇幅短小。

通讯没有固定的格式。写作时要注意：（1）主题要明确；（2）材料要精当；（3）安排好结构；（4）内容要真实；（5）要有时效性；（6）角度要新颖。

知识链接

“新闻”和“新闻价值”

新闻的概念有广义和狭义之分。广义的新闻包括消息、通讯、见闻、特写等多种新闻体裁，狭义的新闻仅指消息。

新闻价值是选择和衡量新闻事实的客观标准。一个客观存在或发生的事实，能否成为新闻，然后被传播，应该取决于两点：一是在多大程度上并以怎样的方式与公众利益相关联；二是能否满足人们的感官需要。所谓的公众利益既包括经济利益，也包括安全、公正、道德、荣誉、审美等社会价值利益；而心理感官需求则是人们对事物的好奇、趣味等的心理满足，不是猎奇，不是低俗、庸俗、粗俗，不是满足少数人需要的感官刺激。

作为选择报道事实的标准，新闻价值有下列要素：（1）新鲜性——报道快速，内容新鲜。事件发生和公开报道之间的时间差越短，新闻价值越大；内容越新鲜，新闻价值越大。（2）

重要性——对国计民生的影响越大，就越重要，新闻价值也越大。（3）接近性——包括地理上的接近，利害上的接近，思想上的接近，感情上的接近。凡是具有接近性的事实，受众关心，新闻价值就大。（4）显著性——新闻报道对象（包括人物、团体、地点等）的知名度越高，新闻价值越大。（5）趣味性——具有趣味性的事实，往往有新闻价值。

思考练习

一、什么是消息？它的结构由几部分构成？

二、消息的标题有哪几种形式？请你从报纸上各收集一条。

三、根据校园里近期发生的事件写一篇消息。

四、给你最钦佩的人写篇通讯。

第二节 广 播 稿

示 例

【例文一】

假如生活欺骗了你（配乐）

[俄]普希金

假如生活欺骗了你
不要悲伤，也不要心急
不顺心的时候需要镇静
相信吧，快乐的日子将会来临

心儿永远向往着未来
现在却常是忧郁
一切都是瞬息
一切都将会过去
而那过去了的
就会成为亲切的怀恋

——诗刊社编《世界抒情诗选》（有改动）

【简析】这是一篇诗体形式的配乐广播稿，由于是广播稿，从可听性角度对诗稿做了适当的口语化处理；音乐的选配，也要做到恰当合适。这首诗以说理而取得了巨大的成功。诗人以平等交流的语气娓娓写来，语调亲密和婉，热诚坦率；诗句清新流畅，热烈深沉，有丰富的人情味和哲理意味。这是诗人人生经验的总结，也是生活的真谛。这首诗问世后，成为许多人激励自己前进的座右铭。

【例文二】

农民尤明富教子忠心守边关

敬宗明

本站记者敬宗明报道：今天上午九点多钟，东坝镇四村七组六十一岁的农民尤明富，急匆匆地来到县广播站编辑室对记者说："我大儿尤永强，在云南边防前线当兵。他最近来信说，很快又要上战场了，记者同志，我有很多话要对强儿说，我专门来，请你帮忙买盘磁带，把我给他说的话录成音寄到边防去。"

开头先介绍缘由，老人是谁，是哪里人，为什么要录音，录音干什么。

尤明富大爷一边说一边从衣兜里掏出五块钱，塞在记者手里。记者请他坐下，问他为啥不写信，要寄录音去。大爷激动地说："信，我倒是经常给他写，这录音么，和写信又大不一样啰！我说啥，强儿就能听到啥，连我的声气都不得变，就像我们两爷子在一堆摆龙门阵，娃儿听了，一定很高兴。"记者满足了尤大爷的要求，当场录下了老人家对儿子说的一番心里话。我们征得老人的同意，下面就把他对儿子的谈话播放给我们的听众。

[出录音]（播放老人录音的内容，此略）

正文主体部分是播放老人录音的内容，既亲切又真实，给人以身临其境的感觉。

听众朋友，听了尤明富大爷给儿子的录音，你有什么感想呢？一个普普通通的老农民，在关系到祖国安危，人民幸福的严峻考验面前，毅然将儿子送到前线，并且一次又一次鼓励儿子不怕苦、不怕死，英勇杀敌。一颗火红的爱国心，多么令人感动啊！

最后记者的话是稿子的结束语。

——百度百科·广播稿（有删节）

【简析】广播稿要利用广播的特点突出现场音效。录音插配在文稿的哪个部位，视情况而定，目的是让听众对新闻事实本身有一个完整和客观的了解。通常情况，是将录音材料用在主体部分。这篇录音新闻，主体部分用了尤明富老人给儿子的录音，开头和结尾，则是记者的话。

【例文三】

我市举办 AH 省第六届职业院校技能大赛中职组“手工制茶”项目比赛

HS 市交通台·易婷报道

AH 省第六届职业院校技能大赛中职组“手工制茶”项目比赛于本月 13 号、14 号在位于我市 S 县的 AH 省行知学校举办，这是“手工制茶”作为非遗项目的省级比赛首次在我市进行。

首段概述赛事，而后从赛事承办方和参赛学生两个角度进行采访报道。

记者采访了解到，本次比赛是全省职业院校技能大赛中的一个项目，共有 6 支代表队参赛，主要来自于我省的茶叶主产区 HS 市和 AQ 市，负责统筹本次比赛的我市教育局职业教育教研负责人×××做了详细介绍。

[现场录音]（录音概述：本次比赛选手主要来自 HS 和 AQ，有手工制扁型绿茶、手工制卷曲型绿茶、手工制红条茶三个项目。我市作为手工制茶项目的省赛基地首次承办省级技能大赛，能够承接这样的项目，是我市的光荣，反映了我市的职教特色。手工制茶项目也是我省在国家大赛中获过金奖的项目，大赛一定会办得很好。）

这种技能大赛的开展不仅能调动学生学习的积极性，还旨在让人们对职业类院校有一个更加公正的认识。

[现场录音]（录音概述：承办手工制茶项目比赛，不仅表现了技能大赛是职业教育工作的一项重大制度设计与创新，它和职业教育教学质量的深化有密切的关系，会改变人们对职业教育的一些传统看法。职业类院校并不是人们眼中的低端教育，而是有质量的教育，能形成高端教育品位和产品市场。）

不仅承办方积极准备，参赛学生们的积极性也非常高。

赛场上，选手们都拿出自己的看家本事，认真地调整温度、翻炒茶叶，不多久已能闻到淡淡茶香，听到炒茶的嗞嗞声（同期声：炒茶的声音）。来自 YX 职教中心的储飞学的就是茶叶专业，已学习两年多时间，本次比赛项目是红条茶的制作。

同期声录了现场炒茶的声音，更让听众产生真实感，如临其境。

[现场录音]（录音概述：现在是在晾干，每小时翻一次保证水分蒸发均匀，之后再揉捻、炒茶等。选手们之前基本每天都会炒茶。）

尽管比赛承办地点行知学校准备有扫帚等炒茶工具，但参赛选手们几乎全是用手直接翻炒，在学习过程中经过烫伤、痊愈、再炒茶，他们手上都已结了厚厚的一层茧，储飞也是一样。

[现场录音]（录音概述：扫帚会伤害茶叶，手比较软，炒出来效果比较好。）

来自行知学校的江剑尽管所学专业和茶叶无关，但受生活环境影响，对茶叶也有着浓厚兴趣。

[现场录音]（录音概述：学的是徽雕专业，家里也有茶叶，所以从小有所接触，对此也很有兴趣。现在做的是绿茶，关键是要注意温度等。）

经过两天的比赛，共产生了 4 名优胜选手，其中我市占有 2 名，他们将和其他项目的优胜选手一起，代表我省参加即将举行的全国职业院校技能大赛。

【简析】这是一篇以录音报道为制作形式的广播稿。这篇报道最主要的特点是大量采用现场录音，广播的优势明显，感染力强。有的广播稿还要注上现场录音的时长。

相关知识

广播稿是为广播电台、电视台写的新闻稿的统称。广播稿狭义地理解就是指消息或小通讯；广义地理解，还包括评论、访谈、述评和录音报道等。

广播稿的特点是：传播速度快、传播范围广、通过听觉感知、简短清晰。录音和音效播放，是广播稿最鲜明的个性特色。具体来说，广播稿有三种形式：一是单纯的文字稿；二是以录音配合文字的组合稿；三是文字（语音）解说现场录音的实况稿。

广播稿一般包括标题、正文两部分。写作时要注意：（1）语言通俗化、口语化，要响亮、顺畅，易读、易听、易记、易懂；（2）尽量用短句；（3）防止同音字、词混淆，造成理解错误，如“赈灾”和“震灾”、“意义”和“异义”、“不对”和“部队”等；（4）注意几种标点符号的用法，如引号、括号、顿号、破折号等，处理好书面语和广播稿表达的不同；（5）篇幅不宜过长。

知识链接

广播的种类

广播和报纸有很多相同的地方，报刊上经常采用的新闻体裁也大量地运用于广播。一般来说，广播新闻的种类有：录音讲话（包括录音座谈会）、录音报道（包括文字解说、音响和配乐、人物谈话）、录音新闻、口头报道、录音通讯、录音特写、录音访问、配乐广播、广播对话、广播评论、广播大会、重大集会的实况广播、重要文艺、体育表演活动的实况转播。

思考练习

一、什么是广播稿？写广播稿要注意哪些问题？

二、下面的句子不适合用作广播稿，请修改。

1．不对大吵大闹恶劣习气予以狠狠惩治就不利于作风建设。

2．提出了一院（非遗学院）、一场（高端非遗产品市场）、一区（非遗保税区）的发展蓝图。

3．老张，请发表看法，切莫冗长！

4．我们驱车而行，于拂晓前抵达。

5．全国唯一的徽雕艺术学校——××职业学校，于2014年3月7日隆重举办第六届雕刻技能大赛。

三、把下例一段广播稿改成适合广播稿的语句。

自从我省西部发生强烈地震以来，本市各界对震灾以后的人民生活十分关心，积极开展赈灾活动，捐款累计已逾100万元之巨。我厂原来已经捐款（包括捐赠衣服物品折款）8万元，昨天又捐款2万元。这些钱物已经送到了灾区。

※第三节　演　讲　稿

示　例

【例文一】

今天你还“不好意思”吗?

同学们:

你们好！提到“不好意思”四字，我们再熟悉不过了。因为在很多场合，它都是左右你的“指挥棒”。

直入式开头，开门见山，直奔演讲目的，揭示演讲的中心。

在学校里，因为你“不好意思”找老师谈心，常被老师误解，故而，“性格比较内向”成了你操行评语上的“常客”。说重一点，这实际上是对“窝囊废”的婉转叫法；在同学间，因为你“不好意思”参与集体文娱活动，你错过了太多的友情，朋友越来越少，俨然成为标准的“多余人”或者说是“剩人”；在家庭中，因为你“不好意思”与父母交流，父母总把你当成不懂事的小孩，每天，你还在被窝里，就能听到父母的斥责和叹息；在亲朋邻里面前，因为你“不好意思”问候，大家当面说你“不爱说话”，背后却会说你“无礼”“没家教”……

由此可见，“不好意思”是多么的可怕，它会让你的身心处于“亚健康”状态。

有这样一个真实案例，也许会给大家带来一些有益的启发。小时候，他是一个非常内向的孩子：他不敢见陌生人，不敢接电话，不敢去看电影，甚至做理疗时仪器漏电灼伤了脸也不敢出声。父亲常常骂他“窝囊废”“没有志气”。因为不好意思与人交流，他的朋友也不多。他一直认为自己是一个“破小孩”，一个“卑微的生物”。

他很勉强地考上了大学。大二上学期即将结束时，他13门功课不及格。这时，他告诉自己必须从灰色的生活中突围出来！他选择将英语作为突破口。很偶然的一次，他发现大声读英语会让注意力很集中。于是，他天天跑到校园的空旷地大喊英语。这样坚持了4个月，他不仅顺利通过英语四级考试，还实现了从不及格到全校第二名的大跨越。他是谁？也许大家都猜到了。他就是人生激励大师、疯狂英语创始人——李阳老师。

从李阳老师的身上，大家看到了什么呢？看到了：性格可以改变！而且只有选择改变，才能掌控命运。这个改变，说白了，就是由“不好意思” 到“好意思”的角色转换。

意识有了，接下来，只需持之以恒的勇气了。第一次谈心、第一次握手、第一次表演、第一次讲故事……不妨给自己制定一个个“行动”日程。在这个过程中，也许，“不好意思先生”还要来纠缠骚扰，但只要你坚持不懈地做下去，你定会发现，突破魔咒，其实也很简单。

同学们，“不好意思”只会引你走进死胡同，“好意思”才能为你打开世界大门！同学们，行动起来吧！驱除“不好意思”，早日实现身心由“亚健康”向“健康”的挺进。

谢谢！

——《演讲与口才》总第528期

结尾用了祈使句和拟人、比喻的修辞手法，突出了演讲的鼓动性。具有较强的感染力。

【简析】这是一篇中学生的课前三分钟演讲稿。标题以设问的方式吸引听众的注意力，起到出奇制胜的效果。正文开头从平凡的细节入手，而后列举身边琐事，说明“不好意思”的“可怕”，再列举一个成功的案例，论证由“不好意思” 到“好意思”角色转换的可能性，最后鼓励听众只要坚持不懈地努力，就会驱除“不好意思”，早日实现身心的“健康”。主体部分的正反论证层层递进、逻辑严密。结尾作为全文的高潮，发出号召，提出希望，最后一次打动听众，给听众留下极其深刻的印象。

【例文二】

那些人那些事

标题简洁。

记得我的小学时代，都是伴随着学习各种各样的英雄模范人物度过的。其中，“学雷锋”是我们这些学习活动中最经常和最持久的。每个学期，甚至是随时随地，老师都会一再重申向雷锋叔叔学习的重要性。

直入式开头，开门见山，直奔演讲目的，揭示演讲的中心。

所谓“学雷锋”，其核心内容就是“做好事”。记忆中的孩提时光，我们总会帮助附近的一些村民干一些力所能及的农活：春天拾菜，夏天放牛，秋天割草，冬天积肥……那是多么单纯与美好的年代啊！

五年前，我独自一人去北京看奥运。火车上，我的身边坐着一个二十多岁的姐姐，她去北京是做志愿者面试，她的梦想是为奥运奉献自己的一份力量。但后来，她告诉我，她面试落选了。她还告诉我说，她来自于农村的一个单亲家庭，是靠国家补助金读大学的，她在大学里面就经常做各种公益事业，她最大的愿望就是将来做个社会工作者。这个姐姐姓王，是中国科技大学的学生。直到现在，她还在继续着她的公益之路。

通过一个个亲切感人的小故事，以感人的情节来吸引听众。

七年前，我在电视里面认识了卢安克。1996年底，卢安克来到了留学中国时曾居住过的地方——广西壮族自治区阳朔县高田乡北沟村，在那里，他一住就是半年，活脱脱成了一个“农村青年”。只要村里人喊一声，爱干农活的他马上就跑去帮忙，犁田、割稻、打谷子……什么都干。每一次干完活，他都会中暑或发高烧，但他还是愉快地、无偿地帮村民们干着农活。卢安克决心在中国农村宣传和推广华尔普教育。他从熟悉的阳朔做起，之后的几年间，他在南宁、马山、北京等地来回奔波。卢安克有一首孩子们特别喜欢的歌，歌的内容是“我真不想说服你，不想打掉你自己的心啊，更不想把你的心带走，所以，我只好把我的心都交给你。让我的生活属于你，还有我们一起做的事情，只属于你”。旋律朗朗上口，歌词简单而有内涵。这样的歌曲，让我每每听到都非常震撼。卢安克，一个德国人，以一己之力，做着中国教育最需要但却没有人做的事。他在华支教十年，成为感动中国 2006 年候选人。

我还认识一名老共产党员，村里的红白喜事都会请他去当总管，谁家有解决不了的困难，或者纠纷，甚至是邻里间的小吵小闹，都会找他去帮忙或者调解。这个人十八岁时就当上了大队的出纳，后来又被选举为乡村干部。他说他的梦想就是竭尽全力为农民做一点事。这个姓李的普普通通的乡村主任，是我的外公。

每个人都是国家的一分子，一个国家只有拥有许许多多能够全心全意为他人着想的人，能够不计个人利益敢于为他人付出的人，能够像雷锋那样舍己为人不图回报的人……我们才可以说因为祖国而骄傲，才有信心让明天更美好。

通往人心的道路是最艰难的。但是，当我们每一个人将心灵的细节展现出来的时候，你就会发现，原来每个人都深深地嵌在这个世界里，你不帮助他，他可能就会孤立无援。弘扬雷锋精神，就是要把这些东西渗透下去，让雷锋精神在新的历史时期生长出新的叶子。

以前我总认为，这是一个像流沙一样的世界。但在 18 岁的那一天，我却在一本书的扉页上写下：现在是该蹲下来观察地面上沙粒的时候了，观察它们的湿度、结构、流向，还要探究它们这样流向的原因。值得庆幸的是，在迈入成年的门槛时，我从自我的世界里走了出来，我开始关心他人，关心社会，开始将自己与这个世界紧紧联系在一起：我要为这个世界点亮爱的灯火。

“如果你是一滴水，你是否滋润了一寸土地？如果你是一缕阳光，你是否照亮了一片黑暗？”这个问题诠释了雷锋精神的精髓之所在，那就是——爱在身边，爱在细微之处。

抒情式结尾用极其精练的语言，对演讲的内容进行概括式总结，使听众对整个演讲有清晰明确的印象。

【简析】这是一篇 T 城某中学高二学生的演讲稿。标题点明演讲的主题，正文的开头部分开门见山，巧妙地提出主旨，吸引听众的注意力，起到出奇制胜的效果。主体部分的论证层层递进、逻辑严密，有条不紊。结尾作为全文的高潮，发出号召，提出希望，最后一次打动听众，给听众留下极其深刻的印象。全文立意深刻，构思巧妙，手法多样，语言精美，富有哲理，自始至终洋溢着一种浓郁的青春气息，给人一种昂扬向上的蓬勃感。

相关知识

演讲稿又叫演说词，是在公众场所发表讲话的书面文稿。演讲稿经常使用各种修辞手法和艺术手法，带有宣传性和鼓动性，具有较强的感染力。

演讲是一门语言艺术，它的主要形式是“讲”，即运用有声语言并追求言辞的表现力和声音的感染力；同时还要辅之以“演”，即运用面部表情、手势动作、身体姿态乃至一切可以理解的态势语言，使讲话“艺术化”，从而产生一种特殊的艺术魅力。精彩的演讲，除了要注重平日里的锻炼和学习之外，还要掌握一定的演讲技巧。

演讲稿没有严格的格式，一般分为标题和正文两部分。正文结构分开头、主体、结尾三个部分，其结构原则与一般文章的结构原则大致一样。

写演讲稿，一是要了解对象，二是要观点鲜明，三是要有行文变化。

知识链接

演讲和表演、作文、讲话的区别

演讲和表演、作文有很大的区别。表演是通过人的演唱、演奏或人体动作、表情来塑造形象、传达情绪和情感从而表现生活的艺术。演讲又称演说、讲演，是演讲者就人们普遍关注的某种有意义的事物或问题，通过口头语言面对一定场合的听众，直接发表意见的一种社会活动。

与作文相比，作文是作者通过文章向读者单方面地输出信息，演讲则是演讲者在现场与听众双向交流信息。严格地讲，演讲是演讲者与听众、听众与听众的三角信息交流，演讲者不能以传达自己的思想和情感、情绪为满足，他必须能控制住自己与听众、听众与听众情绪的应和与交流。所以，为演讲准备的稿子应具有以下特点，即：针对性、可讲性、鼓动性、整体性、口语性、临场性。

演讲稿属于讲话稿，但讲话稿不等于演讲稿。首先，演讲稿更加注重选材立意，力求引起最大共鸣。其次，在表达手段上有较多的议论、抒情，具有较强的感召力。再次，在语言的运用上，除了注意口语表达的特点外，如多用短句、少用长句、语言节奏感强，还适当运用幽默、双关、反语等修辞手法，牢牢吸引听众的注意力，为顺利实现演讲目的做好准备。

思考练习

一、什么是演讲稿？说说它和讲话稿的区别。

二、找一篇你最喜爱的演讲稿介绍给同学们，大家一起分析它的写作方式。

三、试着以《我的职业我设计》为题写一篇演讲稿。

第四节 解 说 词

示 例

【例文一】

观星亭

武侯祠前现矗立的就是结构精美的观星亭。你看它六角十二柱，双层飞檐翘角，古色古香。传说刘备在白帝城托孤的时候，诸葛亮曾在这里夜观“星象”，“观星亭”因而得名。诸葛亮确实是两到白帝城，一次是随刘备入川，一次是刘备托孤。但诸葛亮究竟在这里观过星象没有呢？我看谁也说不清楚。

正文开头第一句话点出主题，抓住听众，引起兴趣。

这里我想向大家介绍的是观星亭石桌底座石上刻的八首诗。这八首诗就是唐代大诗人杜甫于公元 776 年秋在我们白帝城所写的著名诗篇《秋兴八首》。他以身居夔州，北望长安为主题，第一首写长江的秋景和思归的愁闷；第二首写长江的晚景和自己向往长安的心情；第三首写自身遭遇的感慨；第四首是叹息长安的时局；第五首向往长安的官阙；第六首向往长安曲江；第七首向往长安昆明地；第八首向往长安美陂等地。杜诗注意比兴，借景生情，托物寓意，讲究平仄，极尽变化之能事。

主体先介绍观星亭的结构和名称的由来，然后重点介绍观星亭石桌底座石上刻的八首诗，结尾写坐亭吟诗的感受。

我们游览白帝城，坐在诸葛亮夜观星象的观星亭中，品味杜甫的《秋兴八首》，吟咏那“无边落木萧萧下，不尽长江滚滚来”的诗句，真是别有一番情趣……

【简析】这是《白帝城解说词》中“观星亭”景点的导游词，直接以解说对象为标题。诗与亭互相映衬，使游人在了解观星亭结构精美、历史悠久的同时，又可以品味杜甫的名作，感受诗人当年的情致，清音袅袅，余味无穷。

【例文二】

林俊德：纵死终令汗竹香

标题对人物一生进行了高度提炼。

主持人：我们看到奖杯在我们面前竖立，我们也看到屏幕上的马兰花。马兰的生命力很强，它在戈壁上默默地开放。马兰伴随着林俊德院士几十年。当林院士意识到自己生命走到了最后一刻，他做出了最后的选择，他看中的，他珍惜的，都浓缩在那分分秒秒里。

（林俊德生前视频画面）

旁白：画面上，这位戴着氧气面罩工作的老人叫林俊德。这是在他临终前最后一天，记者在医院病房里记录下来的画面。

林俊德，中国工程院院士，长期从事核试验爆炸力学与试验工程研究。上世纪五十年代末，为了打破西方核大国的核讹诈、核垄断，党中央做出发展核武器的战略决策。那时，刚刚大学毕业的林俊德便决心扎根大漠，投身核试验。

（林俊德生前视频画面）

1964 年，年仅 26 岁的林俊德带领着一群和自己同样年轻的科技人员，研制出了核爆炸冲出波压力自计仪。那时，林俊德小组研制的压力自计仪记录的波形和计算的数据，证明了此次核爆的成功。为我国首次核试验提供了重要数据，并得到了周总理的充分肯定。

（林俊德生前视频画面）

从我国第一颗原子弹爆炸到 1996 年最后一次核试验成功，林俊德参与了我国全部 45 次核试验。在我国停止核试验后，林俊德带领他的团队将工作重心转向重大国防科研尖端课题的研究，并创造出了一大批科研成果。

2012 年 5 月 4 日，林俊德在北京 301 医院被确诊为“胆管癌晚期”。为了在所剩不多的时间里，保证工作状态，他谢绝了医院提出的化疗建议。（林俊德妻子讲话视频）

为了便于工作，5 月 23 日，林院士要求转入西安唐都医院。（医生叙述病情视频）可入院的第二天，不顾医务人员的强烈劝阻，林俊德要求把工作用的笔记本电脑从办公室拿到了病房。5 月 26 日上午，林院士的病情突然恶化，被送进重症监护室。醒来后，他对医生说：“我是搞核试验的，一不怕苦，二不怕死，现在最需要的是时间。在这里，我无法工作。请把我转回普通病房。”

住院期间“转回普通病房”和“最后的冲锋”两个细节，让观众从听觉上得到形象的描述和解释，从而受到感染和教育。

转回普通病房的他，更加急于把自己的学术思想和技术思路留给后人，与死神展开了争分夺秒的赛跑。（部队同事回忆视频画面）

5 月 29 日，林院士出现大面积肠梗阻，医生建议动手术，而这次，林俊德又拒绝了医生的建议。（护士长讲话视频画面）

5 月 30 日，他的病情再一次恶化。医生说，如果再不进行解除肠梗阻的手术，很难熬过明天。但是，他还是坚持选择工作，放弃手术。（医生回忆他拒绝的原因以及他本人坚持工作、护士感动的视频画面）此后，他先后 9 次要求起床工作。医护人员含泪满足了他的愿望。

5 月 31 日中午 11 点，在连续工作了 5 个小时后，林院士实在撑不住了，终于答应可以休息一下了。晚上 20 点 15 分，林俊德在老伴的呼唤声中安然入睡，再也没有醒来。临终前，林俊德叮嘱大家，他要葬在核试验基地，葬在戈壁荒漠之中，因为，他是一个战士，他的一生都在那里做着同样一件事，他以此为荣并为此竭尽全力。

面对林俊德，感动中国推选委员胡占凡说：把能够拥有的时光都献给了工作岗位，最后还在向目标冲锋。这是一位真正用信念撑起生命尊严的军人。

推选委员张瑞敏这样评价他：以智殉国，铸就成中华民族的铜墙铁壁；致死攻坚，绽放成死亡之海的倔强马兰。

下面我宣读感动中国组委会给予林俊德的“颁奖辞”：大漠，烽烟，马兰。平沙莽莽黄入天，英雄埋名五十年。剑河风急云片阔，将军金甲夜不脱。战士自有战士的告别，你永远不会倒下！

感动中国，2012 年人物——林俊德。

——资料来源：根据央视网“感动中国”视频整理

注：汗竹，借指史籍、书册。

【简析】这是 2012 年度《感动中国》人物评选中对当选人林俊德的解说词。这是配合视频画面介绍人物的解说词，简洁凝练，极具感染力。本文以解说对象名称做标题，正文先简介其身份、经历、所做出的贡献，然后详细叙述他的感人之处，最后在颁奖辞中归纳出人物的不同凡响之处和社会对他的评价。

【例文三】

徽州古城·牌坊群旅游区

徽州古城·牌坊群文化旅游区位于安徽省黄山市歙县，包含徽州古城和牌坊群两大景区，她北倚黄山，南连千岛湖，以襟淮北而挟江南之形孕育了徽文化的钟灵毓秀，尽现“钟皖风以跃赣豫”的人文气象，成为国家著名的旅游景区。

开头开门见山，点明解说的对象，吸引游客的注意力。

徽州府衙，素有“徽州故宫”之称，明代弘治年间形制，中轴线式布局，南谯楼、仪门、正堂院落、后堂院落和廨舍院落五大组群，错落有致，大气磅礴，为江南官署之最；重檐歇山顶的东谯楼，又名阳和门，地处府衙大门东侧，中和街从下方门阙穿过，展开一幅通往古城的历史长卷。

主体部分以游人行踪为线索，以两大景区为空间顺序，娓娓道来。

许国石坊，被誉为东方的凯旋门，八脚矗立，独一无二的雄姿成为举世瞩目的“国宝”。

保存完整的打箍井街、十字街、大北街、斗山街等古街道，如古城脉络一般，串联了曹氏故居、汪氏家宅、杨家大院、许家厅、潘家大院、岳飞饮马槽、千年“蛤蟆”古井、罕见的木盾牌坊“叶氏贞节坊”等徽州历史文化的精粹，沉积了千百层历史尘埃。

漫步其中，青青的石板路、陈旧的木板门、斑驳的墙面、精致的雕刻，徐徐散发着文化意境的馨香。

棠樾牌坊群为中国最大的牌坊群落，七坊成串，蔚为壮观，忠孝节义，天下无双。

鲍灿孝行坊，因孙得荣，孝感动天；慈孝里坊，钦批御制，两朝加封；汪氏节孝坊，短短二十字，诉尽守节二十载，可谓一生一牌坊，一字一春秋；乐善好施坊，义字当先，青史寥寥；吴氏节孝坊，彰表续室脉存一线，节尽三冬；逢昌孝子坊，人钦真孝，历经一个世纪，方可天鉴精诚；鲍象贤尚书坊，官联台斗，命涣丝纶。

一个家族，七座牌坊，成就了“忠、孝、节、义、节、孝、忠”的完美空间排列，见证了鲍氏一族四百余年的荣光。

皇族有太庙，百姓有祠堂。祠堂是一个家族的精神核心和权威殿堂。鲍家男祠，又名敦本堂，三进五开间，规模宏大，古色古香；鲍家女祠，名曰清懿堂，为现在唯一的女祠，雕饰不俗，精致大方。走在青石铺就的古官道上，凝望庄严矗立的牌坊，触摸载满族规的祠堂，巍巍之间展现的是建筑的壮观，叹息的是光阴的变迁。

古风今犹在，新景更迷人；盆景之绝唱，园林之离骚。

中国最大的私家园林鲍家花园，集山水石林、青砖小径、风雨长廊、亭台楼阁、徽派盆景、四季花木于一体，她兼容并蓄，收苏派、川派、湘派盆景造型精华于一园，被誉为“东方园林之母”，盆景爱好者之“麦加”。

巨型盆景“徽州人家”浓缩了一幅惟妙惟肖的古徽州山水人文图；国内最大的盆景“江山如此多娇”步移景异，移步换景；中国徽派盆景博览园内，“十全十美”宛若天开，“群峰竞秀”内蕴泰山之雄、庐山之秀、华山之险；精品长廊上，“万众一心”形如人字，根网如屏，“南国风情”盘根错节，生机无限，寓意国泰民安。

——《度假旅游》2013.7/8

【简析】这是安徽省黄山市著名的旅游景点——徽州古城·牌坊群旅游区的解说词。文字工整，笔法流畅。该解说词围绕“徽州”这一主题，在文化旅游上做文章，从核心区域徽州府衙说起，到石坊建筑史上占有突出地位的许国石坊，再到集古民居、古街、古雕、古井、古牌坊于一体的江南第一街——斗山街等精粹；从中国最大的牌坊群落——棠樾牌坊群，深入到历史隧道的尽头，探寻古老徽州文化的精神核心——鲍家祠堂和鲍家花园，以游客的身份移步换景，时空转换有序，文字表达有详有略，一路欣赏，娓娓道来。

相关知识

解说词是对事物、人物、事件等进行解释说明的一种文体。它通过语言的表达，使人们对其所表述的内容有所认识、了解和感受，收到宣传的效果。

解说词是适应视听结合需要的一种文体，有补充视觉和听觉的作用。它一般分为两类：

一是视觉补充类，如产品展览、文物陈列、书画展览、标本说明、园林介绍、影剧解说、人物介绍等解说词；另一类是听觉补充类，如电视解说词、录音剪辑等解说词。不论哪一类，其结构都包括两部分，即标题和正文。

写作时要注意：（1）仔细观察，深刻研究，准确把握被解说对象；（2）针对性要强；（3）语言通俗易懂、简洁明快、形象生动，富于艺术性和感染力；（4）形式多样，方法灵活。

思考练习

一、什么是解说词？它包括哪几类？

二、请写一篇你熟悉的一个旅游景点解说词。

第五节 策划书

示 例

【例文一】

让梦想照进现实

——我的职业生涯规划

主标题揭示主题，副标题点明策划名称。

"太阳下山明早依旧爬上来，花儿谢了明年还是一样的开。美丽小鸟飞去无影踪，我的青春小鸟一样不回来"。《青春舞曲》的歌声时时在耳边响起，常常刺痛我的心，让我后悔初中三年的漫无目标，茫茫无为。"志不立，天下无可成之事"，古今中外，那些事业有成者，都是具有远大志向的人。进入职高后，痛定思痛，我意识到再也不能脚踩西瓜皮虚度人生了。我的志向和梦想就是成为知名的动漫设计师。

要使职业生涯规划具有可行性和有效性，必须将理想和现实及本人实际相结合，合理地审视评估自己，酌情衡量调查外部环境的优劣限制，在此基础上制订出本人的职业生涯规划。

一、自我认知

1. 个人性格

我的性格呈现多面性，明朗中有忧郁，活泼中有安静，甚至还有些孤傲，总体偏外向。与人交际的能力较强，因而在班级中是个受欢迎的人。我的自我约束较少，喜欢自己做主，不愿他人插手。

2. 职业兴趣

从测评分析报告得出，我本人觉得对抽象的、分析的、灵活的、定向性的职业较感兴趣，对领导性、社会性、创造性的工作比较有兴趣，其他方面的职业兴趣就一般而已。我理想的职业是动漫设计师，是我比较喜欢的。

3. 职业能力

我的语言及文字处理能力不错，空间认知感觉较强，在与人协调交往时善于察言观色，但自我意识较强。在一年多的学习中，我对动漫设计专业了解了不少，绘画设计、网页制作、动画设计、图像处理课程等专业课的学习，为我的设计制作实践能力打下坚实基础，我相信经过未来努力学习，专业技能将会有大幅度提高。

4. 职业价值观

处在现在的状况中，我认为立足实际和自己的喜好选择自己的职业，尽最大可能发挥自己的能力，即使再苦再累工资少点我也认为是值得的。

5. 胜任能力

优势：头脑灵活，善交际，有团队精神，个人独立完成处理事物能力较强，专业知识技能基础扎实，兴趣广泛。

劣势：做事容易冲动，感情用事，不喜欢按传统的公式化的方式去处理，毅力有些不足，有时会半途而废，一意孤行。

二、职业认知

虽然进入职校才一年，但通过家人介绍和媒体、网络及人才市场资料的了解后，结合自己的兴趣爱好和能力，对影响自己职业的因素和情况做了如下分析：

1. 家庭环境分析

家庭经济状况一般。父母下岗后一直打工，收入不稳定，他们很珍惜工作，工作也勤勤恳恳，寄希望我长大后有出息，在对我的管理上给予了我很大的空间和自由度，我不喜欢不愿意的事基本不会强加于我。正是他们这样的爱，让我痛心我初中时期所荒废的大好光阴，也成为我今天重新出发完成梦想的巨大动力。

2. 学校环境分析

我所就读的芜湖市职教中心，是老牌的国家级重点职校。计算机专业是学校的传统优势专业，师资力量雄厚，设备先进，老师要求严格，学校近年来以培养学生专业技能和动手能力为目标，并将2011年定为“实训教学质量年”，开展了许多竞赛促进学生能力的提高。在实践方面，坚持校企联合、校企合办的办学思路和模式，让学生贴近市场，了解社会。不仅如此，学校的校园文化繁荣，有着众多的社团，为学生各方面能力的培养提供了平台。借助学校的优势力量，我加入学校的CAT图文社，并进入校团委，让我有机会锻炼自己，提高自己的能力和素质。

3. 社会环境分析

当前经济形势严峻，就业压力大，毕业就失业的情况众多，面对此状况，唯一的出路，只能是增加内功，多修炼自己，降低对社会的要求，方可在社会上有发挥能力实现梦想的机会。

4. 职业环境分析

（1）动漫产业在国内还属于一个新兴产业，市场前景广阔。举例来说，美国单单就是迪斯尼一只米老鼠本身的商业价值就超过 600 亿美金。芜湖市在 2007 年 11 月被国家新闻出版总署授予“国家动漫产业发展基地”称号。2008 年，安徽省设立“合芜蚌自主创新综合配套改革试验区”，芜湖市成为试验区重要城市，以动漫产业为代表的芜湖文化创意产业成为芜湖三大支柱产业之一。政府招商引资，加大投入。动漫产业是一个朝阳产业，新兴产业。我能投入其中，觉得有很大的空间和机会成就我的梦想。

（2）职业分析：

动漫设计师是个富有创意的职业，工作环境良好。作为动漫设计师，对专业技能、创意水平、文化底蕴、综合素质要求很高，有较大的发展空间，但这都需要参与者必须有过硬的功底。

三、职业定位

根据下表对自我及职业的各种情况因素分析，我得出我的职业定位。

	优势因素	劣势因素
内部因素	头脑灵活，善交际，有团队精神，期待值低，工作勤恳、负责，个人独立完成处理事物能力较强，专业知识技能基础扎实。	自我意识强，毅力差，冲动，感情用事。
	机会因素	威胁因素
外部因素	芜湖处于长三角经济开发带，经济繁荣，动漫产业成为政府大力扶持的新兴产业，就业机会多。	自身条件不足，经济形势严峻，就业压力大。

“职业定位”和“实施步骤”部分，作为策划的主体部分，适当加入了表格，便于统筹。

得出结论：

职业目标：经过各方面情况的综合分析，我将动漫设计师这个职业作为我终身为之努力奋斗的职业，不管前路有多艰难曲折，我将无怨无悔。

四、阶段目标

在为实现梦想的漫长奋斗过程中，将目标分解而分阶段规划，是为了更快更好地实现自己的最终目标。现将我的目标阶段性地进行划分，争取逐步完成。

1. 第一阶段（16—22 岁）近期目标

（1）成绩优秀；

（2）积极参加学校各项活动，培养和锻炼自己各方面能力；

（3）参加对口升学，以优异的成绩考入理想的大学，继续深造；

（4）以优异成绩大学毕业。

2. 第二阶段（23—30岁）中期目标

（1）在岗实践，虚心请教，积累经验；

（2）成为一个具有较高职业道德及职业能力的专业型人才。

3. 第三阶段（31—40岁）长期目标

（1）成为三维动漫高级设计师，发展成为职场精英，供职于知名企业；

（2）培养领导能力，组建领导创作团队，创作出精品。

五、实施步骤

第一阶段	1. 在职校学习期间，扎扎实实学好专业课，上课认真听讲，多实践操作，多复习巩固，并在此期间取得计算机操作员和广告设计师中级资格证书，抓紧时间复习，参加对口升学考试，以优异成绩考上安徽科技学院本科。 2. 在安徽科技学院学习动漫设计期间，充分利用大学有限时间，在动画设计理论基础上掌握漫画设计的原则及表现技巧，了解影视及媒体领域发展方向，使自己具有较高的审美素养、较强的视觉感受和视觉表现力，以及较强的专业设计和创造能力。熟练运用计算机进行专业的辅助设计和创作，所有能力素质的培养和提高需要热情和汗水的浇灌，我一定要战胜自己毅力不足的弱点，持之以恒，才可能到达梦想的彼岸。
第二阶段	1. 进入动漫设计制作公司实习工作，从最基本做起，虚心学习和请教，多参加实践制作，不断积累知识、技能和经验，取得中级动漫设计师资格证书。 2. 每一部动漫作品都往往是团队合作的产物，学会合作，真正做到爱岗敬业。 在此阶段我将渐渐从一个青涩的毕业生变成一个日趋成熟的职场专业人士。
第三阶段	1. 经过一段时间的积累，进入国内知名的公司工作，不断吸取新的知识和技能，取得高级动漫设计师资格证书。 2. 钻研企管及领导类书籍，借鉴他人经验，培养领导能力，领导团队合作，创作出受市场欢迎的作品。

六、管理评估调整

再好再美的职业规划，也不能纸上谈兵，成为一纸空文。在现实中它会受外部和内部的影响和限制，往往会具有不可实施性，这就需要自己不断地进行管理和修正。只有这样，才能让职业生涯规划画出美丽蓝图。

（1）鲁迅说过，“单是说不行，要紧的是做”。做也是有方式方法的，既要踏踏实实落实规划，同时要强化自己的时间观念，协调自己与多方关系形成良好的环境氛围。另外还要尽量用意志力控制和矫正自己的行为，多管齐下，管理好自己的职业生涯规划蓝图，让自己的梦想早日实现。

（2）不要单纯地固守一份规划始终不变，职业生涯规划是一个动态的工程，当自身的条件、发展的机遇发生变化时，要学会变化、调整，以不变应万变，最终实现自己的梦想，实现自己的价值。

结束语：

漫长的职业生涯并不是一份“快餐”，它是一个兼具营养和艺术价值的美味佳肴，它需要一份清清楚楚的“菜谱”，这其中有梦想、现实、成功、失败等各种物料的互相搭配，重要的是它只能是用坚持、毅力、汗水才能烹制出职业生涯的美味佳肴。我相信我的人生会因为梦想奋斗而更加精彩！

——第八届文明风采大赛设计类全国二等奖获得者
安徽省芜湖高级职业技术学校 微机101班 滕雪（指导教师：肖力琼）

【简析】开头以《青春舞曲》作为鞭策自己的动力，既有韵律，又能突出青春特点。本策划书正文策划目的明确（“成为知名的动漫设计师”），“个人认知”和“职业认知”部分属于状况分析、机会和问题分析，“职业定位”部分明确阶段性目标，“实施步骤”是策略和手段，“管理评估调整”是效果预测，最后是“结束语”，全文结构相对完整，具有较强的可操作性。

【例文二】

中秋节酒店营销策划方案

酒店营销是一门研究饭店在激烈竞争和不断变化的市场环境中如何识别、分析、评价、选择和利用市场机会，如何开发适销对路的产品，探求饭店生产和销售的最佳形式和最合理途径的学问，目的就是以最少的劳动耗费取得最大的经济效益。一个老板的商业意识直接或者间接地决定着一个酒店的未来发展前途。

正文第一段先说明酒店营销的概念。

农历八月十五日，是我国传统的中秋节，也是我国仅次于春节的第二大传统节日。八月十五恰在秋季的中间，故谓之中秋节。我国古历法把处在秋季中间的八月，称谓“仲秋”，所以中秋节又叫“仲秋节”。中秋节将要来临，结合本酒店的实际情况和中

第二段在简单介绍中秋节的来历和重要性之后点明此次策划的原因、目的，接着就进行市场分析，在分析

国传统的民族方俗，为了更好地开展酒店销售服务工作，达到经济效益与社会效益双丰收，特制订此方案。

结果的基础上从定价、营销、推广、其他相关四个方面提出具体的策略。

一、目标市场分析

本酒店的顾客主要是中上层人士，其中也有不少是一般收入家庭，这要求酒店在提高档次的基础上必须兼顾所有消费者的需求。

二、定价策略

1. 饭菜基本上可以保持原来的定价，但要考虑和中秋节相关的一些饭菜的价格，可采用打折（建议使用这种办法）或者直接降低价格的办法。

2. 针对价格高的饭菜，建议采用减量和减价相结合的办法。

3. 中秋节套餐（下面有说明）的价格不要偏高，人均消费控制在20—30元（不含酒水）。

4. 其他的酒水价格和其他服务的价格可根据酒店的实际情况灵活变动，在中秋节的前后达到最低价（但要针对酒店的纯利润来制订）。

三、营销策略

1. 制作专门针对中秋节的套餐，可以根据实际的情况分实惠、中、高三等，有二人餐、三人餐等类型，主题要体现全家团圆，可赠送月饼（价格不需要太高）。

2. 如果一家人里有一个人的生日是8月15日，可凭借有效的证件（户口本和身份证），在酒店聚餐可享受5—6折（根据酒店的实际决定）的优惠。建议给他们推荐中秋节套餐。

3. 如果手机和固定电话号码尾号是815（××地区以内），可凭借有效的证件（户口本和身份证），在酒店聚餐可享受5—6折（根据酒店的实际决定）的优惠。建议给他们推荐中秋节套餐。最好是酒店直接联系一下这些人。

4. 由于本酒店暂时没有住宿服务，可和其他的以住宿为主的大型宾馆联合行动，相互介绍客户，这样可以增加客户群，减少一些相关的费用。对这部分客户可用专车接送，同时也建议给他们推荐中秋节套餐。

5. 在饭后赠送一些和中秋节相关的小礼物（上面要印上酒店的名称、电话、地址、网址）。

6. 活动的时间定于农历8月10日—20日。

四、推广策略

1. 在酒店的门口附近、火车站、汽车站放置户外广告（户外广告采用喷绘为主、条幅相结合的形式）。

2. 电视、街道横幅和报纸广告相结合。

3. 可以尝试一下手机短信广告，群发的重点是原来饭店的老顾客，注意要使用适当的语言，主要介绍酒店的最新活动。

4. 网站上做个弹出框广告或者比较大的 Flash 动画广告或者是 Banner（横幅）广告。网页动画和图片的处理必须要和营销的内容相符。

5. 也可采用传单广告，但传单的质量必须要高。

注意：以上的广告可同时选择几种，推广的重点在市区，也可向周边的县市推广。广告的受众最低要保证15万人。

五、其他相关的策略

保安必须要保证酒店的安全；对服务员和相关的工作人员采取一些指定的激励政策，调动他们工作的积极性（以后可以细化这个内容）；在大厅里放一些高品位的音乐；上菜的速度必须要快；大厅的布置不需要太豪华，但要美观大方，表现出中秋节的特点。

六、效果预测

如果推广和相关的服务到位，收入最少是平时收入的 1.5 倍以上。

最后是效果预测和其他建议。

七、其他建议

1. 在服务大厅配备电脑，随时保存一些重点顾客的资料。

2. 在取得顾客同意的条件下，把顾客的信息输入数据库（关键是顾客的名字和手机号码），为以后的推广服务（以后可以细化这个内容）。

3. 尽快做好酒店的网站，网站必须要由专业的人士制作，域名既要简单又要好记，网页的设计要体现出酒店的特色，颜色以暖色调为主，主页最好要一个大的 Flash 动画，还要有新闻发布系统、网上营销系统、顾客留言板、客户论坛、员工娱乐等方面的内容。通过网络营销（最大的优势是受众范围大，花费少）增强酒店的知名度。

【简析】这是一则×酒店针对中秋节来临而专门制作的营销策划方案。这份策划书分析仔细，表述详尽，创意新颖，可操作性强。

相关知识

策划书又称策划方案、策划案，是为了实现某个目标所列出的详细计划书。

策划书根据策划的内容，可分为很多种，如活动策划书、广告策划书、营销策划书等。不同的策划书，格式上有所区别，但一般来说，策划书包括标题、正文两个部分。

策划书没有固定不变的格式，它依不同的要求，在策划的内容与编制格式上会有变化。一般来说有以下格式：（1）封面（策划书的封面可提供以下信息：①策划书的名称，如“×

×活动策划书”；②被策划的客户；③策划机构或策划人的名称；④策划完成日期及本策划适用时间段)；(2）正文（包含策划目的、背景或状况分析、机会和问题分析、目标、策略、手段或步骤、经费预算、效果预测或方案调整、结束语等要素)。

写作注意事项：(1）调查研究，仔细分析；(2）突出重点，针对性强；(3）注重可操作性；(4）创意新颖，样式美观；(5）简洁朴实，适度包装；(6）语言精练，内容详尽。

思考练习

一、什么是策划书？它包括哪几部分？

二、请你拟写一份班级郊游活动的策划书。

第八章

公　文

学习目标

1. 了解公告、通告、通报、通知、报告、请示、批复、函、会议纪要、决定、意见、议案等12种公文的概念及使用范围。

2. 重点掌握通知、通报、通告、报告、请示、函等6种常用公文的行文关系及其写作要求与方法，能仿照本书中的例文进行拟写。

第一节 公告、通告

示 例

【例文一】

××市人民政府文件

××府〔2014〕×号

××市人民政府关于公布新建商品
住房价格控制目标的公告

为促进我市房地产市场平稳健康发展，根据国务院办公厅《关于继续做好房地产市场调控工作的通知》（国办发〔2013〕17号），今年我市将继续深入贯彻落实房地产市场调控的各项政策措施，进一步强化房地产市场监管工作，大力加强保障性安居工程建设，确保房价基本稳定，新建商品住房价格增幅低于本市城镇居民家庭人均可支配收入实际增幅。

特此公告。

××市人民政府（盖章）
2014年2月31日

请你指出标题中哪些文字是事项？

成文日期一般右空四字编排，其上居中编排发文机关署名。

【简析】公告的标题可以只写文种"公告"，也可以写发文机关和文种，还可以由发文机关、事项和文种构成。此标题为第三种格式。

【例文二】

××市环境保护局
××市公　安　局　文件

××环政〔2013〕×号

关于召开××市区高污染黄标车区域
限行听证会的通告

为控制汽车排气污染，保护和改善我市大气环境，根据《××市人民政府重大社会公共事项决策听证试行办法》，××市环保局、市公安局定于2013年6月8日联合组织召开高污染黄标车区域限行听证会。现将有关事宜通告如下：

一、听证内容

在我市市南区部分区域实施高污染黄标车限行进行听证。

联合行文时，使用主办机关的发文字号，位置在标题之下正中。

正文开头部分，主要用来表达发布通告的背景、根据、目的、意义。此文正文开头部分主要写了发布通告的目的、依据。

正文主体部分，采用分条列项的写法，条理分明，层次清晰。

二、听证代表组成及产生

本次听证会共设听证正式代表20名，其中：市民代表8名（无私家车和有私家车各4名）；专家学者、业界人士5名（环保、交通、汽车维修、医学、法律各1名）；公交行业、出租车行业、物流行业各1名；市人大代表、市政协委员各2名。另设市民旁听代表5名。市民代表采取公开征集、自愿报名、随机抽选的方式产生，其他代表由相关部门推荐产生。

三、市民正式代表及旁听代表报名条件

1. 年满18周岁，具有完全民事行为能力；

2. 持有本市户口或3个月以上临时居住证明；

3. 具备一定的文化素质、政策水平和较强的口头表达能力；

4. 拥有私家车的报名者，需提供本人驾驶证和车辆行驶证的电子版或复印件。

四、报名时间及地点

有意参加本次听证会的市民，请在××政务网（www.××.gov.cn）下载报名表，申请听证代表、旁听代表资格的，可将填好的报名表传真、邮寄或直接送至××市环保局机动车排气污染监控中心报名，也可以直接将填好的报名表发送至电子邮箱：××dxd2011@163.com，进行网上报名。

报名时间：2013年5月16日—20日下午5时

邮编及联系地址：××0××3，××市延安路83号107房间

联系电话：81××1169 联系人：李同志

传真：81××9930

特此通告。

××市环境保护局（盖章）　　××市公安局（盖章）

2013年5月12日

联合行文时，署最后签发机关负责人签发的日期。成文日期用阿拉伯数字将年、月、日标全，年份应标全称，月、日不编虚位（如5不编为05）。

联合行文时加盖印章的方法是，将各发文机关署名按照发文机关顺序整齐排列在相应位置，并将印章一一对应、端正、居中下压发文机关署名，最后一个印章端正、居中下压发文机关署名和成文日期，印章之间排列整齐、互不相交或相切。

【简析】通告有法规性通告和知照性通告两大类型。这是一份联合发布的知照性通告。一般情形下，通告要有正规的发文字号。发文字号由发文机关代字、年份、发文顺序号组成，如“×政告字〔2013〕2号”。年份、发文顺序号用阿拉伯数字标注；年份应标全称，用六角括号“〔〕”括入；发文顺序号不加“第”字，不编虚位（即1不编为01），在阿拉伯数字后加“号”字。

【例文三】

北京市公安局通告

2013 年第 5 号

本则通告的发文字号由年份和顺序号组成。

关于第九届中国（北京）国际园林博览会期间对部分道路采取交通管理措施的通告

第九届中国（北京）国际园林博览会（以下简称“园博会”）定于 2013 年 5 月 18 日至 11 月 18 日在北京市丰台区长辛店北部举行。为保证“园博会”期间道路交通安全畅通，根据《中华人民共和国道路交通安全法》的有关规定，决定自 5 月 18 日起至 11 月 18 日止，对丰台区园博园地区及周边道路分时、分段采取交通管理措施。现通告如下：

一、5 月 18 日至 11 月 18 日，每日 7 时至当日活动结束，园博大道由园博园南路口（不含）向北经园博大道、射击场路至射击场路中口（不含）双方向道路，除持有“园博会”组委会核发专用车证的车辆、公交专线车、公交接驳车辆外，禁止其他社会车辆通行。

二、5 月 18 日至 11 月 18 日，每日 8 时至 20 时，园博园南路由园博园桥（不含）至张郭庄路口（不含）、北宫路由北宫路北口（不含）至园博大道西口（不含）双方向道路，园博大道、长顺一路、长顺二路、园博西一路，禁止货运机动车、危化品运输车通行。

三、“园博会”期间，请观众尽量选择乘坐公共交通工具前往。观众可由北京南站、北京西站、地铁慈寿寺站、地铁西局站换乘公交专线车或乘地铁 14 号线前往园博园。公交专线车开通时间和线路，由公交部门另行发布。

四、“园博会”期间，通行京港澳高速公路、莲石路、梅市口路的过境车辆，可分别由下列道路绕行：

1. 城区前往门头沟地区的车辆，可由阜石路绕行。

2. 经京港澳高速公路杜家坎收费站出京的车辆，可由大广高速公路、西六环路绕行。

请社会单位及各界群众提前安排出行路线，并给予理解支持，自觉遵照执行。

特此通告。

北京市公安局（盖章）

2013 年 5 月 8 日

【简析】这是一份具有鲜明行业特点的法规性通告，带有一定的强制性。这份通告的标题分为两个部分，第一部分是发文机关加文种，即“北京市公安局通告”；第二部分是通告的具体事由，即“第九届中国（北京）国际园林博览会期间对部分道路采取交通管理措施”。书写格式正规、严谨，中间用分栏线隔开。此例文发文字号采用“第×号”的方式，格式上稍有变通，仍具有严肃性和正式性。

【例文四】

××市人民政府办公厅文件

×政告字〔2013〕2号

××市人民政府办公厅关于××市2013年度新建商品住房价格控制目标的通告

经市政府研究决定，我市2013年度新建商品住房（不含保障性住房）价格控制目标为：坚决贯彻落实《国务院办公厅关于继续做好房地产市场调控工作的通知》（国办发〔2013〕17号）精神，保持我市房价基本稳定，2013年新建商品住房价格增幅不高于我市城镇居民人均可支配收入的实际增幅。

特此通告。

××市人民政府办公厅（盖章）

2013年3月31日

【简析】这是一份政府部门发布的知照性通告。通告的结尾部分，写法比较简单，多采用“本通告自发布之日起实施”或“特此通告”“此布”等习惯用语，表现通告的庄严性。有时，也可以没有结束语。

相关知识

公告是国家权利机关、行政机关向国内外宣布重要事项或法定事项的公文。

通告是公布社会有关方面应当遵守或者周知的事项时在一定范围内公布使用的公文。

公告、通告的结构基本相同，一般都由标题、正文、发文机关和日期组成。

公告、通告的标题一般采用公文标题的常规写法，由“发文机关＋事由＋文种”组成，也可以省略发文机关，由“事由＋文种”组成标题。

通告和公告的区别相同点：（1）两者都是国家行政公文，体现公开性和法规性；（2）两者都是对外公布的重要事项，牵涉面广，影响面大，体现广泛性和知照性；（3）两者在行文语言上都要求用语规范，通俗易懂，体现语言的庄重性和简洁性；（4）公告、通告可以在新闻媒体上刊登，也可以用红头文件的形式下发，还可以公开张贴。

通告和公告的区别不同点：（1）内容属性不同：公告适用于向国内外宣布重要事项或者法定事项；通告适用于在一定范围内公布应当遵守或者周知的事项。（2）适用范围不同：公告的“公”是正式宣布或公开宣告的意思，大多由国家行政机关或受权机关发布，涉及的是国内外大事或者必须遵循的法定事项，体现严肃性；通告的“通”是通知、告知的意思，涉及的是一定范围内的有关人员或企事业单位或某项具体的活动，体现针对性。因此公告相对于通告而言，更具有权威性和约束力。

思考练习

一、判断题（正确的打“√”，错误的打“×”，并改正。）

1．公告的标题可以只写文种“公告”在新闻媒体上刊登。（　　）

2．通告正文开头部分，主要用来表达发布的背景、根据、目的、意义。（　　）

3．联合行文时，署签发机关负责人签发的日期。成文日期可以使用汉字数字。（　　）

4．通告有法规性通告和知照性通告两大类型。（　　）

5．公文发文字号由发文机关代字、年份、发文顺序号组成。（　　）

6．联合行文时，使用主送机关的发文字号，位置在标题之下正中。（　　）

7．发文字号可以采用“第×号”的方式，仍具有严肃性和正式性。（　　）

8．通告的结尾部分，多采用“本通告自发布之日起实施”或“特此通告”“此布”等习惯用语。（　　）

9．公告的发文机关可以是高级机关，也可以是基层单位。（　　）

10．通告多是限定在一个特定区域范围内，强调“在一定范围内公布”。（　　）

二、请判定，如果要发布“××省2014年上半年中小学教师资格考试面试”这一信息，应当适用什么文种？并说说理由。

三、下面的例题有错误，应当怎样修改？请修改。

搬迁公告

自2014年4月1日起，JH国际营销中心搬迁至TX区政府北门向东100米处。如有不便，敬请谅解。

JH热线：2593087
JH置业投资有限公司
二〇一四年三月二十日

第二节　通知、通报

示　例

【例文一】

××市语言文字工作委员会文件

×语〔2013〕8号

关于召开二类城市语言文字工作评估通识与业务培训会的通知

市评估办公室成员单位：

为顺利开展二类城市语言文字评估工作，经研究决定，召开二类城市语言文字工作评估通识与业务培训会。现将有关事项通

本标题由“公文事由（关于召开二类城市语言文字工作评估通识与业务培训会）+公文文种（通知）”组成。

发文字号由三部分组成：机关代字（×语）、年份（〔2013〕）、顺序号（8号）。

主送机关（市评估办公室成员）在标题下一行顶格

知如下:

一、会议时间：2013 年 10 月 8 日上午（8 点 30 分开始，会期半天）。

二、会议地点：××中学三楼视频会议室。

三、参会人员：市评估办公室成员单位有关人员。（见附件）

四、会议内容：二类城市语言文字工作评估通识和语言文字工作管理及工作方法等。

附件：市评估办公室成员单位有关人员一览表

市语言文字工作委员会（盖章）　　市二类城市语言文字工作评估领导小组（盖章）

2013 年 9 月 25 日

书写，后有冒号。

“附件说明”是公文附件的顺序号和名称。在正文下空一行左空二字编排“附件”二字，后标全角冒号和附件名称。

联合行文时加盖印章的方法在上一节学习过，可有印象？

【简析】这则通知属于下行文。由标题、发文字号、主送机关、正文、附件和落款组成，格式规范。标题和发文字号居中、大写。正文部分下发通知的缘由和具体要求简明扼要。正文之后“附件说明”和“附件”是有区别的，后面还将继续谈到。

【例文二】

国务院办公厅文件

国办发〔2007〕4 号

国务院办公厅关于转发农业部村民一事一议筹资筹劳管理办法的通知

各省、自治区、直辖市人民政府，国务院各部委、各直属机构:

农业部会同有关部门和单位制定的《村民一事一议筹资筹劳管理办法》已经国务院同意，现转发给你们，请认真贯彻执行。

附：《村民一事一议筹资筹劳管理办法》

2007 年 1 月 16 日（盖章）

附：《村民一事一议筹资筹劳管理办法》（原文略)

标题完整，由三部分组成：发文机关+公文事由+公文文种。本则通知标题过长，可以分两行居中书写。注意：不要把一个词语分开。

转发性通知一定要有附件。

【简析】这是一则批转和转发文件的通知，所转发的文件内容要出现在标题中，但不一定使用书名号。注意两点：（1）比较主送机关名称中使用逗号与使用顿号的不同；（2）《党政机关公文格式》（GB/T 9704—2012）增加了发文机关署名和页码两个公文格式要素。此之前，单一机关制发的公文，在落款处可以不署发文机关名称，只标识成文日期。成文日期是会议通过或者发文机关负责人签发的日期，一般右空四字编排，印章用红色，不得出现空白印章。

【例文三】

××市教育局文件

H教电〔2014〕4号

关于举办全市中小学教师教育信息技术培训班的通知

各区县教育局，市直各学校：

为全面提升我市中小学教师利用教育信息技术进行教育教学的能力，根据《AH省教育厅关于做好教师教育技术能力培训的通知》（W教秘〔2013〕109号文件），经研究，决定自2014年4月20日起开展HS市中小学教师教育信息技术培训工作。现将有关事项通知以下：

1. 请各区县教育局和市直各学校通知本地本单位参加第一、二期培训班的学员（附件1、2）分别于4月20日（星期日）和5月4日（星期日）15:00前到××教师进修学校学员公寓楼报到，16:00举办全市中小学教师教育信息技术培训班开班仪式（以后各期培训学员均于星期日下午15:00前到××教师进修学校学员公寓楼报到，星期一至星期五参加培训考核，星期五下午15:00返程）。

2. 培训期间学员食宿免费，洗漱用品、茶叶等个人用品自备。

3. 请各区县教育局和市直各学校根据《HS市中小学教师教育信息技术培训班分期安排表》（附件3），于4月20日和5月20日前分别将第3期至第20期、第21期至第76期培训报名表(附件4)以Excel电子表格形式发送至市电教馆（邮箱：zrf12241224@163.com）。第77期之后的培训报名表待2015年通知后再报。

附件：

1. HS市中小学教师教育信息技术培训班人员安排表（第1期）
2. HS市中小学教师教育信息技术培训班人员安排表（第2期）
3. HS市中小学教师教育信息技术培训班分期安排表
4. HS市中小学教师教育信息技术培训人员报名表

HS市教育局（盖章）
2014年4月3日

抄送：省教育厅，市电教馆、××教师进修学校、各有关学校
（附件略）

第一自然段说明发通知的原因之后，用“现就有关事项通知如下”作为过渡语自然过渡到正文主体部分。

单一机关行文时，一般在成文日期之上、以成文日期为准居中编排发文机关署名，印章端正、居中下压发文机关署名和成文日期，使发文机关署名和成文日期居印章中心偏下位置，印章顶端应当上距正文（或附件说明）一行之内。

【简析】本则通知属于部署性通知，是向所属下级机关布置工作的下行文。正文有下发此通知的缘由和指导思想，有通知的具体事项及要求。该文件有四个附件，“附件说明”部

分使用阿拉伯数码标识附件序号，附件名称后不加标点符号。“附件”是正文的说明、补充或者参考资料，应当另面编排，并在版记之前，与公文正文一起装订。附件顺序号和附件标题应当与“附件说明”的表述一致。

【例文四】

××市人民政府文件

×府〔2014〕3号

××市人民政府关于表彰市统计局的通报

各县（区）人民政府，市政府各部门、各直属机构：

2013年，市统计局紧紧围绕市委、市政府中心工作，坚持以提高统计数据质量为核心，扎实推进企业一套表改革，加强对经济运行和社会发展的统计监测，强化队伍作风建设，圆满完成全年各项统计工作任务，取得了较为明显的成绩。2013年，市统计局连续第6年荣获全省统计系统先进集体，并荣获“全国统计系统先进集体”和“全国企业一套表联网直报先进集体”两项国家级殊荣。

根据国家《公务员奖励规定（试行）》和市委、市政府《关于进一步规范表彰奖励工作的意见》精神，为表彰先进，激励斗志，市政府决定，对市统计局予以通报表扬。

希望市统计局珍惜荣誉，戒骄戒躁，为全市统计工作再创新业绩。全市各级、各部门都要以先进为榜样，真抓实干、锐意进取、争先创优，为实现本届政府的完美开局做出积极贡献。

××市人民政府（盖章）

2014年3月28日

这是一份××市人民政府的红头文件。通报的标题采用“发文机关+公文事由+文种”的写法。主送机关较多，体现了“通”的特点。同类别机关之间用顿号；不同类别机关之间用逗号。

正文第一自然段概举“连续第5年荣获全省先进集体和两项国家级殊荣”的事实；第二自然段发布表彰市统计局的决定；第三自然段是希望和号召，表述发文的目的，也是全文的思想落脚点。

【简析】这是一份用于表彰的通报，具有典型性、真实性和引导性。从规格上说，通报要低于嘉奖令、表彰决定，但是，以发公文的方式对个人或集体的先进事迹进行表彰，体现了郑重和严肃。表彰通报的正文一般分为介绍先进事迹、先进事迹的性质和意义、表彰决定、希望号召四个部分。

【例文五】

××省人民政府办公厅文件

×政办〔20××〕×号

关于今年一至八月全省物价情况的通报

各市、县人民政府、各地区行政公署，省政府各部门：

开头叙述“物价涨幅仍然较大”这一基本事实，接着列举了大量统计数据并附“附件”，叙述有关情况，阐明发布通报的根据、原因等。

今年以来，我省物价在较高水平上保持了相对平稳，物价指数上涨幅度逐月有所下降，但物价涨幅仍然较大。据统计，一至八月份全省零售物价指数比去年同期上升24.3%，其中，城镇上升23.7%，农村上升24.8%。与去年物价总水平上涨20%比较，今年一至八月高出4.3个百分点。有些地方今年八月的蔬菜价格还比去年高出30%—40%，这不能不说确有工作问题。现将各地一至八月物价指数上升情况随文附发，请对照检查。

实现今年物价控制目标任务仍十分艰巨，需要进一步加强物价管理，特别对物价上涨较多的农村，要采取切实有力的措施，坚决控制物价上涨；在物价上涨幅度回落较多、完成物价控制目标把握较大的地方，工作也不能有丝毫懈怠。绝不允许擅自出台任何涨价措施，各地要为实现全省物价控制目标做出贡献。

今年初，省政府确定的各地和省级有关部门控制物价的目标，是考核政绩的主要指标之一。今年后几个月，各地和各有关部门都要加强物价控制。一至八月物价上涨幅度已经低于去年全年上涨幅度的地方，要力争今年物价指数上涨比去年低五个百分点；一至八月与去年持平或略高的地方，要保证今年物价上涨比去年降低三个百分点；一至八月物价上涨幅度较高的地方，要确保今年物价指数上涨低于去年。省级有关部门，要按省政府的要求，抓紧最后一个季度的时间，从严控制物价，做好工作，确保全省物价控制目标的实现。

附：20××年一至八月份全省及部分市、县乡零售物价指数表

××省人民政府办公厅（盖章）

20××年×月×日

（附件略）

二、三两自然段在明确情况的基础上，对受文单位提出希望和要求。

【简析】这是一份沟通全省物价情况的情况通报。正文二、三两自然段是全文思想的归结之处。这部分的写法因文而异，总的原则是抓住要点，切实可行，简练明白。

为了让下级单位对一些重要事件或全局状况有所了解，上级机关常适时发布情况通报。例如，关于群众路线、工业经济效益、工程进展、资金筹集情况等，都可以成为这种通报的主要内容。

相关知识

通知制发快捷、运用灵便，功能最为丰富。通知的发文机关，几乎不受级别的限制，受文对象也比较广泛，通常是下行文，也可以是平行文。它可以用来布置工作、传达指示、晓谕事项、发布规章、批转和转发文件、任免干部等，规格低于命令、决议、决定、指示等文体。用它发布的规章多是基层的，或是局部性的、非要害性的；用它布置工作、传达

指示的时候，文种的级别和行文的郑重程度，明显低于决定、指示。

通报由领导机关发出，对受众的思想、行为具有指导作用。

通知、通报的结构除了都由标题、正文、发文机关和日期组成外，还要有主送单位。

思考练习

一、请找出下面这些公文标题的发文机关、事由和文种。

1．教育部办公厅、人力资源社会保障部办公厅、财政部办公厅关于申报2011年度国家中等职业教育改革发展示范学校建设计划项目的通知

2．国务院关于坚决稳定市场物价的通知

3．国务院批转国家体改委关于在治理整顿中深化企业改革强化企业管理的意见的通知

4．××省地方税务局关于认真落实《事业单位、社会团体、民办非企业单位企业所得税征收管理办法》的通告

5．中华人民共和国交通部通告

6．××省人民政府办公厅关于今年上半年全省物价情况的通报

7．关于连续发生重大火灾情况的通报

8．中共××市纪委通报

9．通报

二、下面的标题应当怎样修改，请指正。

1．关于批转×××关于×××的意见的通知

2．×××转发×××关于×××的通知的通知

三、以××中职学校就业办公室的名义拟写一份在校报告厅召开2014年春季毕业生校企对接就业恳谈会的通知。

第三节　报告、请示、批复

示　例

【例文一】

××学校文件

××校〔2013〕5号　　　　签发人：×××

关于申报××市2013年度中等职业教育市级
机电重点专业建设项目的报告

根据《关于申报2013年度中等职业教育市级重点建设项目备选学校的通知》（教秘职成〔2013〕76号）要求，依据市级重点

建设专业申报的条件，结合学校实际，我校拟申报机电设备安装与维修为市级重点建设专业。现报告如下：

一、学校基本情况

1. 学校概况

××学校是国家级重点中等职业学校、省重点建设示范职业学校和中职国家改革发展示范校培育学校。学校先后荣获全国教育系统先进集体、全国青少年文明礼仪教育示范基地、全国青少年普法教育先进单位、全国青少年五好公民主题教育“光辉的旗帜”读书征文活动先进单位、省第三届职业院校技能大赛优秀组织奖、省中等职业教育德育工作先进集体荣誉称号。学校是全国计算机应用技术证书考试培训基地，并设有经人社部门批准成立的国家职业技能鉴定所。（略）

2. 实训基地基本情况（略）

二、项目实施的必要性和可行性（略）

1. 项目建设目标

2. 机电技术人才需求分析

3. 项目实施的必要性

（1）建设机电设备安装与维修专业是学校为经济社会发展服务的需要；

（2）建设机电设备安装与维修专业是学校为地方经济服务的需要；

（3）建设机电设备安装与维修专业是学校为企业发展服务的需要。

4. 项目实施的可行性

（1）有良好的基础条件；

（2）有一支“双师型”的教师队伍；

（3）有充沛的生源和稳定的就业基地；

（4）有较好的企业合作条件和基地运行机制；

（5）有明确的教改方向和严格的执行制度。

三、项目实施的保障机制（略）

1. 组织机构

2. “双师型”教师队伍

3. 项目资金的具体投入

4. 重点专业建设的示范作用

总之，面对当前中职教育快速发展的形势，我们力争在最短时间内建成一个资源共享、高效运作，集教学、培训、职业技能鉴定与技术服务于一体的具有示范性作用的机电设备安装与维修

上行文应当标注签发人姓名。“签发人”由“签发人”三字加全角冒号和签发人姓名组成，居右空一字，上行文的发文字号处在同一行。发文字号居左空一字编排。

第一自然段里“现报告如下”是引出报告内容的导入语。

专业，为我校抢抓机遇、快速发展、创办特色学校注入生机与活力。

××学校（盖章）
2013年3月29日

【简析】这是一份报送材料的呈报性报告。注意：报告主送机关一般不得直接报送领导同志个人；请示需要上级机关的批复，报告不要求上级批复；"签发人"三字用3号仿宋体字，签发人姓名用3号楷体字。这是新的《党政机关公文格式》（GB/T 9704—2012 ）发布后进一步细化特定格式公文的编排要求。通过范文导读，同学们应当逐渐熟悉。

【例文二】

××市教育局文件

×〔2013〕7号　　　　签发人：×××

关于共建省级旅游类技能比赛基地的请示

AH省教育厅：

HS旅游管理学校是一所融职业教育、成人教育与短期培训于一体的综合性学校。学校占地面积300亩，编制数127人，在职教职工160人，专任教师125人，"双师型"教师83人，42个教学班，在校学生3000余人。在上级部门的正确领导下，学校坚持科学发展观，以服务为宗旨，以就业为导向，不断扩展职业教育内涵，取得了丰硕的办学成果。先后被评为国家级重点中等职业学校、全国德育培训实验学校、AH省职业教育先进单位、HS市人才培养先进单位、HS市文明单位。教育教学成绩优异，在近两年教育行政部门举办的职业院校专业技能竞赛中，获得国家级一等奖2项、二等奖4项，省级一等奖6项、二等奖32项；对口升学达线率100%；导游考试合格率68%，名列全省前茅，充分展示了学校办学成果。由于办学成果显著，2011年3月被批准为AH旅游职教集团牵头单位，2011年10月成功争创国家中等职业教育改革发展示范学校，目前正按计划分步建设中。

作为AH旅游职业教育集团牵头单位，HS旅游管理学校旅游专业发展势头迅猛，走在了全省乃至全国同等学校的前列，并为全省及周边地区培养了一批又一批优秀的旅游人才。学校先后组织师生3次赴天津参加全国职业院校学生技能作品展洽会和全国职业院校教师素质提高计划成果展，为AH职业教育赢得了荣誉。学校还多次承办全市职业院校技能大赛，具备省级比赛项目所需

左上方是发文字号，右上方是签发人。也有在发文机关标志下空两行位置，居中只写发文字号而后直接写标题的。

第一自然段交代基地基本办学规模与办学条件；第二自然段说明学校具有承办技能大赛经历和经验；第三自然段做出承诺；第四自然段点明请示的事项是"拟与省教育厅共建省级旅游类技能比赛基地"。最后用"妥否，请批复"作为结束语。

的设备及其他相关条件和能力。

学校及主管部门承诺：有为承办省级比赛项目的专项经费投入计划，并在申报成功后的半年内落实到位；有为省级比赛乐于奉献的精神、为参赛学校提供细致周到服务的热情、密切配合比赛工作的意识和能力；省级旅游类技能比赛基地建设将作为实训基地建设的一部分，多渠道筹划资金，加大建设力度。

我市 HS 旅游管理学校在申报旅游类省级中职校技能比赛基地上优势突出，符合《关于申报省级中职学生技能比赛基地的通知》所要求的申报条件，拟与省教育厅共建省级旅游类技能比赛基地。

妥否，请批复。

HS 市教育局（盖章）

2013 年 2 月 28 日

落款处分为两部分：发文机关和发文日期。注意：印章一定要盖在发文日期上面。

【简析】请示主送机关的确定，有三条规则：一是不得越级请示；二是一般只写一个主送机关；三是不直接送领导者个人。该请示事由清楚，请示事项具体明确，“拟与省教育厅共建省级旅游类技能比赛基地”的建议合理，条件充分。结语另起一行，格式规范。

【例文三】

AH 省教育厅

W 教秘职成〔2011〕28 号

此批复的标题由完整的三要素组成。“同意”二字表明了发文机关的态度。

关于同意成立 AH 旅游职业教育集团的批复

HS 市教育局：

你局《关于成立 AH 省旅游职业教育集团的请示》（H 教职成〔2011〕6 号）收悉。根据全国、全省教育工作会议精神和建设职教大省工作的要求，以及省教育厅《关于组建职教集团的若干意见》（教办〔2006〕5 号）精神，经研究，现批复如下：

用“收悉”引述下级机关来文的标题、发文字号，体现批复的针对性。

一、同意依托 HS 旅游管理学校成立 AH 旅游职业教育集团。

二、AH 旅游职教集团是以 HS 旅游管理学校为牵头单位、以旅游专业为纽带，相关单位自愿参加、平等合作、资源共享、优势互补、互惠共赢的非独立法人的办学联合体。各成员单位原有的隶属关系、单位性质、管理体制、经费渠道、法人权利等均不变。

文末二自然段具体写批复的意见和要求。

三、AH 旅游职教集团要按照建设职教大省和旅游强省的要求，结合实际，创新思路，认真研究和探索新形势下职教集团的运行途径和运作模式，切实把握职教集团建设的深刻内涵，按照“联强合优、突现特色、打造品牌、服务崛起”的要求，加强集团内部专门工作机构建设，重点在优势互补、资源共享、产学研结合、工学结合、校企联合和校校合作、中高职衔接和创新人才培养模式等方面积极实践，努力建设内涵深、品质优的现代职教集团，服务区域经济和社会发展。

四、《集团章程》等内部运行规则请按符合法律政策原则的要求进行进一步修订完善。

五、你局要按照科学发展观要求，加强对AH旅游职业教育集团的指导和支持，指导集团完善制度、按章运行，为集团建设和发展提供政策等方面的支持和保障，积极探索教育集团推动区域职教发展和HS市国际旅游城市建设的有效举措，为建设职教大省和旅游强省做出更大的贡献。

AH省教育厅（盖章）
2011年4月25日

【简析】为便于受文机关查考，这份批复的开头用“你局《关于成立AH省旅游职业教育集团的请示》（H教职成〔2011〕6号）收悉”这样概括性的文字，引述下级机关来文的标题、发文字号、发文日期或内容要点。答复时另有执行要求，故用“现批复如下”一句过渡之后，另起一行分段分条写出。批复第一条中“同意”二字态度明确，体现批复的鲜明性。批复的结语只能用“此复”或“特此批复”，有时也可如本文一样，不用结语。

相关知识

报告是向上级机关汇报工作、反映情况、提出建议，答复上级机关的询问或要求时使用的公文。按作用、内容划分，报告可分为呈报性报告和呈转性报告两类。

请示是向上级机关请示指示、批准时使用的公文。

批复是答复下级机关的请示事项时使用的公文。

报告虽然一文一事、一文数事皆可，但一般情况下每次以一千字左右为宜，篇幅要求简短。作为公文的报告，和一些专业部门从事业务工作时所使用的、标题中也带有“报告”二字的行业文书，如“审计报告”“评估报告”“立案报告”“调查报告”等，不是相同的概念。这些文书不属于公文的范畴，注意不要混淆。

报告和请示均是上行公文，但两种文种不能混用，不能写成“请示报告”。报告可以事前行文，也可以事后、事中行文，请示则必须是事前行文。报告多是报请上级阅知，而请示多是请求上级答复办理。

请示是一事一报，相应的批复也是一文一批。下级有请示，上级才会有批复。批复是下行公文，是公文中唯一的纯粹被动性文种。

知识链接

请示和申请的异同

相同点：请示和申请都有请求缘由、请求事项。

不同点：（1）请示是国家法定行政公文；申请又叫申请书或申请表，属于专用书信。（2）请示是向上级机关请求指示、批准的公文，下级只能在上级机关的职权范围内报请需要批准的事项，一事一文，不能越级请示；申请内容广泛，可以一事一文，也可以多事一文。（3）请示的格式要求规范，由标题、发文字号、主送机关、正文、结束语、落款组成；申请的格式一般由标题、称呼、正文、结语、署名和日期组成。（4）请示的语言要规范庄重，体现公文的严谨性和庄重性；申请的语言可以质朴平实、简洁明了。（5）请示的作者是法定的机关、团体，不能是个人；申请的作者除了机关、团体、企事业单位还可以是个人。

思考练习

一、公文标题要求明确、简练、规范地概括主要内容。下面的标题都有毛病，请你一一指出来并改正。

1. 关于尽快修复一号公路的请示；

2. ××区人民政府在工业会议后为贯彻省政府关于开展增产节约运动的指示根据本区情况提出措施计划并增产指标向市政府的报告；

3. 呈报扩建猪圈；

4. 关于请求批准购买××××的请示。

二、判断题（正确的打“√”，错误的打“×”，并改正。）

1. 请示标题中不能出现“请求”“申请”等字样。（　　）

2. 请示的主送机关一般只写一个，否则，多头主送会造成重批、迟批、漏批、不批等情况。（　　）

3. 请示一般需直接送领导者个人。（　　）

4. 请示是公文家族中一个独立的文种。报告的结尾虽也有“请指示”的用语，但毕竟是报告，不能与请示混用。（　　）

5. “审计报告”“评估报告”“立案报告”“调查报告”等行业文书也是公文。（　　）

6. 对报告中夹带请示的公文，收文机关只按报告处理，不予答复。（　　）

7. 报告是陈述性的上行文，需要上级机关批复。（　　）

8. 批复是下行公文，是公文中唯一的纯粹被动性文种。（　　）

9. 批复的结语只能用“此复”或“特此批复”，有时也可不用结语。（　　）

10. 批复的标题中可以插入一个表态性的词语，表明发文机关的态度。（　　）

三、写作题

1．某市职教中心因实训需要，需要向市教育局请求拨款将学校车库改建为二层楼房，一层做车库使用，二层做金加工实训场地。请你以某市职教中心的名义给市教育局写一份请示。

2．请你根据“写作题”第 1 题的内容代市教育局写一份批复。

第四节　函

示　例

【例文一】

××省统计局文件

统调字〔2012〕15 号

关于商调××同志的函

××市人民政府研究室：

因工作需要，拟调你室××同志到××省统计局。如同意，请先将该同志的档案、现实表现材料及健康检查表一并寄来。请予大力支持。

××省统计局（盖章）

2012 年 12 月 1 日

【简析】商洽函，一般用于商洽工作、讨论问题、联系有关事宜。此处发函用于人员调动联系。

【例文二】

××市人民政府研究室文件

研干〔2013〕4 号

关于同意××同志调动的复函

××省统计局：

贵单位××商调函《关于商调××同志的函》（统调字〔2012〕15 号）收悉。经研究，同意我室××同志调至你局。现复函附去该同志的档案等材料，请将报到日期尽快告知我室。

此复。

××市人民政府研究室（盖章）

2013 年 4 月 5 日

复函正文一般先引述对方来函的标题全文和发文字号，并加上“收悉”二字。

【简析】复函的标题需注意与发函称谓的正确调换，事由之前可以加上“同意”“批准”等表态性词语，文种要注明“复函”。复函答复态度要明确。“请将报到日期尽快告知我室”一句，要求进一步安排落实，显示相互支持和负责的态度。此复函中“贵单位××商调函”

后面交代来函的标题全文和发文字号，便于对方单位核收。注意函是发文，复函是回文，两者不可混淆。

【例文三】

××市林业局文件

林绿〔2010〕12号

关于请求批准××植物园项目立项的函

市发展改革委:

为加强城市生态系统建设，创建园林城市，开展科研与科普活动，促进人与自然和谐共处，经“大××城”建设指挥部第32次指挥长会议研究，同意我局在东坡路与洪武路交叉口东北侧、二贤路南侧，双桥水库周边建设××植物园。

植物园占地面积约1800亩（含双桥水库300亩），包括松柏区、水生和湿生植物区、藤蔓、月季、竹子等专类园区。项目总建筑面积23 000平方米，含科教展示用房7000平方米、科研及生活用房10 000平方米、温室3000平方米、管理服务用房3000平方米；以及配套建设道路、广场、给排水、电力、通讯、驳岸等附属工程。

项目估算总投资39 600万元。建设资金通过市场融资及申请市财政安排等渠道解决。

现将《××植物园建设工程项目建议书》随文上报，如无不妥，请予以立项。

附件：《“大××城”建设指挥部第32次指挥长会议纪要》

××市林业局（盖章）

20××年×月×日

【简析】本例是市林业局发给市发改委的平行文。从行文方向上看，本文属发函，是为了商洽、询问事项、提出要求等，主动发给其他机关的函件。从内容与作用上看，本文属请求批准函。正文包括三项内容：请求批准的缘由；请求批准的事项；请求语，如“如无不妥，请予以立项”，或用“可否，请函复”作为结尾语。

【例文四】

××市发改委文件

×发改社会〔2013〕17号

关于同意××市老年活动中心项目立项的复函

市老龄办:

你办《关于请求批准××市老年活动中心项目建议书的函》(×老办字〔2012〕4号)及相关附件均悉。为满足我市老年人精神文化和休闲、健身需求，改善老年文体活动设施条件，根据《中共××市委××市人民政府关于进一步加快老龄事业发展的意见》《××市“十二五”老龄事业发展规划》及市政府专题会议精神，经认真研究和组织专家评审，原则上同意××市老年活动中心项目立项。具体内容如下:

> 发文字号之下4 mm处居中印一条与版心等宽的红色分隔线，即版头中的分隔线。公文首页红色分隔线以上的部分称为版头。

> 第一自然段写复函的依据，接着用“具体内容如下”引出正文内容。

一、项目名称：××市老年活动中心。

二、建设单位：市老龄办。

三、建设地点：四方区北岭山公园南昌路门区，南昌路以北、北岭山公园以南地块。

四、建设规模和主要内容：项目用地面积约 15 500 平方米，总建筑面积约 20 000 平方米。主要规划建设教学楼、健身运动综合楼、多功能厅及地下车库，同时购置舞台灯光、舞台幕布、舞台机械、舞台音响等设备，并配套建设室外道路及管网工程。

五、总投资及资金来源：项目估算总投资为 1.6 亿元（不含征地费用），资金来源为市财力。

六、建设周期：24 个月。

请据此开展规划、土地、环评、安全生产、节能、防震等项目前期工作，编制项目可行性研究报告按程序报批。

××市发改委（盖章）

2013 年×月×日

【简析】从内容和作用上看，这是一个答复函，是“市发改委”给“市老龄办”的平行文。从行文方向上看，又是一个复函。答复函的开头部分和批复开头部分的写法相似。

相关知识

函是不相隶属机关或单位之间商洽工作、询问和答复问题、请求批准和答复审批事项时使用的文种。从内容与作用上看，函可以分申请函、商洽函、询问函、答复函、告知函等类型，从行文方向上看，又可以分为发函、复函。

函是一个正式文种，不能把便函（即公务便信）当作函，函不包括便函，便函不是正式公文，它与函没有直接关系。

函是联系工作、传播信息、沟通思想、赢得理解和支持的重要手段，要求叙事清楚，用语贴切，短小精悍。

思考练习

一、判断题（正确的打“√”，错误的打“×”，并改正。）

1. 某中央驻地方单位向当地物价局申报核定商品价格，或是向当地卫生局申请开设医疗门诊等，它们之间不存在任何隶属关系，因此该中央驻地方单位的申请批准，应当使用“请示”。（　　）

2. 县政府向市财政局申请批准专项用款，县政府和市财政局都是隶属于市政府的平级单位，它们之间的申请批准宜用“函”。（　　）

3. 便函是正式公文，它与函有着直接关系。（　　）

4. 请示是上行文，请求批准的函是平行文。（　　）

5. 收到的是请求函，可以用“批复”复文。（ ）

二、下面这份函有多处错误，请你分别给指出来并改正。

JS 省交通厅关于商请派车运送民工的函

AH 省交通厅：

为做好今年的春运工作，及时运送在我省工作的外省民工回家过年，我们组成了民工运送专门车队，但由于我们运力不足，车辆不够，估计不能满足民工要求，拟请你省派出大型客车××辆，与我省组成运送民工车队，负责运送贵省在我省工作的民工。如同意，请尽快与我们联系办理有关手续。

JS 省交通厅（盖章）

20××年×月×日

三、请你根据“思考练习”第二题的内容代写一份复函。

四、请细读下面的例文，就其是“函”还是“便函”展开讨论并说出理由。

直接招收士官协查函

________县（区）人民政府征兵办公室：

________学校______系______年级学生______，入学前户口所在地是______乡（镇、街道）______村（居）委会，部队拟招收其直接担任士官，现体格检查合格，请贵办对其入学前及就读返乡期间的政治表现情况组织审查，并将审查结果填写到《直接招收士官入学前和就读返乡期间政治表现情况调查表》中，于______年______月______日前寄给我们。

市人民政府征兵办公室

年 月 日

回函地址：________________________________ 邮编：__________

联系人：________________________________ 联系电话：__________

第五节 会议纪要

示 例

【例文一】

××市××区人民政府

区长办公会议纪要

第10号

××市××区人民政府办公室 2013年9月20日

区政府第53次区长办公会议纪要

9月15日上午，江××区长在区政府二楼会议室主持召开第

公文首页红色分隔线（不含）以下、公文末页首条分隔线（不含）以上的部分称为主体。

第一自然段概括了会议的时间、地点、会议内容和参会人员的基本情况。接着

53 次区长办公会议，副区长黄××、徐××、陈××、洪××出席会议，副区长汪××因公缺席。区监察局局长曹××应邀列席会议。区政府办、区委组织部和区发改委、住建委、财政局、人社局、国土局、林业局、规划局、编办负责同志参加了相关议题的研究。现将会议决定事项纪要如下：

一、会议研究并原则同意《××区已改制集体企业退休人员参加城镇职工基本医疗保险实施方案》（以下简称《实施方案》），明确以区人社局名义印发《实施方案》。要求区人社局要认真组织实施《实施方案》，统筹解决好改制集体企业退休人员的医务人员问题。

二、会议研究了××职业学校有关事宜。（一）原则同意新建××职业学校。现校址作为成人培训、非全日制学历教育教学场所。（二）原则同意新建学校校址选定在××区境内××高速与 233 省道交汇处以西、南面，按在校生 5 000 人、占地面积 300 亩、建筑面积 7 万平方米、总投资 1.2 亿元人民币的规模建设，在两年内完成。要求各相关单位要给予支持与配合，确保工程质量并如期完成。

三、会议听取了有关违法案件处理意见的汇报，明确按规定予以处理。

四、鉴于工作需要，会议研究同意区委办、安监局按照有关规定自筹资金分别购置 1 辆公务用车，同意区人大办按规定更新 1 辆公务用车。

送：市委、市政府负责同志。

发：各乡镇人民政府，新城街道办事处，区政府各部门、各直属机构。

抄：区委办公室，区人大办公室，区政协办公室。

××区人民政府办公室　　　　2013 年 9 月 20 日印发

共印 100 份

用“现将会议决定事项纪要如下”过渡到纪要事项上。纪要事项采用分条式陈述。

公文末页首条分隔线以下、末条分隔线以上的部分称为版记。

版记中如有其他要素（如“送”上级部门或领导、“发”下级部门、“抄”平级部门），应当将其与印发机关和印发日期用一条细分隔线隔开。

印发机关和印发日期一般用 4 号仿宋体字，编排在末条分隔线之上，印发机关左空一字，印发日期右空一字，

【简析】这是一份完整、规范的专题性会议纪要，采用“总—分”的结构方式，综合各种意见，实事求是地对会议决议事项进行归纳，宗旨明确，要点突出。

【例文二】

全国农村土地承包经营权登记试点工作领导小组

会议纪要

第1期

登记试点工作领导小组办公室　　　　2011年3月31日

从内容上看，这是一则指示型会议纪要。从形式上看，这是一则联席会议纪要。

2011年3月31日，全国农村土地承包经营权登记试点工作领导小组召开第一次会议，研究部署登记试点工作。会议由农业部副部长××主持，领导小组成员单位财政部、国土资源部、中农办、国务院法制办、国家档案局等有关负责同志参加了会议。会议分别审议了全国农村土地承包经营权登记试点工作领导小组成员名单、职责分工和2011年全国农村土地承包经营权登记试点工作领导小组办公室工作计划。

正文运用“会议认为”“会议强调”“会议指出”“会议原则通过了”“会议决定”等应用文常见的专用语言分段进行陈述，条理清楚，结构合理。

会议认为，党中央、国务院高度重视保持现有土地承包关系稳定并长久不变，把开展土地承包经营权登记试点作为稳定农村土地承包关系的重要措施，自2008年以来，连续三个中央1号文件对登记试点工作做出了部署。2009年以来，农业部在全国选择了8个村开展土地承包经营权登记试点，吉林、辽宁、山东、江苏、浙江、安徽、四川、重庆、新疆等地也结合实际自行组织了试点，取得了不少经验。农业部、财政部、国土资源部、中农办、国务院法制办、国家档案局联合下发的《关于开展农村土地承包经营权登记试点的意见》，很好地借鉴了前期试点做法，与现行法律政策相衔接，从各地反映看是符合实际的。

会议强调，开展土地承包经营权登记试点要在保持现有土地承包关系稳定的前提下，探索完善农村土地确权登记颁证制度。要按照保持稳定、依法规范、民主协商、因地制宜和地方负责的原则，严格执行土地承包法律政策，在已经完成农村集体土地所有权和土地承包经营权确权颁证的基础上，以现有土地承包合同、权属证书和集体土地所有权确权登记成果为依据，查清承包地块的面积和空间位置，建立健全登记簿，妥善解决存在的突出问题，确保承包地块、面积、合同、权属证书全面落实到户。

会议指出，土地承包经营权登记要落实到每个承包农户和具体地块，与集体土地所有权确权登记相比，扩大登记试点范围，情况更复杂，试点工作不能理想化，也不能把简单问题复杂化，更不能有畏难情绪。当前工作的重点和难点是如何确定好承包地块的空间位置和坐落方向。要切实加强组织领导，深入调查研究，

此会议纪要的落款（主持机关和成文日期）已经在开头处写明了，故结

强化档案管理，切实保障和落实工作经费。

会议原则通过了全国农村土地承包经营权登记试点工作领导小组成员名单、职责分工和2011年农村土地承包经营权登记试点工作领导小组办公室工作计划。领导小组办公室要根据各成员单位的意见，抓紧修改完善。

会议决定，领导小组会后召开全国农村土地承包经营权登记试点工作视频会议进行动员部署。

出席：（略）

列席：（略）

尾处不再重写。

标注出席（或列席、请假）人员名单，一般用3号黑体字，在正文或附件说明下空一行左空二字编排“出席”二字，后标全角冒号，冒号后用3号仿宋体字标注出席人单位、姓名，回行时与冒号后的首字对齐。标注列席或请假人员名单均须另起一行。注意出席和列席的区别。

【简析】这份会议纪要格式规范，由标题、期号、会议主持机关、时间、标题、正文共同组成。标题由会议名称和文种两个要素组成。结构上采用“总—分—总”的方式。开头导语部分简要介绍了会议概况，正文主体部分运用“会议认为”“会议强调”“会议指出”“会议原则通过了”“会议决定”等专用语言领起，陈述了会议达成的诸多综合性意见。会议纪要中，只有主要报告或重要的发言才写发言者姓名，这是会议纪要有别于会议记录的地方。正文结尾“会议决定，领导小组会后召开全国农村土地承包经营权登记试点工作视频会议进行动员部署”提出了会议结束后的行动方向。会议纪要有时在结尾也可提出希望、号召。值得注意的是，大型的会议纪要一般均应写出会议讨论的情况。

相关知识

会议纪要是记载、传达会议情况和议定事项时使用的一种公文。

会议纪要由会议主持机关审定制发，兼有反映情况、沟通信息、指导工作的功能，可采取转发、印发或直接发出的形式，发至下属单位，类似通知；也可以类似情况报告，报至上级部门；还可以发给平行部门，使对方知晓，沟通情况，类似公函。

会议纪要按内容可分为日常办公会议纪要、指示型会议纪要、研讨型会议纪要等；按形式可分为联席会议纪要、座谈会议纪要、协调会议纪要等。

会议纪要的核心在“纪”和“要”二字上，它不同于会议记录，而是要在会议记录等材料的基础上，把会议的主要情况、主要精神即“要点”进行整理综合，形成文字。要求突出会议中心，忠实于会议精神，用语恰当并有条理。

会议纪要的格式主要由标题、正文和结尾三大部分组成。会议纪要不加盖印章。一般也不用完全式发文字号。

知识链接

会议记录与会议纪要的区别：（1）会议记录是对会议过程及内容所做的实录，是存档备查用的内部材料；会议纪要是在会议结束后起草，依据会议记录、报告、发言（含书面的）、会议决议等材料整理、提炼而成，要求如实反映会议情况。（2）会议记录不具有运行性和周知性，以记录人的记录时间为日期；会议纪要是公文，成文日期一般是以起草该会议纪要的单位的领导签审通过的日期为准，对外具有一定的约束力。（3）会议记录按自然程序真实记载会议原貌，结构相对松散，语言相对零乱冗长或反复；会议纪要结构要求严谨，语言要求简洁、得体。

思考练习

一、填空题

1．会议纪要是记载、传达________情况和________时使用的一种公文。

2．会议纪要按内容可分为________、________、________。

3．会议纪要的格式主要由________、________和________三大部分组成。

4．会议纪要在行文关系上，可采取转发、印发或直接发出的形式，发至下属单位，类似________。

5．会议纪要主要由________审定制发。

二、判断题（正确的打“√”，错误的打“×”，并改正。）

1．会议纪要的“纪”有综合、整理的意思，“要”是要点。（　　）

2．会议纪要的“纪”字可以换成“记”字，会议记录即会议纪要。（　　）

3．大型的会议纪要，一般均应写出会议讨论的情况。（　　）

4．会议纪要仅适用于党和国家的高层次会议。（　　）

5．写会议纪要必须抓住会议所集中解决的几个主要问题，形成纪要的中心，切不可面面俱到。（　　）

6．纪要标志由“×××××纪要”组成，居中排布，纪要格式可以根据实际制定。（　　）

7．会议纪要不加盖印章。（　　）

8．标注出席或列席、请假人员单位、姓名时，一般用3号黑体字。（　　）

9．列席或请假人员名单可以放在一行。（　　）

10．公文的正文即主体。（　　）

三、写作题

尝试以某种身份参加××学校2013年春季招生总结会，请你根据以下会议记录拟一份会议纪要。

××学校2013年春季招生总结会会议记录

时间：2013年5月9日上午9:00—11:30

地点：××校会议中心

出席人：校长于××、副校长张××、校长助理江××及各招生点的负责人
缺席人：校长助理吴××（请假）
主持人：副校长张××

一、主持人副校长张××讲话

今天主要是对前一阶段春季招生工作进行总结，并就春节招生结束后相关工作如何开展进行讨论。首先请于校长传达县教育局《关于表彰××学校等春季招生成绩突出职业学校的决定》。

二、于校长传达县教育局《关于表彰××学校等春季招生成绩突出职业学校的决定》

三、讨论发言

春季招生点1负责人：招生中，听到不少家长谈起了对学校的要求，家长普遍认为，一定要把孩子送到一个管理严格的学校。所以，我认为，抓好学校内部管理工作对搞好春季招生有非常重要的意义。

春季招生点2负责人：现在不少家长都对孩子即将就读的学校的生活条件有比较高的要求，独生子女啊，家长舍得花钱，我们不搞奢侈，但是食品卫生安全一定要搞好。

春季招生点3负责人：新生入学几天了，普遍想家，如何搞好新生的稳定工作，是下一步的工作重点之一。我觉得大家应该齐心协力一起抓，仅靠班主任是不够的。

四、决议

1. 打铁还需自身硬。学校首先要进一步狠抓内部管理，搞好教育教学工作，以国家示范校的验收为契机，让学校的管理工作再上一个台阶。只有这样，才能吸引更多的学子来我校就读。

2. 积极抓好稳定新生的稳定工作。各部门都要会同班主任一起，深入新生的学习生活中去了解新生的思想动态，及时引导新生适应新的环境和学习要求。

3. 抓好后勤保障。对学校的宿舍安全再进行一次检查，发现问题及时解决；对学校的食堂和超市的食品卫生搞好监督，杜绝安全事故。

主持人：张××（签名）
记录人：余××（签名）

※第六节　决定、意见

示　例

【例文一】

中共××市委文件

×发〔2014〕10号

关于表彰2013年度全市招商引资工作先进单位和先进个人的决定

各县委、县人民政府，各区委、区人民政府，各县级以上单位：

> 决定标题的写法和其他行政公文如通知、通报、请示的写法类似，都由“发文机关+事由+文种”构成，或者由“事由+文种”构成，或直接由文种构成。
>
> 有具体针对方向的决定，须写明主送机关。

2013年，全市各级各部门认真贯彻落实市委、市政府决策部署，围绕科学发展、全面转型、富民强市，大力推进对外开放和招商引资工作，进一步创新招商思路，改进招商引资目标任务，为我市经济社会发展做出了重要贡献，涌现出一批先进单位和先进个人。为表彰先进，推动工作，市委、市政府决定，授予×县等9家单位“2013年度全市利用外资目标任务考核先进单位”称号，授予×区等69家单位“2013年度全市引进内资目标任务考核先进单位”称号，授予××经济技术开发区“2013年度全市引进招商引资重大项目先进单位”称号，授予市外商投资服务局等21家单位“2013年度全市招商引资优质服务工作先进单位”称号；授予×××等96名同志“2013年度全市招商引资工作先进个人”称号。

本文决定缘由由决定的背景（2013年招商引资目标任务）、依据（涌现出一批先进单位和先进个人）、目的（表彰先进，推动工作）等要素构成。

希望受到表彰的单位和个人立足新起点，瞄准新标杆，再创新业绩。各县区、各部门、各单位要以先进为榜样，全面贯彻落实党的十八大精神，进一步解放思想，明确任务，强化措施，开拓创新，确保完成2014年全市招商引资目标任务，为率先全面建成小康社会做出新贡献。

附件：1. 2013年度全市利用外资目标任务考核先进单位名单及奖励金额

2. 2013年度全市引进内资目标任务考核先进单位名单及奖励金额

3. 2013年度全市引进招商引资重大项目先进单位名单及奖励金额

4. 2013年度全市招商引资优质服务工作先进单位名单及奖励金额

5. 2013年度全市招商引资工作先进个人名单及奖励金额

中共××市委（盖章）

××市人民政府（盖章）

2014年5月2日

【简析】决定按其内容和使用情况可分为方针政策性决定、部署指挥性决定、决策知照性决定和表彰处分性决定。不同类型的决定，事项不同，写法差异也大。决定的格式一般由标题、正文、发文机关、成文日期等几部分组成。本文属于表彰性决定，写法简单，采用分自然段的方法，正文由决定缘由、决定事项（授予称号）和执行要求（总体角度提出希望）三个层次组成。

【例文二】

××市人民代表大会常务委员会

关于接受刘××辞职请求的决定

（2014年5月14日××市第六届人民代表大会常务委员会第五次会议通过）

因工作变动，刘××提出辞去××市第六届人民代表大会常务委员会委员职务。根据《中华人民共和国地方各级人民代表大会和地方各级人民政府组织法》第二十七条第一款的规定，××市第六届人民代表大会常务委员会第五次会议决定：接受刘××的辞职请求，报××市人民代表大会备案。

××市人民代表大会常务委员会（盖章）
2014年5月15日

由会议通过了的决定，或由级别较高的领导机关发布的决定，一般要用题注，位于标题之下居中位置。如“（2014年5月14日××市第六届人民代表大会常务委员会第五次会议通过）”，标明会议的名称及通过的日期。

【简析】决定是对重要事项或者重大行动做出决策和安排时使用的一种公文，具有权威性和不可变更性。这则决定，具有普发性质。普发性的决定，一般不标明主送对象。

【例文三】

××市人大常委会

关于召开××市第五届人民代表大会第六次会议的决定

（2013年12月21日××市第五届人民代表大会常务委员会第三十二次会议通过）

××市第五届人民代表大会常务委员会第三十二次会议决定，××市第五届人民代表大会第六次会议于2014年2月1日在××召开。会期三天。

建议会议议程：

一、听取和审议××市人民政府工作报告；

二、审议××市2013年国民经济和社会发展计划执行情况与2014年计划草案的报告，审查、批准××市2013年国民经济和社会发展计划执行情况的报告与2014年国民经济和社会发展计划；

三、审议××市2013年预算执行情况和2014年预算草案的报告，审查、批准2013年市级预算执行情况的报告和2014年市级预算；

四、听取和审议××市人大常委会工作报告；

五、听取和审议××市中级人民法院工作报告；

六、听取和审议××市人民检察院工作报告。

标题由发文机关（××市人大常委会）、事由（召开××市第五届人民代表大会第六次会议）和文种（决定）组成。

标题下方括号内的题注，还标明了是会议集体讨论决定的。

【简析】这是一篇部署指挥性决定，具有普发性质，也不标明主送对象。正文开头扼要写决定的事项，即"××市第五届人民代表大会第六次会议于2014年2月1日在××召开。会期三天"，以下分六条写决定的具体内容，这样写表达清楚，便于执行。

【例文四】

××省人民政府办公厅文件

×政办〔2013〕12号

关于解决捕捞渔民生产生活困难的意见

各市、县人民政府，省政府各部门、各直属机构：

捕捞渔民常年以捕鱼为生，生产生活条件差，特别是以船为家渔民，无房无田无养殖水面，收入低且不稳定，生活十分困难，与当地城乡居民生活水平差距日益拉大。为切实解决我省捕捞渔民生产生活困难，经省政府同意，现提出如下意见：

一、解决捕捞渔民生产生活困难的总体要求和基本原则

1. 总体要求。以党的十八大精神为指导，坚持以人为本，以解决以船为家渔民上岸安居问题为重点，统筹解决渔民户籍、子女上学和医保、低保、养老、生活困难救助等社会保障问题，逐步实现渔民转产转业，不断提高渔民收入水平，使广大渔民安居乐业，共享改革发展成果。

2. 基本原则。坚持省、市、县联动，市政府负总责，县（市、区）政府具体落实；分批分期，原则上用2年时间解决捕捞渔民上岸安居工程及其社会保障问题。

二、加快实施渔民上岸安居工程

3. 实行多种安置方式。坚持自愿、政策引导、因地制宜、方便渔民、就城就近，由所在地市、县（市、区）政府组织实施渔民上岸安居工程。（略）

4. 多渠道筹措资金。坚持以渔户自筹为主，在中央财政补助的基础上，省市县政府适当补助，并通过银行信贷和社会捐赠等渠道筹措资金。（略）

5. 规范建设标准和管理。以满足渔户基本居住需求为目标，原则上安居房建筑面积每户60平方米，可根据渔民实际需求适当调整。（略）

三、认真落实相关民生政策

6. 落实社会保障制度。对无户口的渔民，由所在地县级政府按照有关规定负责解决户口问题。（略）

7. 帮助渔民子女就学。渔民子女接受九年义务教育，按照属

此"意见"包括标题、发文字号、主送机关、正文和落款。

意见内容多采用分条式写法。

地原则全部纳入义务教育经费保障范围，享受义务教育经费保障机制有关政策。（略）

8. 完善渔民社会管理与服务。上岸安居渔民就近纳入街道、社区或城镇、乡村社会管理。（略）

四、积极推进上岸渔民转产就业

9. 加强渔民就业培训。对上岸渔民及其未就业子女开展就业技能培训和新型农民培训，重点培训水产养殖、畜禽养殖、务工经商等实用技术，提高其转产就业能力。（略）

10. 促进渔民增加收入。各地各有关部门要加强渔港建设，加大渔业水域保护和资源养护力度，改善渔民生产条件；积极为上岸定居渔民提供就业创业服务，创造适合的就业岗位，落实创业政策。（略）

五、切实保障捕捞渔民解困工作的顺利推进

11. 加强组织领导。解决捕捞渔民生产生活困难是一项惠及民生的系统工程，牵涉面广，政策性强，任务艰巨。（略）

12. 营造良好环境。要广泛宣传解决渔民生产生活困难工作的重要意义和政策措施，争取社会各界的支持和广大渔民的配合。（略）

××省人民政府办公厅（盖章）

2013年5月8日

【简析】一般情况下，"意见"只有建议性质，如果来自于上级，便具有指示要求性。这篇例文指导性强，正文部分首先用简要的文字交代提出意见的背景和缘由，接下去分别从五个方面12个小分点阐述具体的意见内容，行文整齐匀称，富有表现力。

相关知识

决定是对重要事项或者重大行动做出决策和安排时使用的一种公文。

意见是对重要问题提出见解和处理办法时使用的一种公文。

"决定"可以是会议集体讨论通过的，也可以是领导机关在自己的职权范围内作出的。"决"字反映了它产生的特点，即产生于决策之中。一般性的问题、事项与活动不宜采用"决定"。

"意见"的执笔人须对有关方针、政策有较全面的了解和深刻的领会，以此作为提出意见的指导思想。"意见"是上、平、下三种行文方向兼而有之的。下级写给上级时，类似建议；上级发给下级时，类似指示；发给平级，提出意见供对方参考。

"意见"作为法定文种，被越来越多的人使用，有益于机关或企事业单位工作作风的民主化，增强公文的公关意识。

思考练习

一、填空题

1. 决定是对________或者________做出决策和安排时使用的一种下行公文。

2. 决定的格式一般由________、________、发文机关、成文日期等几部分组成。

3. 意见是对________提出见解和处理办法时使用的一种公文。

4. 意见的格式一般由________、________、结尾等几部分组成。

5. 决定的“决”字反映了它产生的特点，即产生于________之中。

6. 决定可分为________决定、________决定、________决定和________决定。

7. ________的执笔人须对有关方针、政策有较全面的了解和深刻的领会，以此作为提出意见的指导思想。

8. ________是上、平、下三种行文方向兼而有之的，作为法定文种，越来越被更多的人使用，有益于机关或企事业单位工作作风的________，增强公文的公关意识。

9. 一般情况下，“意见”只有________性质，如果来自于上级，便具有________性质。

二、从网络上各寻找几份“决定”和“意见”，着重体会决定中“重大”“重要”的含义，体会写“意见”这类公文时对执笔人政治素质的要求，并谈谈你对其中一份“意见”的分析。

※第七节 议 案

示 例

【例文一】

××市人民政府关于提请审议

《××市发展私营个体经济条例（草案）》的议案

> 这则议案由三部分组成：标题、正文和落款。

市人大常委会：

《××市发展私营个体经济条例（草案）》已经于201×年×月×日市政府第×次常务会议讨论通过，现提请审议。

> 正文简单明了，从行文内容上看属于立法性议案。

市长：×××

201×年×月×日

【简析】此份议案属于公文式议案，格式相对简单，正文写明提请审议的事项名称、时间、什么会议讨论通过、目的等；落款写明法定提交人和提交时间。议案规定由政府行政首长签署而不署政府机关名称。本例属市政府提出的议案，由市长签署。完整的公文式议案一般由标题、发文字号、主送机关、正文、附件、签署六部分组成。

【例文二】

关于制定个人信息保护法的议案

[案由]

为依法维护公民合法权益，保护个人信息权利，维护社会秩序，应当制定个人信息保护法。

[案据]

一、随着信息时代的发展，公民个人的信息权利往往会受到他人侵犯，如何保护个人信息正成为一个越来越突出的问题。一些企业、组织和个人利用他人个人信息谋利，非法采集个人信息出卖或任意泄露、丢弃，个人信息被恶意侵害的情况屡屡发生。有的利用个人信息进行不法行为，严重侵扰公民正常生活，干扰社会正常秩序，甚至发生犯罪。

二、目前，对非法利用个人信息的行为，主要是按照民事侵权处理，以致对个人信息权益难以进行有力的保护。按照我国现行的法律规定，侵犯他人名誉权只能承担民事责任，而对涉及个人信息的侵权，法律尚无明确界定。即使当事人诉诸法律，因为无明确的依据，给法院审理此类案件带来困难。这种状况，远远不能适应保护个人信息的需要。个人信息违法行为，不仅会侵害他人隐私权，而且会破坏社会秩序，引发犯罪。因此，在这种情况下，不能仅仅按照民事侵权处理。对于违法搜集个人信息谋利的，必须由行政监管部门进行查处，并对各类"泄密"行为如泄露股民信息等恶劣事件，进行相应的制裁；构成犯罪的，还应追究其刑事责任。因此，必须建立和完善我国的保护个人信息权利的法律制度。

[方案]

一、应当组织力量加快个人信息保护法的研究起草工作，并将其纳入全国人大的立法计划。

二、个人信息保护法应当明确如下规定：

1. 个人信息的保护范围，利用他人个人信息的原则与标准。

2. 社会组织在履行职责过程中保护其掌握个人信息的义务。

3. 在交易或者其他情况下，当事人负有保护个人信息安全的权利义务。

4. 行政监管部门在个人信息保护方面的责任。

5. 个人信息权利的侵权行为的民事责任、行政责任、侵权赔偿；个人信息犯罪的刑事责任。

（××届全国人大代表、××律师事务所主任×××）

这是一份具备提议案法定资格的人大代表所提出的议案，属于法律议案。此类议案是各级人大代表在规定时间内在本级人民代表大会上提交的。

本议案正文格式由案由、案据和方案三部分组成，没有结束语。

【简析】这份议案的案由部分，阐明提出此议案的理由，接下来分两点回答了为什么要提这一议案，是提出议案的根据，即案据，而后分条列项从两个方面五小点写明对提请审议问题的解决途径和办法，即方案。案据注重联系群众生活实际，符合人民群众的意愿和要求（有些议案的案据部分多运用数字说明，突出对比效果）；方案对“应当制定个人信息保护法”的问题提出解决的途径和方法，切实可行。

相关知识

议案是由具有法定提案权的国家机关、会议常设或临时设立的机构和组织，以及一定数量的个人，向权力机构提出进行审议并作出决定的议事原案。主要有国务院及地方各级人民政府按照法律程序向同级人民代表大会或者人民代表大会常务委员会提请审议事项的行政公文和人大代表向同级人大会议提交的原案两大类别，具体包括法律案、预算案、重大事项案、机构设置案、人事任免案、批准条约案等种类。

议案的形成要具备三个条件。第一，提出议案的主体要具备提议案的法定资格或符合法定的代表联名人数。第二，所提议案的内容必须属于本级人民代表大会职权范围内，否则，应当以建议、批评和意见的形式提出。实践中，由于“属于本级人民代表大会职权范围内”的内容不易把握，因而每年召开的各级人民代表大会会议上，很多议案实际上是属于对各方面工作的建议、批评和意见，因此这类议案都要经过大会主席团讨论通过，转作建议、批评和意见去处理。这类以议案名义提交后转作建议、批评和意见的不能算议案。第三，议案提出的时间必须在同级人民代表大会或人民代表大会常务委员会举行会议期间，并在大会主席团规定的议案截止时间前提出，否则不能列为议案。

从写作形式上看，议案有公文式议案和表格式议案。所有国家机关提出的议案都属于公文式议案，所有人大代表提交的议案都属于表格式议案。

议案应一事一案。人大代表议案为表格式议案，要使用统一印发的议案专用纸，一般由文头、正文、处理意见、附注、附页、提议案人六部分组成。专用纸不能复印后填写，也不能填写后用复印件提出。

国家行政机关提请权力机关审议通过的公文式议案，不能与作为会议日用文件的“提案”相混淆。

正文是议案的主体，包括案由、案据、方案和结束语或“申议请求”四项内容。结束语一般用“提请审议”字样结尾。本书所引例文主要是指“正文”部分。

思考练习

一、判断题（正确的打“√”，错误的打“×”，并改正。）

1．议案是国务院和地方各级人民政府按照法律程序向同级人民代表大会或者人民代表大会常务委员会提请审议事项的一种行政公文。（　　）

2．提案主要有法律案、预算案、重大事项案、机构设置案、人事任免案、批准条约案等种类。（　　）

3．任何人都可以作为议案的主体提交议案。（　　）

4. 每年召开的各级人民代表大会会议上，很多属于对各方面工作的建议、批评和意见实际上就是议案。(　　)

5. 同级人民代表大会或人民代表大会常务委员会举行会议期间，可以在大会主席团规定的议案截止时间后提交议案。(　　)

6. 议案可多事一案，使用统一印发的议案专用纸。专用纸不可以复印后填写。(　　)

7. 议案的结束语一般用“提请审议”字样结尾。(　　)

8.“议案”是国家行政机关提请权力机关审议通过的公文，也就是作为会议日用文件的“提案”。(　　)

二、从网络上各找一份“议案”和“提案”，进一步比较两者的异同，并写一份学习心得。

附 录 A

党政机关公文处理工作条例

第一章 总 则

第一条 为了适应中国共产党机关和国家行政机关（以下简称党政机关）工作需要，推进党政机关公文处理工作科学化、制度化、规范化，制定本条例。

第二条 本条例适用于各级党政机关公文处理工作。

第三条 党政机关公文是党政机关实施领导、履行职能、处理公务的具有特定效力和规范体式的文书，是传达贯彻党和国家方针政策，公布法规和规章，指导、布置和商洽工作，请示和答复问题，报告、通报和交流情况等的重要工具。

第四条 公文处理工作是指公文拟制、办理、管理等一系列相互关联、衔接有序的工作。

第五条 公文处理工作应当坚持实事求是、准确规范、精简高效、安全保密的原则。

第六条 各级党政机关应当高度重视公文处理工作，加强组织领导，强化队伍建设，设立文秘部门或者由专人负责公文处理工作。

第七条 各级党政机关办公厅（室）主管本机关的公文处理工作，并对下级机关的公文处理工作进行业务指导和督促检查。

第二章 公 文 种 类

第八条 公文种类主要有：

（一）决议。适用于会议讨论通过的重大决策事项。

（二）决定。适用于对重要事项作出决策和部署、奖惩有关单位和人员、变更或者撤销下级机关不适当的决定事项。

（三）命令（令）。适用于公布行政法规和规章、宣布施行重大强制性措施、批准授予和晋升衔级、嘉奖有关单位和人员。

（四）公报。适用于公布重要决定或者重大事项。

（五）公告。适用于向国内外宣布重要事项或者法定事项。

（六）通告。适用于在一定范围内公布应当遵守或者周知的事项。

（七）意见。适用于对重要问题提出见解和处理办法。

（八）通知。适用于发布、传达要求下级机关执行和有关单位周知或者执行的事项，批转、转发公文。

（九）通报。适用于表彰先进、批评错误、传达重要精神和告知重要情况。

（十）报告。适用于向上级机关汇报工作、反映情况，回复上级机关的询问。

（十一）请示。适用于向上级机关请求指示、批准。

（十二）批复。适用于答复下级机关请示事项。

（十三）议案。适用于各级人民政府按照法律程序向同级人民代表大会或者人民代表大会常务委员会提请审议事项。

（十四）函。适用于不相隶属机关之间商洽工作、询问和答复问题、请求批准和答复审批事项。

（十五）纪要。适用于记载会议主要情况和议定事项。

第三章　公文格式

第九条　公文一般由份号、密级和保密期限、紧急程度、发文机关标志、发文字号、签发人、标题、主送机关、正文、附件说明、发文机关署名、成文日期、印章、附注、附件、抄送机关、印发机关和印发日期、页码等组成。

（一）份号。公文印制份数的顺序号。涉密公文应当标注份号。

（二）密级和保密期限。公文的秘密等级和保密的期限。涉密公文应当根据涉密程度分别标注“绝密”“机密”“秘密”和保密期限。

（三）紧急程度。公文送达和办理的时限要求。根据紧急程度，紧急公文应当分别标注“特急”“加急”，电报应当分别标注“特提”“特急”“加急”“平急”。

（四）发文机关标志。由发文机关全称或者规范化简称加“文件”二字组成，也可以使用发文机关全称或者规范化简称。联合行文时，发文机关标志可以并用联合发文机关名称，也可以单独用主办机关名称。

（五）发文字号。由发文机关代字、年份、发文顺序号组成。联合行文时，使用主办机关的发文字号。

（六）签发人。上行文应当标注签发人姓名。

（七）标题。由发文机关名称、事由和文种组成。

（八）主送机关。公文的主要受理机关，应当使用机关全称、规范化简称或者同类型机关统称。

（九）正文。公文的主体，用来表述公文的内容。

（十）附件说明。公文附件的顺序号和名称。

（十一）发文机关署名。署发文机关全称或者规范化简称。

（十二）成文日期。署会议通过或者发文机关负责人签发的日期。联合行文时，署最后签发机关负责人签发的日期。

（十三）印章。公文中有发文机关署名的，应当加盖发文机关印章，并与署名机关相符。有特定发文机关标志的普发性公文和电报可以不加盖印章。

（十四）附注。公文印发传达范围等需要说明的事项。

（十五）附件。公文正文的说明、补充或者参考资料。

（十六）抄送机关。除主送机关外需要执行或者知晓公文内容的其他机关，应当使用机关全称、规范化简称或者同类型机关统称。

（十七）印发机关和印发日期。公文的送印机关和送印日期。

第十条　公文的版式按照《党政机关公文格式》国家标准执行。

第十一条　公文使用的汉字、数字、外文字符、计量单位和标点符号等，按照有关国家标准和规定执行。民族自治地方的公文，可以并用汉字和当地通用的少数民族文字。

第十二条　公文用纸幅面采用国际标准 A4 型。特殊形式的公文用纸幅面，根据实际需要确定。

第四章　行文规则

第十三条　行文应当确有必要，讲求实效，注重针对性和可操作性。

第十四条　行文关系根据隶属关系和职权范围确定。一般不得越级行文，特殊情况需要越级行文的，应当同时抄送被越过的机关。

第十五条　向上级机关行文，应当遵循以下规则：

（一）原则上主送一个上级机关，根据需要同时抄送相关上级机关和同级机关，不抄送下级机关。

（二）党委、政府的部门向上级主管部门请示、报告重大事项，应当经本级党委、政府同意或者授权；属于部门职权范围内的事项应当直接报送上级主管部门。

（三）下级机关的请示事项，如需以本机关名义向上级机关请示，应当提出倾向性意见后上报，不得原文转报上级机关。

（四）请示应当一文一事。不得在报告等非请示性公文中夹带请示事项。

（五）除上级机关负责人直接交办事项外，不得以本机关名义向上级机关负责人报送公文，不得以本机关负责人名义向上级机关报送公文。

（六）受双重领导的机关向一个上级机关行文，必要时抄送另一个上级机关。

第十六条　向下级机关行文，应当遵循以下规则：

（一）主送受理机关，根据需要抄送相关机关。重要行文应当同时抄送发文机关的直接上级机关。

（二）党委、政府的办公厅（室）根据本级党委、政府授权，可以向下级党委、政府行文，其他部门和单位不得向下级党委、政府发布指令性公文或者在公文中向下级党委、政府提出指令性要求。需经政府审批的具体事项，经政府同意后可以由政府职能部门行文，文中须注明已经政府同意。

（三）党委、政府的部门在各自职权范围内可以向下级党委、政府的相关部门行文。

（四）涉及多个部门职权范围内的事务，部门之间未协商一致的，不得向下行文；擅自行文的，上级机关应当责令其纠正或者撤销。

（五）上级机关向受双重领导的下级机关行文，必要时抄送该下级机关的另一个上级机关。

第十七条　同级党政机关、党政机关与其他同级机关必要时可以联合行文。属于党委、政府各自职权范围内的工作，不得联合行文。党委、政府的部门依据职权可以相互行文。部门内设机构除办公厅（室）外不得对外正式行文。

第五章　公文拟制

第十八条　公文拟制包括公文的起草、审核、签发等程序。

第十九条　公文起草应当做到：

（一）符合国家法律法规和党的路线方针政策，完整准确体现发文机关意图，并同现行有关公文相衔接。

（二）一切从实际出发，分析问题实事求是，所提政策措施和办法切实可行。

（三）内容简洁，主题突出，观点鲜明，结构严谨，表述准确，文字精练。

（四）文种正确，格式规范。

（五）深入调查研究，充分进行论证，广泛听取意见。

（六）公文涉及其他地区或者部门职权范围内的事项，起草单位必须征求相关地区或者部门意见，力求达成一致。

（七）机关负责人应当主持、指导重要公文起草工作。

第二十条　公文文稿签发前，应当由发文机关办公厅（室）进行审核。审核的重点是：

（一）行文理由是否充分，行文依据是否准确。

（二）内容是否符合国家法律法规和党的路线方针政策；是否完整准确体现发文机关意图；是否同现行有关公文相衔接；所提政策措施和办法是否切实可行。

（三）涉及有关地区或者部门职权范围内的事项是否经过充分协商并达成一致意见。

（四）文种是否正确，格式是否规范；人名、地名、时间、数字、段落顺序、引文等是否准确；文字、数字、计量单位和标点符号等用法是否规范。

（五）其他内容是否符合公文起草的有关要求。

需要发文机关审议的重要公文文稿，审议前由发文机关办公厅（室）进行初核。

第二十一条 经审核不宜发文的公文文稿，应当退回起草单位并说明理由；符合发文条件但内容需作进一步研究和修改的，由起草单位修改后重新报送。

第二十二条　公文应当经本机关负责人审批签发。重要公文和上行文由机关主要负责人签发。党委、政府的办公厅（室）根据党委、政府授权制发的公文，由受权机关主要负责人签发或者按照有关规定签发。签发人签发公文，应当签署意见、姓名和完整日期；圈阅或者签名的，视为同意。联合发文由所有联署机关的负责人会签。

第六章　公 文 办 理

第二十三条　公文办理包括收文办理、发文办理和整理归档。

第二十四条　收文办理主要程序是：

（一）签收。对收到的公文应当逐件清点，核对无误后签字或者盖章，并注明签收时间。

（二）登记。对公文的主要信息和办理情况应当详细记载。

（三）初审。对收到的公文应当进行初审。初审的重点是：是否应当由本机关办理，是否符合行文规则，文种、格式是否符合要求，涉及其他地区或者部门职权范围内的事项是否已经协商、会签，是否符合公文起草的其他要求。经初审不符合规定的公文，应当及时退回来文单位并说明理由。

（四）承办。阅知性公文应当根据公文内容、要求和工作需要确定范围后分送。批办性公文应当提出拟办意见报本机关负责人批示或者转有关部门办理；需要两个以上部门办理的，应当明确主办部门。紧急公文应当明确办理时限。承办部门对交办的公文应当及时办理，有明确办理时限要求的应当在规定时限内办理完毕。

（五）传阅。根据领导批示和工作需要将公文及时送传阅对象阅知或者批示。办理公文传阅应当随时掌握公文去向，不得漏传、误传、延误。

（六）催办。及时了解掌握公文的办理进展情况，督促承办部门按期办结。紧急公文或者重要公文应当由专人负责催办。

（七）答复。公文的办理结果应当及时答复来文单位，并根据需要告知相关单位。

第二十五条　发文办理主要程序是：

（一）复核。已经发文机关负责人签批的公文，印发前应当对公文的审批手续、内容、文种、格式等进行复核；需作实质性修改的，应当报原签批人复审。

（二）登记。对复核后的公文，应当确定发文字号、分送范围和印制份数并详细记载。

（三）印制。公文印制必须确保质量和时效。涉密公文应当在符合保密要求的场所印制。

（四）核发。公文印制完毕，应当对公文的文字、格式和印刷质量进行检查后分发。

第二十六条　涉密公文应当通过机要交通、邮政机要通信、城市机要文件交换站或者收发件机关机要收发人员进行传递，通过密码电报或者符合国家保密规定的计算机信息系统进行传输。

第二十七条　需要归档的公文及有关材料，应当根据有关档案法律法规以及机关档案管理规定，及时收集齐全、整理归档。两个以上机关联合办理的公文，原件由主办机关归档，相关机关保存复制件。机关负责人兼任其他机关职务的，在履行所兼职务过程中形成的公文，由其兼职机关归档。

第二十八条　各级党政机关应当建立健全本机关公文管理制度，确保管理严格规范，充分发挥公文效用。

第二十九条　党政机关公文由文秘部门或者专人统一管理。设立党委（党组）的县级以上单位应当建立机要保密室和机要阅文室，并按照有关保密规定配备工作人员和必要的安全保密设施设备。

第三十条　公文确定密级前，应当按照拟定的密级先行采取保密措施。确定密级后，应当按照所定密级严格管理。绝密级公文应当由专人管理。公文的密级需要变更或者解除的，由原确定密级的机关或者其上级机关决定。

第三十一条　公文的印发传达范围应当按照发文机关的要求执行；需要变更的，应当经发文机关批准。涉密公文公开发布前应当履行解密程序。公开发布的时间、形式和渠道，由发文机关确定。经批准公开发布的公文，同发文机关正式印发的公文具有同等效力。

第三十二条　复制、汇编机密级、秘密级公文，应当符合有关规定并经本机关负责人批准。绝密级公文一般不得复制、汇编，确有工作需要的，应当经发文机关或者其上级机关批准。复制、汇编的公文视同原件管理。复制件应当加盖复制机关戳记。翻印件应当注明翻印的机关名称、日期。汇编本的密级按照编入公文的最高密级标注。汇编，确有工作需要的，应当经发文机关或者其上级机关批准。复制、汇编的公文视同原件管理。

复制件应当加盖复制机关戳记。翻印件应当注明翻印的机关名称、日期。汇编本的密级按照编入公文的最高密级标注。

第三十三条　公文的撤销和废止，由发文机关、上级机关或者权力机关根据职权范围和有关法律法规决定。公文被撤销的，视为自始无效；公文被废止的，视为自废止之日起失效。

第三十四条　涉密公文应当按照发文机关的要求和有关规定进行清退或者销毁。

第三十五条　不具备归档和保存价值的公文，经批准后可以销毁。销毁涉密公文必须严格按照有关规定履行审批登记手续，确保不丢失、不漏销。个人不得私自销毁、留存涉密公文。

第三十六条　机关合并时，全部公文应当随之合并管理；机关撤销时，需要归档的公文经整理后按照有关规定移交档案管理部门。

工作人员离岗离职时，所在机关应当督促其将暂存、借用的公文按照有关规定移交、清退。

第三十七条　新设立的机关应当向本级党委、政府的办公厅（室）提出发文立户申请。经审查符合条件的，列为发文单位，机关合并或者撤销时，相应进行调整。

第七章　附　　则

第三十八条　党政机关公文含电子公文。电子公文处理工作的具体办法另行制定。

第三十九条　法规、规章方面的公文，依照有关规定处理。外事方面的公文，依照外事主管部门的有关规定处理。

第四十条　其他机关和单位的公文处理工作，可以参照本条例执行。

第四十一条　本条例由中共中央办公厅、国务院办公厅负责解释。

第四十二条　本条例自2012年7月1日起施行。1996年5月3日中共中央办公厅发布的《中国共产党机关公文处理条例》和2000年8月24日国务院发布的《国家行政机关公文处理办法》停止执行。

附 录 B

党政机关公文格式

依据 GB/T 9704—2012

（2012-06-29 发布，2012-07-01 实施）

党政机关公文格式

1 范 围

本标准规定了党政机关公文通用的纸张要求、排版和印制装订要求、公文格式各要素的编排规则，并给出了公文的式样。

本标准适用于各级党政机关制发的公文。其他机关和单位的公文可以参照执行。

使用少数民族文字印制的公文，其用纸、幅面尺寸及版面、印制等要求按照本标准执行，其余可以参照本标准并按照有关规定执行。

2 规范性引用文件

下列文件对于本标准的应用是必不可少的。凡是注日期的引用文件，仅所注日期的版本适用于本标准。凡是不注日期的引用文件，其最新版本（包括所有的修改单）适用于本标准。

GB/T 148 印刷、书写和绘图纸幅面尺寸

GB 3100 国际单位制及其应用

GB 3101 有关量、单位和符号的一般原则

GB 3102 （所有部分）量和单位

GB/T 15834 标点符号用法

GB/T 15835 出版物上数字用法

3 术语和定义

下列术语和定义适用于本标准。

3.1 字 word

标示公文中横向距离的长度单位。在本标准中，一字指一个汉字宽度的距离。

3.2 行 line

标示公文中纵向距离的长度单位。在本标准中，一行指一个汉字的高度加 3 号汉字高度的 7/8 的距离。

4 公文用纸主要技术指标

公文用纸一般使用纸张定量为 60~80g/m^2 的胶版印刷纸或复印纸。纸张白度 80%~90%，

横向耐折度≥15 次，不透明度≥85%，pH 值为 7.5~9.5。

5　公文用纸幅面尺寸及版面要求

5.1　幅面尺寸

公文用纸采用 GB/T 148 中规定的 A4 型纸，其成品幅面尺寸为：210 mm×297 mm。

5.2　版面

5.2.1　页边与版心尺寸

公文用纸天头（上白边）为 37 mm±1 mm，公文用纸订口（左白边）为 28mm±1mm，版心尺寸为 156 mm×225 mm。

5.2.2　字体和字号

如无特殊说明，公文格式各要素一般用 3 号仿宋体字。特定情况可以作适当调整。

5.2.3　行数和字数

一般每面排 22 行，每行排 28 个字，并撑满版心。特定情况可以作适当调整。

5.2.4　文字的颜色

如无特殊说明，公文中文字的颜色均为黑色。

6　印制装订要求

6.1　制版要求

版面干净无底灰，字迹清楚无断划，尺寸标准，版心不斜，误差不超过 1 mm。

6.2　印刷要求

双面印刷；页码套正，两面误差不超过 2 mm。黑色油墨应当达到色谱所标 BL100%，红色油墨应当达到色谱所标 Y80%、M80%。印品着墨实、均匀；字面不花、不白、无断划。

6.3　装订要求

公文应当左侧装订，不掉页，两页页码之间误差不超过 4 mm，裁切后的成品尺寸允许误差±2mm，四角成 90º，无毛茬或缺损。

骑马订或平订的公文应当：

a）订位为两钉外订眼距版面上下边缘各 70 mm 处，允许误差±4mm；

b）无坏钉、漏钉、重钉，钉脚平伏牢固；

c）骑马订钉锯均订在折缝线上，平订钉锯与书脊间的距离为 3~5mm。

包本装订公文的封皮（封面、书脊、封底）与书芯应吻合、包紧、包平、不脱落。

7　公文格式各要素编排规则

7.1　公文格式各要素的划分

本标准将版心内的公文格式各要素划分为版头、主体、版记三部分。公文首页红色分隔线以上的部分称为版头；公文首页红色分隔线（不含）以下、公文末页首条分隔线（不含）以上的部分称为主体；公文末页首条分隔线以下、末条分隔线以上的部分称为版记。

页码位于版心外。

7.2　版头

7.2.1　份号

如需标注份号，一般用6位3号阿拉伯数字，顶格编排在版心左上角第一行。

7.2.2　密级和保密期限

如需标注密级和保密期限，一般用3号黑体字，顶格编排在版心左上角第二行；保密期限中的数字用阿拉伯数字标注。

7.2.3　紧急程度

如需标注紧急程度，一般用3号黑体字，顶格编排在版心左上角；如需同时标注份号、密级和保密期限、紧急程度，按照份号、密级和保密期限、紧急程度的顺序自上而下分行排列。

7.2.4　发文机关标志

由发文机关全称或者规范化简称加“文件”二字组成，也可以使用发文机关全称或者规范化简称。

发文机关标志居中排布，上边缘至版心上边缘为35mm，推荐使用小标宋体字，颜色为红色，以醒目、美观、庄重为原则。

联合行文时，如需同时标注联署发文机关名称，一般应当将主办机关名称排列在前；如有“文件”二字，应当置于发文机关名称右侧，以联署发文机关名称为准上下居中排布。

7.2.5　发文字号

编排在发文机关标志下空二行位置，居中排布。年份、发文顺序号用阿拉伯数字标注；年份应标全称，用六角括号“〔〕”括入；发文顺序号不加“第”字，不编虚位（即1不编为01），在阿拉伯数字后加“号”字。

上行文的发文字号居左空一字编排，与最后一个签发人姓名处在同一行。

7.2.6　签发人

由“签发人”三字加全角冒号和签发人姓名组成，居右空一字，编排在发文机关标志下空二行位置。“签发人”三字用3号仿宋体字，签发人姓名用3号楷体字。

如有多个签发人，签发人姓名按照发文机关的排列顺序从左到右、自上而下依次均匀编排，一般每行排两个姓名，回行时与上一行第一个签发人姓名对齐。

7.2.7　版头中的分隔线

发文字号之下4 mm处居中印一条与版心等宽的红色分隔线。

7.3　主体

7.3.1　标题

一般用2号小标宋体字，编排于红色分隔线下空二行位置，分一行或多行居中排布；回行时，要做到词意完整，排列对称，长短适宜，间距恰当，标题排列应当使用梯形或菱形。

7.3.2　主送机关

编排于标题下空一行位置，居左顶格，回行时仍顶格，最后一个机关名称后标全角冒号。如主送机关名称过多导致公文首页不能显示正文时，应当将主送机关名称移至版记，标注方法见7.4.2。

7.3.3 正文

公文首页必须显示正文。一般用 3 号仿宋体字，编排于主送机关名称下一行，每个自然段左空二字，回行顶格。文中结构层次序数依次可以用“一、”“（一）”“1.”“（1）”标注；一般第一层用黑体字、第二层用楷体字、第三层和第四层用仿宋体字标注。

7.3.4 附件说明

如有附件，在正文下空一行左空二字编排“附件”二字，后标全角冒号和附件名称。如有多个附件，使用阿拉伯数字标注附件顺序号（如“附件：1. ×××××”）；附件名称后不加标点符号。附件名称较长需回行时，应当与上一行附件名称的首字对齐。

7.3.5 发文机关署名、成文日期和印章

7.3.5.1 加盖印章的公文

成文日期一般右空四字编排，印章用红色，不得出现空白印章。

单一机关行文时，一般在成文日期之上、以成文日期为准居中编排发文机关署名，印章端正、居中下压发文机关署名和成文日期，使发文机关署名和成文日期居印章中心偏下位置，印章顶端应当上距正文（或附件说明）一行之内。

联合行文时，一般将各发文机关署名按照发文机关顺序整齐排列在相应位置，并将印章一一对应、端正、居中下压发文机关署名，最后一个印章端正、居中下压发文机关署名和成文日期，印章之间排列整齐、互不相交或相切，每排印章两端不得超出版心，首排印章顶端应当上距正文（或附件说明）一行之内。

7.3.5.2 不加盖印章的公文

单一机关行文时，在正文（或附件说明）下空一行右空二字编排发文机关署名，在发文机关署名下一行编排成文日期，首字比发文机关署名首字右移二字，如成文日期长于发文机关署名，应当使成文日期右空二字编排，并相应增加发文机关署名右空字数。

联合行文时，应当先编排主办机关署名，其余发文机关署名依次向下编排。

7.3.5.3 加盖签发人签名章的公文

单一机关制发的公文加盖签发人签名章时，在正文（或附件说明）下空二行右空四字加盖签发人签名章，签名章左空二字标注签发人职务，以签名章为准上下居中排布。在签发人签名章下空一行右空四字编排成文日期。

联合行文时，应当先编排主办机关签发人职务、签名章，其余机关签发人职务、签名章依次向下编排，与主办机关签发人职务、签名章上下对齐；每行只编排一个机关的签发人职务、签名章；签发人职务应当标注全称。

签名章一般用红色。

7.3.5.4 成文日期中的数字

用阿拉伯数字将年、月、日标全，年份应标全称，月、日不编虚位（即 1 不编为 01）。

7.3.5.5 特殊情况说明

当公文排版后所剩空白处不能容下印章或签发人签名章、成文日期时，可以采取调整行距、字距的措施解决。

7.3.6 附注

如有附注，居左空二字加圆括号编排在成文日期下一行。

7.3.7　附件

附件应当另面编排，并在版记之前，与公文正文一起装订。“附件”二字及附件顺序号用 3 号黑体字顶格编排在版心左上角第一行。附件标题居中编排在版心第三行。附件顺序号和附件标题应当与附件说明的表述一致。附件格式要求同正文。

如附件与正文不能一起装订，应当在附件左上角第一行顶格编排公文的发文字号并在其后标注“附件”二字及附件顺序号。

7.4　版记

7.4.1　版记中的分隔线

版记中的分隔线与版心等宽，首条分隔线和末条分隔线用粗线（推荐高度为 0.35 mm），中间的分隔线用细线（推荐高度为 0.25 mm）。首条分隔线位于版记中第一个要素之上，末条分隔线与公文最后一面的版心下边缘重合。

7.4.2　抄送机关

如有抄送机关，一般用 4 号仿宋体字，在印发机关和印发日期之上一行、左右各空一字编排。“抄送”二字后加全角冒号和抄送机关名称，回行时与冒号后的首字对齐，最后一个抄送机关名称后标句号。

如需把主送机关移至版记，除将“抄送”二字改为“主送”外，编排方法同抄送机关。既有主送机关又有抄送机关时，应当将主送机关置于抄送机关之上一行，之间不加分隔线。

7.4.3　印发机关和印发日期

印发机关和印发日期一般用 4 号仿宋体字，编排在末条分隔线之上，印发机关左空一字，印发日期右空一字，用阿拉伯数字将年、月、日标全，年份应标全称，月、日不编虚位（即 1 不编为 01），后加“印发”二字。

版记中如有其他要素，应当将其与印发机关和印发日期用一条细分隔线隔开。

7.5　页码

一般用 4 号半角宋体阿拉伯数字，编排在公文版心下边缘之下，数字左右各放一条一字线；一字线上距版心下边缘 7mm。单页码居右空一字，双页码居左空一字。公文的版记页前有空白页的，空白页和版记页均不编排页码。公文的附件与正文一起装订时，页码应当连续编排。

8　公文中的横排表格

A4 纸型的表格横排时，页码位置与公文其他页码保持一致，单页码表头在订口一边，双页码表头在切口一边。

9　公文中计量单位、标点符号和数字的用法

公文中计量单位的用法应当符合 GB 3100、GB 3101 和 GB 3102（所有部分），标点符号的用法应当符合 GB/T 15834，数字用法应当符合 GB/T 15835。

10　公文的特定格式

10.1　信函格式

发文机关标志使用发文机关全称或者规范化简称，居中排布，上边缘至上页边为

30mm，推荐使用红色小标宋体字。联合行文时，使用主办机关标志。

发文机关标志下 4mm 处印一条红色双线（上粗下细），距下页边 20 mm 处印一条红色双线（上细下粗），线长均为 170 mm，居中排布。

如需标注份号、密级和保密期限、紧急程度，应当顶格居版心左边缘编排在第一条红色双线下，按照份号、密级和保密期限、紧急程度的顺序自上而下分行排列，第一个要素与该线的距离为 3 号汉字高度的 7/8。

发文字号顶格居版心右边缘编排在第一条红色双线下，与该线的距离为 3 号汉字高度的 7/8。

标题居中编排，与其上最后一个要素相距二行。

第二条红色双线上一行如有文字，与该线的距离为 3 号汉字高度的 7/8。

首页不显示页码。

版记不加印发机关和印发日期、分隔线，位于公文最后一面版心内最下方。

10.2　命令（令）格式

发文机关标志由发文机关全称加“命令”或“令”字组成，居中排布，上边缘至版心上边缘为 20 mm，推荐使用红色小标宋体字。

发文机关标志下空二行居中编排令号，令号下空二行编排正文。

签发人职务、签名章和成文日期的编排见 7.3.5.3。

10.3　纪要格式

纪要标志由“××××××纪要”组成，居中排布，上边缘至版心上边缘为 35mm，推荐使用红色小标宋体字。

标注出席人员名单，一般用 3 号黑体字，在正文或附件说明下空一行左空二字编排“出席”二字，后标全角冒号，冒号后用 3 号仿宋体字标注出席人单位、姓名，回行时与冒号后的首字对齐。

标注请假和列席人员名单，除依次另起一行并将“出席”二字改为“请假”或“列席”外，编排方法同出席人员名单。

纪要格式可以根据实际制定。

11 式　样

（略）

参考答案

第一章第一节

一、1. 应用文　实用性文体　2. 内容、性质　体式　3. 材料真实　实用单一　准确简明　作者构成复杂　4. 交流联络作用　凭证资料作用　指导规范作用　宣传广告作用

二、（略）　三、（略）

第一章第二节

一、1. ×，改正：应用文体常用的表达方式主要是叙述、议论、说明；2. √；3. √；4. ×，改正：应用文的内容要求明确、实在，不能采用虚实相生、意到笔不到的写法；5. √；6. √；7. ×，改正：应用文的结尾有特殊的要求。它不能用象征、隐喻、暗示的方法去追求“言有尽而意无穷”的韵味；8. √。

二、1. ①改为：在小房间内使用很方便；②多余，删除；③删除“可能”；④改为：售价也不高。

2. 认识提示：这道题虽然出题的形式是广告词，但实际考点却是病句修改。由于出现病句，表达受影响。如①项有语病，“小房间内”前加“在”做状语，宜放在动词谓语“使用”前；“很方便”做补语，宜放在“使用”后；②项不简洁，属多余的话，宜删除；③项词意不明；④项用词不当。

其他语言运用的例子，如：写借条时，“借到”不能写成“借了”。因为“借到”能准确地表明谁是借出者，而“借了”，既可表示借出，也可表示借入，用了容易产生歧义。再如：应用文常使用“兹介绍”“阅批”“批转”“此复”等独特的专用语言，也体现了应用文准确用词的特点。

第二章第一节

一、

借条（借据）

今借到学校财务室人民币合伍仟元整（￥5 000.00），用作差旅费，返校后报销，多退少补。

经手人：王刚

×年×月×日

二、

今　借　到

学校图书室借到《语文教育参考》2013年1—12期合订本壹册，将于一个月内归还。

具借人：张海

×年×月×日

三、其一，

欠　　条

今欠到刘威人民币壹仟伍佰元整（￥1 500.00），并约定于半年内归还。

此据

欠款人：王伟

×年×月×日

其二，

今 欠 到

刘威人民币壹仟伍佰元整（￥1 500.00），并约定于半年内归还。

此据

欠款人：王伟

×年×月×日

第二章第二节

一、

收　　条

今收到王大山归还的现金人民币壹万元整（￥10 000.00）和捷安特山地自行车壹辆（原借条已归还王大山本人）。

此据

具收人：×××

×年×月×日

二、

今 收 到

某丝织厂财务室送来面料加工承包押金人民币伍万元整（￥50 000.00）。

此据

某外贸公司（公章）

经手人：楚楚

×年×月×日

三、

领　条

今领到学校财务室人民币壹仟元整（￥1 000.00），用于出差差旅费，返校后报销，多退少补。

经手人：王海

×年×月×日

四、

今　领　到

HS大学文学院总务科办公桌椅各壹张，文件夹肆个，钢笔壹支，扫把壹把、拖把壹把、废纸篓壹个，供本人办公使用。

具据人：王大明

×年×月×日

第二章第三节

一、

今　卖　给

县委机关食堂老王猪肉伍拾公斤，每公斤壹拾叁元；小青菜壹拾公斤，每公斤贰元伍角；老母鸡壹拾只，每只肆拾伍元。共计人民币壹仟壹佰贰拾伍元整。

此据

卖方：李××

×年×月×日

二、

发　条

今卖给张明尿素壹拾吨，共贰佰袋，每袋50公斤，每袋单价人民币贰佰零伍元。总计人民币肆万壹仟元整。

此据

县农资公司（公章）

经手人：小李

×年×月×日

三、

今 售 给

绿源有机农业开发公司 SUV-8 型农用汽车肆辆，每辆单价 12.5 万元；CF-18 型拖拉机叁台，每台单价 1.5 万元。总计人民币伍拾肆万伍仟元整。

此据

向阳农机销售公司（公章）

经办人：小林

×年×月×日

第二章第四节

一、

请 假 条

张老师：

我接到团县委通知，要我明天上午 9 点到团县委参加会议，明天上午需请假半天，请批准。

张弓

5 月 5 日

二、

请 假 条

张老师：

李芳同学因患病毒性流行感冒，不能到校上课，特要我代她向您请假两天（5 月 5 日和 5 月 6 日），请批准。

请假人：李芳（刘磊代）

5 月 5 日

三、（1）有事外出；留言条。

（2）三处："宝贝"两字应顶格写；"此致""敬礼"应删去；"即刻"表示的日期不明确，须进一步明确。

四、

小明：

我晚上要加班，不能回家吃晚饭，你回家后把冰箱里的饭菜热一下，与你爸爸一起吃。晚饭后一定要及时做好作业，并按时睡觉哦。

妈妈

×年×月×日

第三章第一节（略）

第三章第二节（略）

第三章第三节

一、例：奋斗的青春最美丽——××××年××××职教中心校园文艺汇演。

二、开幕词作用：活动正式召开的标志，开幕词所提出的活动指导思想、任务等，对于活动以及今后工作有着重要的指导作用。

闭幕词作用：活动正式结束的标志，闭幕词是活动成果概括性的评价和总结。

三、（略）

第三章第四节

一、（略）

二、祝词与贺词有时被合称为祝贺词，都是泛指对人、对事表示祝贺的言辞和文章，具有强烈的感情色彩和很强的针对性、场合性。

区别在于：祝词一般对象是事情尚未成功，表示祝愿、希望的意思；而贺词一般对象是事情已成，表示庆贺、道喜的意思。另外贺词使用范围比较广，如贺信、贺电等，也属于贺词类。

三、（略）

第三章第五节（略）

第三章第六节

一、悼词正文内容一般包括：要写明死者的姓名、身份，因何故何时、何地去世，终年多少岁；简述死者生平代表性经历，包括所任主要职务、工作和事迹，一般按时间先后叙述；对死者做适当评价；对死者表示哀悼和怀念之情。

悼词一是指对死者悼念性的文章，二是指在追悼会上，由主持人宣读的悼念词。一般写法是写心情的悲痛，写死者的功绩，写如何化悲痛为力量，学习死者的精神以及做好本职工作等。也有写法独特的。如毛泽东的《为人民服务》既是篇演讲词，又是篇悼词。主要讲了四个方面内容：如何正确看待生死；我们应当为人民坚持好的，改正错的；我们应当为人民的利益而奋斗；号召我们向张思德同志学习。从追悼词的角度看，毛泽东同志的这篇文章在格式上并不怎么符合常规，但它所表述的“为人民服务”的思想却影响了几代人，流传青史。

二、（略）

第三章第七节

一、（略）

二、例：只要你肯转头，我一直为你静候，一生为朋。

第三章第八节

一、

1. √

2. √

3. ×（涉外函电抬头应写明受电人职衔、全名，发电人落款亦应具职衔和全名。）

4. ×（涉外函电的便函不属于公文）

5. √

6. √

7. ×（从形式上分，涉外函电可分为函件、电报、电传、电子邮件等）。

8. √

9. ×（单位间的函件不可以写该单位的简称）

10. √

二、（略）

第四章第一节

一、手写式介绍信正文要点：持介绍信者的姓名、身份证号、接洽事项、对接洽方的希望等要素。

二、（略）；三、（略）

第四章第二节（略）

第四章第三节

一、（略）

二、区别：倡议书倡议的对象比较广泛，内容虽然也带有建议的功能，但主要是宣传、鼓动对方去做，具有一定的号召性。建议书建议的对象相对具体，内容一般是中肯地提出自己对某项工作或活动的建议，希望被采纳，不具有号召性。

三、（略）

第四章第四节

一、（略）

二、保证书有两类：一是个人、集体、单位为响应上级号召开展工作、完成任务，或做错了事、犯了错误并决心改正，而提出保证时所用的文书；二是公安机关在刑事诉讼中，依法请保证人向决定取保候审机关出具的保证犯罪嫌疑人在取保候审期间不逃避侦查、起诉和审判，随传随到的具有法律约束力的文书。

三、（略）

第四章第五节（略）

第四章第六节（略）

第四章第七节

一、

1. √

2. ×（备忘录可记录多项内容）

3. ×（备忘录正文结尾不需要写敬语）

二、备忘录按内容分为三种类型：个人备忘录、计划式备忘录、交往式备忘录。也有按形成方式分为：面交备忘录（会谈后直接交给对方或当面宣读后交给对方）、谅解备忘录（双方备忘录合在一起形成一份）、送交备忘录。

三、（略）

第五章第一节

一、直接性标题、间接性标题、复合性标题。

1．复合性标题 2．间接性标题 3．间接性标题 4．复合性标题 5．复合性标题 6．直接性标题

二、成功之处：1．它准确反映了顾客的生活体验和情感需求，道出了他们想说而没有说出的心里话，使人产生一种认同感。2．它以百姓口语入联，通俗易懂，平易近人，切合顾客大众的口吻；它又俗而不浅，具有抒情意味，形式对仗工整，和谐统一，不愧是一副雅俗共赏的妙联。

三、公益宣传双重主题。大主题：“父母是孩子最好的老师”；小主题是孝敬老人。

第五章第二节

一、意向书是指协作各方就某个合作项目或事宜进行初步接触，表明基本态度，提出协作设想，表达某种意图或目的的协约文书。

语言的概略性；表述的灵活性

二、1．×；2．√；3．√。

三、（略）

第五章第三节

一、一般包括权利和义务、数量和质量、价款或酬金、履行期限、地点和方式、违约责任等。劳动合同区别于其他合同最主要的特点是，当事人之间存在着职业上的从属关系.

二、1．签订合同之前把对方情况了解清楚，主要条款一定要齐备，防止合同纠纷和合同欺诈行为；2．合同的内容具体，考虑要周到，设想应全面，防止疏漏；3．合同写好后还应逐字推敲，用词要精确，数字要准确，要采用法定计量单位，语法要规范，以避免产生歧义。

三、1．标题笼统。没有说明这份合同的性质和种类。2．主体不合法。签订合同的双方当事人都是本单位职能部门，不具备法人资格。因此，由他们签订的合同无法律效力。3．双方当事人约定的主要条款不全。例如，缺少必要的质量标准、违约责任、解决争议的方法等条款。4．文字表述不精确，将为日后带来不可避免的纠纷。如“在订立合同后先交一部分，在办公楼建成后抓紧时间归还所欠部分”；“工期待乙方筹备就绪后立即开始，力争2中旬开工，争取12月左右交工”。

第五章第四节

一、招标使用的文书叫招标书。招标书多数是通过大众传播媒介进行发布的，是招标过程中发布的一个周知文书，所以也叫招标公告、招标通知书、招标广告、招标启事等。投标方按照招标书要求的标准和条件提出价格，填具表单，叫做投标，投标使用的文书称

投标书。投标书又称标书、投标函、投标申请书等。

二、招标书公开为了便于投标单位根据自己的实力决定投标意向及投标方案，吸引招标者。标书的投标方为了在竞争中达到中标目的，一般都密封寄送投标书，在开标前对投标方案及标底都是绝对保密。

三、1. ×；2. √；3. √；4. √。

第五章第五节

一、经济活动分析报告是分析观察某一时期的经济活动情况及其运行规律的一种经济应用文体，又称经济活动分析。经济活动分析报告一般运用大量的数字对产品产量、计划完成率、合同履行率、质量等级品率、资金利润率等指标进行分析。

主要的分析方法有：比较分析法（对数据资料的前后比较分析）、因素分析法（分析影响某项指标的各种因素）、平衡法（测定某项指标的对应关系是否一致）、调查分析法（通过深入调查，了解各种因素的来龙去脉）。

二、主体是经济活动分析报告的分析、评价部分。一般来讲，主体大致包括以下两个部分的内容：具体分析和提出建议。

三、这篇经济活动分析报告写得有数据，有分析，有建议，条理比较清楚，不妥之处有以下几点：

1. 小序号后面不应是顿号，而应该写小圆点。

2. “在小排量车购置税减免、‘汽车下乡’等鼓励汽车消费的政策以及‘家电下乡’等政策的出台，给我市汽车和家电消费带来了新的增长点”一句有语病，介词“在”是多余的，应该删去。

3. 倒数第二段：“中央十七届五中全会研究制定‘十二五’规划的建议中，首次将‘扩大内需’列为独立章节，并提出‘坚持扩大内需特别是消费需求的战略，必须充分挖掘中国内需的巨大潜力，着力破解制约扩大内需的体制机制障碍，加快形成消费、投资、出口协调拉动经济增长新局面’。这里将消费列为三驾马车的首位，表明我国将‘扩大内需’战略上升到一个新的高度。”经济活动分析报告不是学习心得体会，这个段落对“十二五”规划的建议的解读没有必要，也与文体不符，可以删去。

4. 最后一段中有一个标点符号使用欠妥。“随着国家一系列‘扩大内需’政策的贯彻实施，‘大×城’建设的不断深入和城镇化步伐的不断加快”，“随着”后面是联合词组作宾语，联合词组之间应该用顿号，而不是逗号。

第五章第六节

一、民事起诉状是指公民、法人和其他组织，在认为自己的民事权益受到侵害或者与他人发生争议时，向人民法院提出的要求人民法院依法裁判的法律文书。

民事答辩状，是民事被告、被上诉人针对原告或被上诉人的起诉或上诉，阐述自己认定的事实和理由，予以答复和辩驳的一种书状。

二、民事起诉状在人民法院决定受理后，将直接引起民事诉讼程序，使当事人的民事权益得到保护成为可能；它是人民法院审查、立案和裁决、调解的依据之一；同时也是被告人应诉答辩的依据。

民事答辩状的作用是对原告人提出的起诉要求和根据，进行有的放矢的答复、辩解和反驳，阐明自己的理由和要求，维护自己的合法权益。

三、（略）

第五章第七节

一、涉外经济合同是指本国企业、其他经济组织或个人与外国的企业、其他经济组织或个人之间进行经济往来的一种文字手段，是开展外经工作的文书。

涉外经济文书具有如下特点：很强的政策性；突出的效益性；数据的广用性；文字的准确性。

二、1. 充分准备，事先拟好文书草案，争取在商订文书时以我方草案为基础，掌握主动权。2. 语言表达要准确，合乎逻辑、语法，标点符号要规范。3. 合同中的数字特别要精确。4. 合同文本要用钢笔、毛笔、打字、铅印等不易改变的方式和质地良好、便于保存的纸张制作。5. 已签订的合同不得涂改。

三、涉外经济合同和一般经济合同的区别：1. 合同条款的繁简程度不同；2. 支付、结算的方式不同；3. 支付、结算所使用的币种不同；4. 涉外合同中的条款必须符合双方共同承认的或已签字的国际间的协定公约或国际惯例；5. 涉外经济合同中的生效期、有效期及受损失一方向当事人一方违约责任的索赔期的规定必须写得显著、清楚。

第六章第一节

一、计划是团体或个人对将要进行的工作、生产和学习提出预想的目标，并制定出实现这个目标的具体步骤、方法和措施所使用的事务性应用文。计划的主体部分主要包括：1. 目标任务；2. 措施和方法；3. 步骤和时间；4. 检查和督促。这四个方面就是我们通常所说的“计划四要素”。当然在写作不同的计划时，对“四要素”可以有不同的侧重和取舍。

二、总结是对前一段时间的工作、学习或某个活动进行分析研究，从而归纳出经验和教训，以便更好地指导今后的实践所写的一种事务性应用文。总结的主体部分主要包括：1. 成绩和经验；2. 问题和教训；3. 设想和打算。这三个方面就是我们通常所说的“老三块”。其中，“成绩和经验”部分要实事求是、事实充分。“问题和教训”部分是总结的写作重点，要以一分为二的观点，进行科学、严密、合乎客观事实的理性分析，力求揭示出事物的本质或者规律。“设想和打算”部分主要是针对今后类似的工作，提出相应的改进、防范措施或努力的方向。

三、（略）

第六章第二节：

一、“快、实、活、简”。简报是事务类文书中的“轻骑兵”，是指“快”字。

二、简报的正文常用的写法有如下几种模式：1. 总分条文式；2. 列小标题式；3. 新闻报道式；4. 转发式；5. 集锦、动态式。例文是转发式，把各市职业学校的最新信息及时汇总后向全省发布，反映了各市职业学校的发展情况，展示了我省职业教育成果。

三、1. 这则简报的按语是就简报所涉及的内容作必要的批示，是编者观点的体现。2. 这则简报的标题属于单行式标题。正文采用了总分条文式结构。3. 要求材料典型、具体、充分，观点应鲜明，层次须清晰，结构要合理，做到言之有序。

第六章第三节

一、述职报告是各级机关、团体、企事业单位的有关人员，就自己在任职期间的德、能、勤、绩和岗位职责执行情况向组织人事部门、主管领导和群众汇报的一种自我评述性的事务类应用文。它的使用范围限于各级机关、团体、企事业单位的有关人员。

二、因为述职报告是述职人向组织人事部门、主管领导和群众汇报自己的工作，包括自己的岗位职责、工作业绩、出现的问题以及努力的方向，它要求用事实说话，所以要多述少议。

第六章第四节

一、海报和启事都具有招贴和告知的功能，这是它们的共同点。不同点在于：一是使用范围不同。海报以报道文化娱乐活动消息为主，而启事可以反映政治、经济和生活等多方面的内容。二是公布方式不同。海报只能在公共场所张贴或悬挂，而启事除张贴外，还可以在报刊、广播、电视上发布等。

二、(略)

三、修改示例：

征 稿 启 事

中国名胜古迹大观编委会拟编一部《中国名胜古迹大观》。本书按内容分风景名胜、文化古迹和文学作品三卷，大 16 开精装，约 2000 页、300 万字、4000 幅照片，届时将由××××出版公司出版并向海内外发行。现面向国家级、省级风景名胜区和全国重点文物保护单位征集图片，要求每幅图片须配有 300~500 字的简介。

来稿请在××××年×月×日前寄至中国名胜古迹大观编委会

寄稿地址：北京市×××街××号

邮编：××××××

电话：（010）×××××

传真：（010）×××××。

第六章第五节

一、例文一和例文二按照操作顺序。例文三按照事物发展顺序。

二、(略)

三、(略)

第六章第六节

一、调查报告是写作主体为了了解情况、澄清问题、寻找规律，对客观事物或社会现象进行深入的调查之后，将所得材料通过严肃认真、客观科学的分析、研究，然后以书面报告的形式反映调查研究结果的一种事务类文书。它是深入调查、仔细研究、整理成文三个环节的统一。

二、调查报告的前言有提要式、交代式、问题式三种形式。主体部分的结构形态主要有三种，即用观点串联材料、以材料的性质归类分层、以调查过程的不同阶段自然形成层次。

第七章第一节

一、（略）

二、新闻的标题分为多行标题、双行标题和单行标题。

多行标题，由引题、正题、副题组成，例如：

点多　线长　网广　方便　　　　　　（引题）

××市储蓄吸收游资愈亿　　　　　　（正题）

邮政储蓄存款人均近300　　　　　　（副题）

双行标题，包括两种形式：

（1）引主式，即“引题＋主题”的形式，例如：

××省办公厅通报各地　　　　（引题）

改进粮食发展资金的使用管理　（正题）

（2）主副式，即“主题＋副题”的形式，例如：

《××省突发事件应对条例》5月1日施行　　　（主题）

我市组织收看相关会议　　　　　　　　　　（副题）

单行标题，例如：

专项检查紧盯校园安全

三、（略）

第七章第二节

一、（略）

二、改后：1. 大吵大闹的恶习，要严加惩治，强化作风建设。2. 提出了一院、一场、一区的发展设想。一院是指建设非遗学院，一场是指建成高端非遗产品市场，一区是指建立非遗保税区。3. 老张，请说说，简单点！4. 我们开着车去，在天亮前到达。5. “××职业学校，于2014年3月7日隆重举办第六届雕刻技能大赛。目前，它是全国唯一的徽雕艺术学校”或“作为全国唯一徽雕艺术学校的××职业学校，于2014年3月7日隆重举办第六届雕刻技能大赛”。

三、修改示例：

自从我省西部发生强烈地震以来，本市各界对地震以后的人民生活十分关心，积极开展捐款捐物活动，捐款累计已超过100万。包括捐赠衣服物品折款，我厂原来已经捐款8万元，昨天又捐款2万元。这些钱物已经传送到了灾区。

第七章第三节（略）

第七章第四节（略）

第七章第五节（略）

第八章第一节

一、1. √；2. √；3. ×；4. √；5. √；6. ×；7. √；8. √；9. ×；10. √。

二、参考：应当适用公告。1. 发布单位是省教育厅这样的行政机关，更具有权威性和约束力；2．对外公布法定事项，牵涉面广，影响面大，体现广泛性和知照性；3．中小学教师资格考试属于国家考试，属于重要事项。

三、修改示例：主要错误：1．文种不适；2．日期不用汉字数字。宜改为：

搬 迁 通 告

自2014年4月1日起，JH国际营销中心搬迁至TX区政府北门向东100米处。如有不便，敬请谅解。

JH热线：2593087

JH置业投资有限公司

2014年3月20日

第八章第二节

一、

1．发文机关（教育部办公厅人力资源社会保障部办公厅财政部办公厅）、事由（关于申报2011年度国家中等职业教育改革发展示范学校建设计划项目）、文种（通知）

2．发文机关（国务院）、事由（坚决稳定市场物价）、文种（通知）

3．发文机关（国务院）、事由（批转国家体改委关于在治理整顿中深化企业改革强化企业管理的意见）、文种（通知）

4．发文机关（××省地方税务局）、事由（认真落实《事业单位、社会团体、民办非企业单位企业所得税征收管理办法》）、文种（通告）

5．发文机关（中华人民共和国交通部）、文种（通告）

6．发文机关（××省人民政府办公厅）、事由（今年上半年全省物价情况）、文种（通报）

7．事由（关于连续发生重大火灾情况）、文种（通报）

8．发文机关（中共××市纪委）、文种（通报）

9．文种（通报）

二、

1．去掉第一个“关于”，改成“批转×××关于×××意见的通知”

2．把第一个“通知”删除，改为“×××转发×××关于×××的通知”

三、写作示例：

关于召开2014年春季毕业生校企对接就业恳谈会的通知

××校〔2014〕×号

做好毕业生就业安置工作是中职学校生存和发展的基础，是检验中职学校办学成果的重要标志。因此，学校决定召开2014年春季毕业生校企对接就业恳谈会，现将有关事项通知如下：

一、会议内容

1．学校领导作关于2014年春季毕业生就业安置工作思路的报告；

2．企业领导发言；

3. 班主任及学生代表发言；

4. 校企双方座谈交流。

二、时间与地点

时间：2014 年 4 月 1 日上午 8:30

地点：校报告厅

三、参会人员

学校联合办学的部分企业领导，学校校领导，招生就业办工作人员，2011 级班主任，2011 级学生代表。

校就业办公室

2014 年 3 月 25 日

第八章第三节

一、1．改成：“关于修复三号公路的请示”

2．改成：“××区人民政府关于开展增产节约运动的报告”

3．改成：“关于扩建校舍的报告”

4．改成：“关于购买××××的请示”

二、1．√；2．√；3．×，改正：请示不直接送领导者个人；4．√；5．×，改正：“审计报告”“评估报告”“立案报告”“调查报告”等行业文书不是公文；6．√；7．×，改正：报告不要求上级批复；8．√；9. √；10. √。

三、1．示例：

××学校文件

×校〔2014〕×号　　　　签发人：×××

关于请求拨款改建实训场地的请示

市教育局：

我校在贵局的直接领导下，各项建设取得了较大的成绩，已初具规模。我校现有学生 2000 多人，现有的实训场地面积小，已无法适应学校正常开展的实训教学活动。根据上级领导的建议和学校的发展规划，我校拟将车库改建为二层楼房，一层做车库使用，二层做金加工实训场地，全部工程约需资金×万元。为了学校新的实训场地能早日投入使用，使学校教学工作正常运转，现恳请拨款×万元，解决我校资金的燃眉之急。

妥否，敬请批示。

××职教中心

2014 年×月×日

2．示例：

×市教育局文件

（×教〔2014〕×号）

关于同意拨款改建××职教中心实训场地的批复

××职教中心：

你校《关于请求拨款改建实训场地的请示》（×校〔2014〕×号）收悉。现批复如下：

为了你校新的实训场地能早日投入使用，使学校教学工作正常运转，同意拨款×万元帮助你校将车库改建为二层楼房，一层做车库使用，二层做金加工实训场地。请你校详细制定实训场地扩建计划上报我局。我局将根据扩建进程，通过银行分期分批划拨款项。请务必专款专用，在计划期内保质保量完成实训场地的建设工作，尽快出成果。

特此批复。

×市教育局

2014年×月×日

第八章第四节

一、1．×，改正：应当适用“函”；2．√；3．×，改正：便函不是正式公文，它与函没有直接关系；4．√；5．×，改正：收到请求函后，宜用“复函”回文。

二、示例：

JS省交通厅文件

J交〔20××〕×号

关于商请派车运送民工的函

AH省交通厅：

为做好今年的春运工作，及时运送在我省工作的外省民工回家过年，我们组织了民工运送专门车队。但由于我们运力不足，车辆不够，估计不能满足民工需要，特请贵省派出大型客车××辆，与我省组成运送民工车队，负责运送贵省在我省工作的民工。

妥否，请尽快函复，以便办理有关手续。

JS省交通厅

20××年×月×日

三、示例：

AH省交通厅文件

A交〔20××〕×号

关于同意派车运送民工的复函

JS省交通厅：

你省“关于商请派车运送民工的函”收悉，经研究，复函如下：

为做好今年的春运工作，及时运送在你省工作的AH籍民工回家过年，我省同意派出大型客车××辆，与你省组成运送民工车队，负责运送我省在贵省工作的民工。

AH省交通厅

20××年×月×日

四、此题应属于“便函”，不在公文系列。理由：公文有其行文规则与格式要求，例如要有“发文字号”等。

第八章第五节

一、1. 会议情况、议定事项；2. 日常办公会议纪要、指示型会议纪要、讨论型会议纪要；3. 标题、正文和结尾；4. 通知；5. 会议主持机关。

二、1. √；2. ×，改正：会议纪要不同于会议记录，是在会议记录的基础上整合形成的文字；3. √；4. ×，改正：会议纪要的适用范围广，可以报至上级，发至下属，还可以发给平行部门；5. √；6. √；8. √，×改正：标注出席或列席、请假人员单位、姓名时，一般用3号仿宋体字；9. ×，改正：出席、列席或请假人员名单均须另起一行；10. ×，公文的主体包含标题、主送机关、正文、附件说明、发文机关署名、成文日期、印章、附注、附件。正文仅是公文主体的一部分。

三、写作示例：

××学校2013年春季招生总结会

会 议 纪 要

××学校校长办公室　　　　2013年5月10日

2013年5月9日上午9点，××学校在校会议中心召开了春季招生总结会。校长于××、副校长张××、校长助理江××及各招生点的负责人出席了会议。会议由副校长张××主持，校长助理江××通报了全校春季招生的情况，副校长张××传达了县教育局《关于表彰××学校等春季招生成绩突出职业学校的决定》，与会同志展开座谈，对决定中指出的今后招生的趋势和要求做了讨论，最后形成了三个决议：

1. 打铁还需自身硬。学校首先要进一步狠抓内部管理，搞好教育教学工作，以国家示范校的验收为契机，让学校的管理工作再上一个台阶。只有这样，才能吸引更多的学子来我校就读。

2. 积极抓好入校新生的稳定工作。各部门都要会同班主任一起，深入新生的学习生活中去了解新生的思想动态，及时引导新生适应新的环境和学习要求。

3. 抓好后勤保障。对学校的宿舍安全再进行一次检查，发现问题及时解决；对学校的食堂和超市的食品卫生搞好监督，杜绝安全事故。

出席：校长于××、副校长张××、校长助理江××及各招生点的负责人

请假：校长助理吴××

第八章第六节

一、1．重要事项、重大行动；2．标题、正文；3．重要问题；4．标题、正文；5．决策之中；6．方针政策性、部署指挥性、决策知照性和表彰处分性；7．“意见”；8．意见、民主化；9．建议、指示。

二、（略）

第八章第七节

一、1．√；2．√；3．×，改正：议案的形成要具备三个条件，不是任何人都可以作为议案的主体提交议案的；4．×，每年召开的各级人民代表大会会议上，以议案名义提交但转作建议、批评和意见处理的不能算议案；5．×，改正：议案提出的时间必须在同级人民代表大会或人民代表大会常务委员会举行会议期间，并在大会主席团规定的议案截止时间前提出，否则不能列为议案；6．×，改正：议案专用纸不能复印后填写；7．√；8．×，改正：议案不能与提案相混淆。

二、（略）

参考文献

[1] 王若霞，张广汉，韩灿月. 应用文写作（第2版）. 北京：电子工业出版社，2012.
[2] 张金英. 应用文写作基础（第二版）（文秘专业）. 北京：高等教育出版社，2008.
[3] 任孝珍. 旅游应用文写作. 北京：对外经济贸易大学出版社，2010.
[4] 张世禄. 新编旅游应用写作. 北京：高等教育出版社，2013.
[5] 李展，曹启勇. 酒店应用文写作 . 北京：北京大学出版社，2013.
[6] 张保忠，岳海翔. 最新企业常用文书. 北京：中国言实出版社，2004.
[7] 孟虹，张忍华. 应用文情境写作. 北京：电子工业出版社，2011.
[8] 蒋意春. 新编经济应用文实用写作. 北京：北京理工大学出版社，2009.
[9] 黄民强. 应用文写作基础教程（修订版）. 合肥：安徽教育出版社，2013.
[10] 吕志敏. 新职场应用文. 北京：外语教学与研究出版社，2012.
[11] 徐书奇. 应用文写作教程. 上海：同济大学出版社，2012.
[12] 蔡亚兰. 最新应用文写作实用大全. 北京：中国华侨出版社，2010.
[13] 李春，李峰. 实用应用文写作教程. 西安：西北工业大学出版社，2011.
[14] 陆亚萍，詹丹，张彪. 应用文写作教程. 上海：复旦大学出版社，2013.
[15] 高金波. 中国律师实务文书. 北京：法律出版社，2008.
[16] 邱宣煌. 财经应用文写作训练. 沈阳：东北财经大学出版社，2011.